贫困农户生计空间差异
与影响因素研究:
可持续生计框架的拓展与应用

李 靖 著

中国农业出版社
北 京

图书在版编目（CIP）数据

贫困农户生计空间差异与影响因素研究：可持续生计框架的拓展与应用 / 李靖著． -- 北京：中国农业出版社，2024. 9. -- ISBN 978-7-109-32477-0

Ⅰ．F325.1

中国国家版本馆 CIP 数据核字第 20242XT625 号

中国农业出版社出版

地址：北京市朝阳区麦子店街 18 号楼

邮编：100125

责任编辑：王森鹤　周晓艳

版式设计：王　晨　责任校对：吴丽婷

印刷：中农印务有限公司

版次：2024 年 9 月第 1 版

印次：2024 年 9 月北京第 1 次印刷

发行：新华书店北京发行所

开本：787mm×1092mm　1/16

印张：11.75

字数：230 千字

定价：90.00 元

　　本书由重庆市技术预见与制度创新项目"贫困退出机制设计和贫困地区可持续发展研究"（CSTC2017jsyj-jsyjBX0015）资助开展研究，由西南科技大学博士研究基金项目（19sx7106）资助出版。

前 言

FOREWORD

贫困顽疾长期伴随人类社会，消除贫困是人类的共同使命。作为世界人口大国，中国长期饱受"广而深"的贫困问题困扰，贫困治理难度超乎想象。党的十八大以来，以习近平同志为核心的党中央把脱贫攻坚摆在治国理政突出位置，做出一系列重大部署和安排，脱贫攻坚力度之大、规模之广、影响之深，前所未有，显著改善了贫困地区和贫困群众生产生活条件。2020 年，脱贫攻坚目标任务全面完成，中华民族彻底摆脱绝对贫困，实现了全面小康的千年梦想，为人类减贫历史谱写了新的篇章。回首过往，中国脱贫攻坚的伟大实践，不仅展现了中华民族与贫困斗争的智慧和勇毅，也为人类反贫困斗争提供了无数特色鲜明的经典案例，都无疑是值得我们深入研究和总结的。这对铭记人类减贫的中国实践探索和丰富贫困问题研究的理论体系有重要意义。

作为贫困治理的核心任务，改善农户生计质量也是推动农村社会经济发展和实现乡村振兴的关键环节，地处集中连片贫困山区的贫困人口生计资本存量低、生计方式可行能力弱、生产效率低是我国农村区域性贫困问题长期存在的主要原因。如何有效提升贫困农户生计质量，确保能够实现稳定脱贫，是这类地区脱贫攻坚必须攻克的难题。近年来，基于农户生计思想的可持续生计（sustainable livelihood，SL）框架因能较好地模拟农户生存与发展，理解农户个体与区域环境的互动关系，已被广泛运用到农村扶贫、环境保护和自然资源可持续利用等"人地关系"系列问题研究。然而，可持续生计框架作为一种集成化和规范化的研究思路，针对新时期中国贫困问题研究多维化与多元化的发展趋势，还需结合实际加强对贫困内涵的解读，进一步调整和拓展可持续生计框架。

本书在总结国内外贫困研究理论和可持续生计理论的基础上，基于可持续生计框架的工具属性，引入生计效率的概念与内涵，构建了可持续生计拓展框架。将拓展框架的组成要素作为衔接贫困内涵的视角，以典型西南山区县域重庆市石柱县为案例，以精准扶贫建档立卡贫困农户为研究对象，利用 2017 年的实地抽样调查数据，分析了贫困农户生计资本、生计方式、生计效率的个体及空间差异，探寻了贫困农户生计个体与空间层面影响因素的一般性规律，揭示了贫困农户生计内部要素与外部区域环境的互动机制，明确了研究区的贫困短板和贫困治理优化方案。本书对经典可持续生计框架的拓展与运用，不仅是在贫困问题研究理论与方法层面有所创新，也促进了跨学科的交流与合作，作者期望以这微不足道的努力，能为解决复杂的社会经济问题提供新的视角和方法，为更全面地理解并促进乡村可持续发展和新时代乡村全面振兴贡献力量。

　　本书在撰写过程中参考了大量专家学者的研究成果，也非常荣幸得到了相关领域专家的悉心指导，在此一并表示由衷的感谢！同时，向为此书付出辛勤劳动的实地调研团队和出版编辑团队致以诚挚谢意！

　　因能力所限，书中可能仍然存在不妥之处，敬请读者批评指正。

李　靖

2024 年 7 月

目 录
CONTENTS

第 1 章

绪 论

1.1 贫困农户生计问题的研究背景、目的与意义

1.1.1 研究背景

(1) 贫困顽疾长期伴随人类社会发展，消除贫困是人类的共同使命

贫困是人类社会发展进程中长期存在的"无声危机"，不仅严重阻碍了各国社会经济发展，也是生态环境恶化、地区战乱冲突、恐怖主义蔓延等问题的根源之一（汪三贵等，2007）。如何消除和缓解贫困历来是世界各国尤其是发展中国家面临的重要课题，多年来，国际社会为此做出了积极努力。2000 年，联合国 191 个成员国一致通过了《联合国千年宣言》，将减少世界极端贫困人口和饥饿人口作为千年发展的重要目标（General Assembly，2000）。联合国在 2015 年 7 月发布的《千年发展目标报告》指出，生活在极端贫困中的人数已从 1990 年的 19 亿人减少至 2015 年的 8.36 亿人，总体上实现了千年发展目标的减贫目标，但各个地区和国家的进展很不均衡，且有巨大的差距，从地理分布角度来看，全球贫困人口仍然主要集中于农村地区和偏远地区（United Nations，2015）。2015 年 9 月，联合国通过了 2015 年后发展议程，议程是对千年发展目标的继承和升级，其可持续发展目标中第一条就是"到 2030 年，在全世界所有人口中消除极端贫穷"（United Nations，2013）。

(2) 中国的反贫困工作已进入关键期，农村脱贫任务依然艰巨

作为世界人口大国，中国长期面临着"广而深"的贫困问题。自改革开放以来，中国政府开始了有组织、有计划、大规模的扶贫工作，历经了制度推动扶贫阶段（1978—1985 年）、区域开发式扶贫阶段（1986—1993 年）、全面综合扶贫阶段（1994—2010 年），取得了世界瞩目的减贫成效（闫书华和范伟，2016）。随着社会经济发展，全国贫困特征逐渐由经济欠发展、政策制度缺失等结构性因素造成的普遍性贫困转变为因收入不平等、区域环境、生存条件差异导致的相对性贫困，贫困格局已

经由全国层面的"整体性贫困"转变为集中连片的"区域性贫困"，农村贫困问题已不再是单一的温饱问题（陆益龙，2016；周侃和王传胜，2016）。为了解决扶贫工作中存在的"底数不够清、指向性不准、针对性不强"的问题，精准扶贫方略在新阶段反贫困进程中得到部署，围绕"稳定实现扶贫对象不愁吃、不愁穿，保障其义务教育、基本医疗和住房"的核心目标，实施针对农村贫困地区与贫困人口的综合性反贫困措施，以期顺利实现 2020 年全面建成小康社会的宏伟目标。截至 2016 年底，全国贫困人口已由 2010 年底的16 567万人减少至4 335万人（图 1-1），脱贫攻坚战取得了阶段性的胜利。但由于扶贫开发工作是一个循序渐进的过程，剩余贫困人口贫困程度更深，脱贫难度更高，且总量仍然巨大，反贫困工作进入关键时期，面临的形势依然严峻。

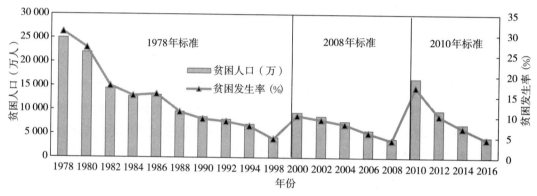

图 1-1　1978—2016 年中国农村贫困人口数量变化

（数据来源：《中国统计摘要 2017》，缺少 1996 年数据）

（3）改善农户生计既是贫困治理的核心任务，也是推动乡村振兴的关键环节

农户是农村社会经济的基本组成单元，也是农村贫困的微观承载主体，改善农户生计质量既是贫困治理研究与实践的迫切需求，也是实现乡村振兴的关键环节。现行精准扶贫工作机制要求针对不同区域环境、不同贫困农户的特征状况，运用科学的程序与措施对扶贫对象实施精准识别、精准帮扶和精准管理。作为精准扶贫的主体对象，贫困农户表现出千差万别的生存状态，除了受其自身家庭特征和致贫因子等个体因素影响之外，还会受到所处区域地理区位、资源禀赋、生态环境、基础设施、产业发展水平等宏观因素的影响（王超超，2016）。基于农户生计思想的可持续生计（sustainable livelihood，SL）框架因能较好地模拟农户生存与发展、理解农户个体与区域环境的互动关系，已被广泛运用到农村扶贫、环境保护和自然资源可持续利用等"人地关系"系列问题的研究中（王成超和杨玉盛，2011；汤青，2015；赵雪雁，2017）。农户生计资本存量不足且配置不合理、生计方式可行能力弱、生计途径缺乏等因素是造成贫困农户深陷"贫困陷阱"，贫困与生计脆弱性恶性循环的根本原因

（何仁伟等，2017）。因此，以贫困农户生计问题为核心视角，分析个体多维贫困特征的基础上透视区域贫困空间格局，解析贫困农户生存发展与所处空间环境的互动关系，实现对区域性贫困的致贫机制的探索，可作为贫困与反贫困研究的有效途径。

（4）贫困山区区域发展不平衡，人地关系紧张，脱贫攻坚形势严峻

相较于平原地区，中国山区区域内发展不平衡，人地关系紧张，社会经济发展相对滞后（杨晶晶，2009）。《中国农村扶贫开发纲要（2011—2020）》（以下简称《纲要》）划分的 14 个集中连片特困地区多数分布在山区，区域内因生态环境脆弱、自然资源匮乏、地理位置偏远、社会经济发展动力不足而造成贫困现象普遍存在。作为典型的山地城市，重庆市是中国西部地区唯一的直辖市，也是国家中心城市之一。由于长期存在显著的区域发展差异及城乡二元结构，全市仍存有大量农村贫困人口。截至 2016 年底，全市共有建档立卡贫困农户 24.24 万户，贫困人口 87.48 万人[①]，遍布全市的 33 个区县（自治县）。其中，分布在石柱、城口、酉阳等 14 个国家扶贫工作重点区县的贫困人口约占全市总贫困人口的 80%。从地理分布上看，重庆市评定的 1 919 个贫困村绝大多数位于秦巴山区和武陵山区，属于《纲要》划分的集中连片特困地区。从全局来看，秦巴山区和武陵山区在全市乃至全国扶贫攻坚中占有举足轻重的地位，贫困特征十分典型，贫困成因比较复杂。两个地区地理区位相对偏僻，均坐落于深丘大山之中，地形地貌复杂；区域内多石灰岩溶地区，水土流失现象严重，基础设施相对落后且聚居了大量少数民族（陈绪敖和何家理，2015）。区域内贫困农户生计资本存量低、生计方式可行能力弱、生产效率相对低下是贫困顽疾长期存在的重要原因，如何有效提升区域内贫困农户生计质量，确保能够实现稳定脱贫，是该地区亟待攻克的重点难题。

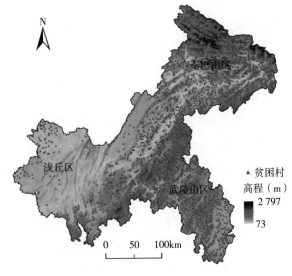

图 1-2　重庆市 1 919 个贫困村分布图

1.1.2　研究目的

本书将以坐落于武陵山区的石柱土家族自治县（简称"石柱县"）为案例区，以

———————————

① 数据来源于精准扶贫建档立卡统计数据

精准扶贫建档立卡贫困农户为研究对象，通过开展贫困农户生计的空间差异与影响因素研究掌握典型山区贫困农户生计的差异性和一般性规律，达到揭示区域贫困格局及影响机制并提供反贫困优化方案的目的。本书将在现有可持续生计框架的基础上进一步拓展框架的内容与内涵，以拓展框架的组成内容切入不同视角的贫困研究要素并构成行文主线，基于地理学的研究范式，结合经济学、社会学、管理学、统计学等多学科理论及方法，形成"个体差异—空间差异—机制—优化"的主题研究。研究的主要目标包括：分析贫困农户生计资本、生计方式、生计效率的个体及空间差异；刻画研究区贫困农户生计个体与空间层面影响因素的一般性规律；探索贫困农户生计内部要素与外部区域环境的复杂互动机制；明确研究区贫困短板和探讨贫困治理的优化方案。

1.1.3 研究意义

贫困问题历来是社会各界孜孜不倦努力攻克的难题。国内外有关贫困问题和农户生计问题的研究成果不胜枚举，现有研究无论是研究对象还是研究内容涉及范围广泛，可为本研究的开展奠定坚实基础。由于贫困问题的复杂性和生计问题的区域实证性，现有成果仍然缺乏针对贫困地区的贫困农户生计问题的系统性研究，因此，本书针对精准扶贫的重点关注问题开展相关研究具有一定的理论意义和实践价值。

（1）理论意义

1）拓展可持续生计框架，延伸了农户生计与贫困研究的视角和理论体系，强化了对贫困问题的系统性研究。本书以农户生计作为贫困问题研究的视角切入点，通过界定生计效率的概念与内涵，将经济学范畴的效率问题研究引入并构建了可持续生计拓展框架（SL拓展框架），延伸了农户生计与贫困研究的理论体系。研究以可持续生计拓展框架的构成要素作为衔接贫困内涵的不同视角，不仅分析贫困农户生计的基础资源贫困，还将探索其在生计路径上的过程性贫困特征与影响机制，最终完成对贫困农户生计内部要素与外部环境互动机制的解析，强化了对贫困问题的系统性研究。本书在研究视角上可为农户生计和区域贫困相关问题提供系统性的研究思路，对下一步农户生计建设和区域反贫困理论相关研究具有理论参考价值。

2）基于地理学的研究范式，实现多学科的理论与技术方法交叉，丰富了农户生计与贫困问题研究的内容体系与技术手段。本书针对反贫困工作的重点关注问题，如"两不愁、三保障"、农村贫困短板及农户自主脱贫能力建设等，丰富了贫困问题研究的内容体系。除参考现有成果中常见的经济学分析手段外，本书主要采用了地理学的研究范式，引入3S技术，建立区域贫困农户生计及影响因素研究的空间数据库；采用探索性空间分析方法刻画贫困农户生计的空间关联特征；运用空间回归模型探寻空间层面的影响因素；运用空间错位分析方法探明区域贫困短板。在研究方法上，注重贫困的空间属性挖掘与空间表达，可为致力于农户生计及空间贫困的相关研究提供实用的方法借鉴。

（2）实践价值

探明典型山区贫困农户生计短板及空间制约因素，制定优化调控方案，可为推动农村贫困治理和农村社会经济发展提供科学的实践支撑。具体体现在：通过分析贫困农户生计资本、生计方式、生计效率的空间差异情况，可为贫困治理工作补齐可能存在的短板和优化扶贫措施提供实证参考；通过分析贫困农户生计空间差异的个体性和区域性影响因素，可为制定更有针对性和更加有效的空间反贫困策略提供支撑，契合了精准扶贫"村户瞄准""因地制宜""可持续"等核心要义；研究关注的重庆市石柱县作为典型的贫困山区县域，具备一定的代表性，本书最终提供的反贫困优化调控方案对于研究区以及类似地区提升农户生计质量和推动农村社会经济发展具有科学的指导意义。

1.2 贫困农户生计问题国内外研究进展

1.2.1 国内外贫困问题研究

贫困问题研究是一个多学科交叉的领域，广泛地受到国内外经济学者和社会学者的关注，目前已取得十分丰富的研究成果，为国内外反贫困实践提供了科学支撑。从贫困的内涵与测度的研究历程来看，经历了从侧重于物质缺乏的视角转变到能力、权利角度以及从单项转变到多维的过程。

（1）对贫困内涵的认识

对贫困内涵的认识是科学开展贫困研究和反贫困工作的重要基础。关于贫困内涵与概念的辨析和界定，国内外学者或相关机构完成了多种角度的探讨。对贫困内涵的认识主要经历了物质匮乏、能力匮乏与权利匮乏三个阶段。

1）关于贫困的物质匮乏内涵 早在 20 世纪初，Rowntree（1902）在《贫困：城镇生活研究》中首次实现了对贫困内涵的解读，他从维持生存最低需求的角度，对英国约克镇居民必需营养成分的各种食品、生活居住的房屋、保暖的衣物、烹饪食物所需的基本能源和一些其他的必需品按照当地价格水平折算出一个货币临界值，认为如果一个家庭的总收入低于这个临界值，即不能维持家庭成员生存需要的最低开支，就基本陷入了贫困的状态，由此开创了物质匮乏的贫困内涵视角。此后，许多学者从物质匮乏内涵的角度对贫困进行了定义。Smith（1911）指出"贫穷就是生活必需品的匮乏"；Townsend（1979）进一步扩展了贫穷"生活必需品匮乏"论，认为"贫困具有的显著特征是人们缺乏生活所需的必需品，还有缺乏参与社会活动和最起码的生活、社交条件的资源"；雷诺兹（1982）也将贫困理解为"收入匮乏"，即没有足够收入满足最起码的生活需求；另外，还有一些国际机构对贫困进行了界定，世界银行（1980）、Oppenheim（1993）均认为贫困的本质就是物质、精神、文化等资源的缺乏。在国内，国家统计局农村社会经济调查司在《农村贫困监测报告2009》中对贫困的定义为：个人或家庭由于收入水平较低导致不能维持基本生存需求。此外，国内学者汪三贵（1994）、童星和林闽钢（1994）、康晓光（1995）、郭熙保（2005）、王雨林（2008）等在他们的研究中也认为"收入水平低""物质匮乏"情况是造成贫困的主要因素。

2）关于贫困的能力匮乏内涵　1998年，印度学者、诺贝尔经济学奖获得者Amartya Sen（阿玛蒂亚·森）指出，贫困是贫困人口缺乏获取和享有正常生活能力所致，意味着贫困的本质是贫困人口创造收入和获取机会能力的贫困。此处的"能力"可以被理解为发展的能力或创造的能力，表现出更多的是主动性，只有贫困群体能力增强了才能保障消除贫困是可持续的（胡红斌，2012）。此后，"能力贫困"的概念逐渐受到社会认可。世界银行在《1990年世界发展报告》中指出，贫困是因为缺乏达到最低生活水平的能力所致，在《2000/2001年世界发展报告：与贫困作斗争》中从贫困群体面临风险和面临风险时的脆弱性角度指出，贫困不仅是指物质的匮乏，还应该包括低水平健康和基本教育等方面的缺乏，导致贫困群体不能表达自身诉求或缺乏足够的影响力。国内学者李正彪（2003）在评述Amartya Sen的"能力贫困"理论时，认为把贫困从"经济"范畴引入"能力"视角是一种全新的认识，经济匮乏只是贫困的一个方面而不是最重要的方面，关注的焦点从经济转向能力相当于从手段转向目的，将更加有助于制定有效的解困策略。国内学者汪三贵（2001）认为中国政府在反贫困工作中应重点发展贫困地区的教育和卫生事业，直接面向贫困者实施以工代赈、信贷计划等措施以提高贫困主体的自身发展能力。

3）关于贫困的权利匮乏内涵　贫困问题研究者充分认识和接纳了从经济层面和能力层面对贫困的理解，是从贫困表象到内在更深层次的认识。一些学者开始从政治经济学的角度去认识贫困，英国学者Atkinson和Sutherland（1990）研究了欧洲大陆和欧盟内部劳动力市场存在的社会排斥现象，分析其与失业、贫困之间的关系，认为人在遭遇社会排斥时不仅会影响生活前景，还会造成贫困的代际传递。社会排斥的概念最早由法国学者Ren Lenoir提出，主要用来描述当时占法国人口十分之一的边缘群体，他们因缺乏社会保障而陷入困难状态（Silver和Wilkinson，1995）。社会排斥现象造成了贫困群体的社会权利不足，由于缺乏平等的权利和社会参与机会，使其难以享受与其他社会成员基本对等的权利而被边缘化，造成了一种贫困状态（吴海涛和丁士军，2013)。权利匮乏更多是制度层面的，是决定一个人或群体享有发展机会的根本性因素，如国内因工业化发展产生的大量失地农民，缺乏维持基本生存的能力，政府在提供后续保障时不应仅关心收入保障的问题，而更应完善政策体系保障他们各方面的权利(王滢鸿，2016)。

可见，从收入水平低、生活所需资源匮乏等角度理解贫困虽受到了社会的广泛认可，但物质匮乏视角忽略了贫困表象内部更深层次的因素。随着国际社会对贫困问题认识的深入，贫困群体的能力、机会、权利、精神文化匮乏等内在性因素逐渐受到学界的重视。从能力匮乏理解，体现了致贫因素的内在性、主观性和主动性，从权利匮乏理解，则体现了致贫因素的外在性、客观性和被动性。

(2) 贫困测度研究动态

如何测度贫困是贫困问题研究的重要内容之一。随着社会经济发展，人们对贫困内涵认识不断深入，贫困的测度标准和方法也不断调整，关注内容经历了从物质表象到内在本质的过程，测度手段则由单项过渡至多维，同时衍生出多种测度方法。

最初，贫困仅被认为是经济上、物质上的贫困，对贫困的测度侧重于用单一指标衡量，采用收入水平作为衡量标准是最流行的方法。早在 20 世纪初，Rowntree (1902) 提出"物质匮乏论"时，正是采用基本需求法对伦敦的贫困状况进行了分析，基于人们最基本的生活需求，划定了满足最低生活水平的贫困线，开创了贫困标准与方法研究的先河。此后，绝对贫困线一直是贫困测度中最流行的方法，在划定贫困线的研究中还不断衍生出了不同的测算方法，如恩格尔系数法 (Van Praag，1982)、总收入与总支出之比法 (Hulchanski，1995)、热量支出法 (Ravallion，1998)、马丁法 (Pradhan 和 Ravallion，2002)、数学模型 (Chatterjee 和 Mukherjee，2014) 等。国内许多学者也采用单一性指标对贫困线的计算方法进行了实用性讨论，黄承伟 (2001) 引入国外的贫困程度监测模型对贫困程度、深度进行了测算；马俊贤 (2001) 和刘建平 (2003) 均认为马丁法是符合中国实际情况的测算方法；祝梅娟 (2003) 通过对各种方法的比较研究，认为采用扩展线性支出系统在理论上和实践上都能较好地反映贫困实际情况；杨立雄 (2010) 通过梳理常用的贫困线计算方法，认为采用马丁法测算贫困线在方法可操作性、数据可获得性、理论完备性等方面具备优势，但由于非食物线计算较为复杂，还可引入低收入群体的恩格尔系数来计算非食物线。

随着贫困问题研究的逐渐深化以及人们对贫困内涵认识的不断深入，人们逐渐意识到仅采用收入线作为贫困测度标准过于片面，无法全面地概括和反映贫困状况，贫困测度方法也逐渐转向多元化、多维化。为此学者们进行了大量的探索，但目前尚无统一的测度标准。牛津贫困与人类发展中心 (OPHI) 主任 Alkire (2007) 认为，采用表征能力的多维贫困测量方法可以更加便于识别人们能力的剥夺情况，为反贫困工作提供更加准确的信息；Alkire 和 Froster（2011）给出了多维贫困识别、加总和分解的方法；随后，人类贫穷指标体系（HPI）、人类发展指标体系（HDI）、麦泽塔-帕累托指标体系（MPI）等一系列研究方法在多维贫困测度中被提出并用于实证。为了综合反映不同地区的贫困程度，国内学者肖佑恩等（1990）设计了一套包含农村生产发展水平、产业结构状况、居民收入水平、农业商品化程度、居民消费水平 5 个方面 11 项指标的农村贫困程度衡量指标体系；尚卫平和姚智谋（2005）采用识字率、人均预期寿命、人均生产总值等指标构成多维贫困模型，并认为其计算结果相较于人文发展指数计算模型更加科学，结论更加贴近实际。

2010 年后，随着国内新一阶段扶贫开发工作的部署，尤其是精准扶贫方略实施后，关于多维贫困测量的研究数量呈现出快速增长的趋势。孙秀玲等（2012）、刘小鹏等（2014）、田伟（2014）、郑长德和单德朋（2016）、揭子平和丁士军（2016）等一大批学者从贫困内涵出发，在贫困维度、测量指标等方面对贫困动态变化、反贫困优化等内容进行了研究。由于新时期精准扶贫工作注重瞄准区域性贫困特征，部分学者还开展了多维度贫困的地理空间识别与空间分异研究。例如，刘艳华和徐勇（2015）及刘小鹏等（2017）分别从全国尺度和省域尺度对贫困进行了地理识别研究，结论表明基于地理识别的多维度贫困测算结果准确程度较高，有助于掌握区域性贫困特征；刘彦随和李进涛（2017）从贫困空间分异角度对中国县域贫困分化机制进行了探测，并提出了针对性的优化方案。

此外，基于农户生计思想的可持续生计框架，因能较好地理解农户生存状态的复杂性、生计策略的安全性，也被运用到农村贫困测度研究中。何仁伟（2014）从农户生计资本的脆弱性角度量化分析了贫困的区域差异；陈佳等（2016）从生计恢复角度测度了农户的贫困恢复力；熊传麟和叶长盛（2016）将可持续生计分析方法与农村多维贫困发展指数（MDI）相结合系统地分析了多维贫困的空间格局；杨帆等（2017）从生计资本角度测度了区域贫困格局，并分析了不同类型生计资本对贫困的贡献度。

可以发现，贫困测度研究紧密同步于人们对贫困内涵的认识变化，同时也服务于国家战略需求。贫困测度呈现出内涵多维化、视角多元化、表达空间化的发展趋势，其中基于可持续生计视角的贫困测度与反贫困研究逐渐趋于成熟，尽管已取得十分丰富的成果，但面对长久伴随人类的贫困现实，还需要持续不断地深入探讨。对贫困测度的研究，今后还需继续以解读贫困内涵为基础，加强不同角度的尝试。

1.2.2 国内外农户生计研究

古人认为："古者有四民，有士民，有商民，有农民，有工民。"[①] 何谓四民？

---

① 摘自《穀梁传》。

"作而行之，谓之士大夫；审曲面执以饬五材，以辨民器，谓之百工；通四方之珍异以资之，谓之商旅；饬力以长地财，谓之农夫。"[①] 文献记载，秦汉初期通过授田制，将所有编户民划分为不同等级，授予相应的政治地位和权利，形成有利于官府控制和管理的社会结构形态。随着社会发展，部分农户因自然灾害无法保障生计，贫者"卖田宅、鬻子孙"，沦为流民，被迫迁徙，原有的社会组成格局被打破，社会矛盾不断积累，最终导致社会动荡不安。可以发现，古代关于"四民"的相关论述虽多是从社会管理角度出发，但充分体现了古人对"生计"内涵的理解，也表达了"生计"问题对于一个社会稳定的重要性。

《现代汉语词典》将"生计"阐释为"维持生活的办法"，指的是人们为了生存和生活所采取的方式。"生计问题"最早仅局限于农村居民谋生的初级探索，随着研究的不断深入，人类发展问题愈发受到学界重视，生计逐渐成为农户生存、农村发展、农村扶贫和环境保护等问题的研究视角与手段。通过文献梳理发现，生计研究始于生计的概念化。国内外关于农户、贫困、农村发展等相关的论文和著作中对生计内涵的认识因不同领域的侧重点不同而存在较大差异。

(1) 生计理论研究历程

关于生计思想的表述，可以追溯到 Robert Chambers 在 20 世纪 80 年代中期的著作中，并在 90 年代得到他本人和 Convey 等的进一步深化。自那时起，Chambers 和 Convey 提出的定义被大多数学者采纳，他们的定义为"生计是农户谋生的手段，建立在农户的资产（assets，包括储备物、资源、要求权和享有权）、能力（capabilities）和活动（activities）的基础之上。"此定义重点关注了人们在追求提高生存所需的收入时在其所拥有资产和以此做出选择之间的联系（Ellis，2000）。英国社会学家 Townsend（1993）强调了生计问题和贫困问题之间存在的联系，认为生计问题研究可作为评价贫困和缓解贫困的路径。农户生计在贫困问题研究中不断深入，如何消除贫困的关注重点也从早期增加收入转变到提高收入的能力方面（陆五一等，2011）。随着人们对资源环境的保护意识增强，人类在发展过程中对生计的永续和可持续性的重视程度也不断提升，"可持续生计"概念首次出现在 20 世纪 80 年代末世界环境和发展委员会的报告中（World Commission on Environment and Development，1987）。1992 年，联合国环境和发展大会（United Nations Conference on Environment and Development，UNCED）将此列入了行动议程，第 21 项议程主张把稳定的生计作为消除贫困的主要目标，以促使有关政策协调发展和资源可持续利用（UNCED，1992）。尔后，哥本哈根社会发展世界峰会和北京第四届世界妇女大会，都强调了可持续生计与消除贫困之间

---

① 摘自《周礼》。

的联系对制定政策和发展计划的重要意义。联合国开发计划署贫困与可持续生计小组的高级顾问 Singh 和 Gilman（1999）认为，人们在选择或利用机会与资源时不妨碍他人目前或将来的谋生机会，即可持续生计。Sen（2001）在其论著 *Development as Freedom* 中提出"消除贫困是发展的第一步"，要通过提高自身能力以实现稳定发展，这就是可持续生计的观念。

可见，生计理论自提出至今都是围绕解决人的生存问题，随着生计理论不断拓展与先进思想观念的融入，生计理论也得到不断创新，可持续生计的理论受到了学界广泛重视和延展。在贫困问题研究中，可持续生计也是开展研究的重要途径，延续可持续生计理论可以为贫困问题研究奠定理论基础。

（2）生计分析框架发展

随着生计理论的逐渐完善与丰富，在世界各地生计建设项目和扶贫工作实践中诞生了一系列的生计研究方法，其中最具代表性的三种研究框架为社会排斥框架、脆弱性分析框架和可持续生计框架，它们被用于从不同角度研究不同对象的生计状况（表 1-1）。

表 1-1　三种生计分析框架

分析框架	主要内容	学者/机构
社会排斥框架	能力-社会排斥-后果	Peter Townsend
脆弱性分析框架	内部因素-外部因素	Robert Chambers
	敏感-恢复力	Moser
	风险-能力-潜力	Wats 和 Bohle
	风险-敏感性-应对	Sinha 和 Lipton
可持续生计框架	生计-生计能力-有形资产、无形资产	联合国开发计划署（UNDP）
	生计背景-生计策略-生计结果	国际救助贫困组织（CARE）
	脆弱背景-生计资产-结构与过程转变-目标	英国国际发展部（DFID）

可持续生计框架（SL 框架）是 20 世纪 90 年代由一些国际救援组织机构、研究院所、知名高校等（如世界银行、英国国际发展机构、英国 Sussex 大学的发展研究所）发展起来的工作方法，并最终形成分析框架。作为一种寻找生计脆弱性并给予多种解决方案的集成分析框架和建设性工具，可持续生计框架通过对脆弱性人群的生计进行系统性、参与性分析，可以为发展规划、政策制定的相关人员提供有效的解决思路，通过调整战略增强关注对象的生计能力（Martha 和杨国安，2003）。目前，采用较多的有联合国开发计划署（United Nations Development Programme，UNDP）、国际救助贫困组织（Cooperative for American Remittances to Europe，CARE）和英国国际发展部（Department for International Development，DFID）的可持续生计框架。

1）UNDP 的可持续生计框架强调外部环境和干预的影响，可持续生计并非发展的起点和途径，而是发展的目标。为此，UNDP 还建立了一套监测生计可持续性和安全性的指标体系，指标主要包括：投入的资源、实物产品和服务产出，产出被利用的程度，人们生活改善程度，获得产出的路径等（Singh 和 Gilman，1999）。UNDP的可持续分析框架包括了生计方式、生计能力、有形资产和无形资产四个部分，其中生计资产被划分为自然生态资产、社会资产、人力资产、物质资产、经济资产和政治资产六个部分（Krantz，2001）（图 1-3）。

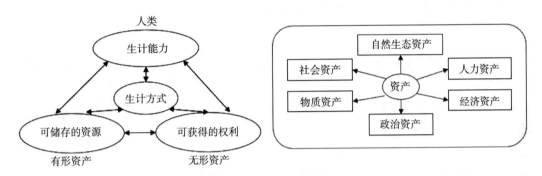

图 1-3 UNDP 的可持续生计框架

2）CARE 提出的可持续生计框架由生计背景、生计策略和生计结果三个部分组成。其中，生计背景是指农户生存的客观环境及条件，即所处的自然资源、基础设施以及经济、文化和政策的外部环境；生计策略是农户通过生产和消费活动将生计资产转换为所需物质和精神的过程；生计结果则是生计所涉及各个层面的安全性，主要包括粮食、营养、健康、饮水、住房、教育等方面（Frankenberger，2000）（图 1-4）。不同于 UNDP 的可持续分析框架，CARE 的框架将分析单元明确定位在农户层面，即关注焦点为农村家庭（Drinkwater 和 Rusinow，1999）。

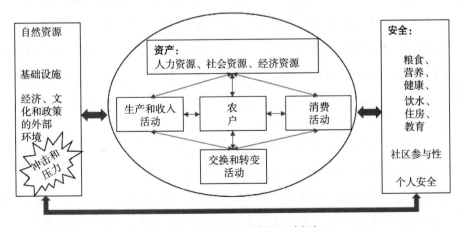

图 1-4 CARE 的可持续生计框架

3）DFID 的可持续生计框架由脆弱性背景、生计资产、结构与过程转变以及最终目标构成。图 1-5 中，五边形代表的生计资产是框架的核心内容，包含自然资产、物质资产、人力资产、金融资产和社会资产，五边形能形象地展示农户生计资产的结构状况，五边形中心点代表各项可使用资产的零点，各顶点代表各项资产的最大化值（Baumgartner，2004）。该框架认为脆弱性背景既可创造也可摧毁农户的生计资产；农户在脆弱性背景中谋生，其生计策略还受到"组织结构和制度程序"的影响，可通过资产组合、改变利用方式或接受外部支持来实现提高生计产出的目的，而获得的生计结果又将反馈于生计资产（DFID，2000）。

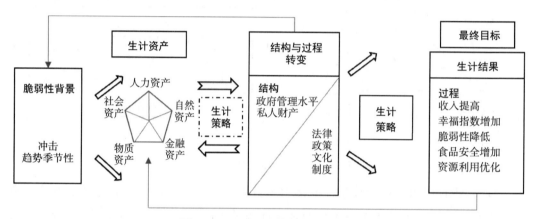

图 1-5 DFID 的可持续生计框架

总体来看，以上三种可持续生计框架都是分析多元贫困问题的有效工具，同时包含了脆弱性背景和生计资产两大要素，都能以农户个体为研究对象，用于动态分析农户生计。但是，三种分析框架侧重点各有不同，UNDP 的框架将资产划分为有形资产和无形资产；CARE 的框架强调自我和社会激励两种类型；DFID 的框架强调重视政府的作用（冯茹，2015）。目前 DFID 的可持续生计框架应用最为广泛且最具代表性，在全球各地生计建设实践、生计项目调查和评估中得到应用，已然成为扶贫开发和可持续生计建设的主要分析手段。一些国际机构如国际农业发展基金（International Fund for Agricultural Development，IFAD）为了实现到 2015 年将绝对贫困人口减少一半的发展目标，已决定将可持续生计作为今后在受援国家实施扶贫战略的主要分析工具（Hussein，2002）。

综上，可持续生计理论研究在 21 世纪初期已十分成熟。2000 年以后，作为可持续生计理论的实践产物，以 DFID 可持续生计框架为典型代表的可持续生计框架在生计问题研究中起到了引领性的作用。学者们在农户生计资产（资本）、生计方式（策略）等方面开展了大量研究，取得了丰硕的研究成果。同时也应注意，现有流行的可持续生计框架提供的只是一种规范化和集成化的研究思路，并不是普适性的解决方案，国内外部分研究也针对关注问题对框架进行了调整。

（3）生计资本研究动态

农户的生计资本（生计资产）是其决策生计方式、抵御风险、获得发展的基础，也是获得生计结果的根本来源，因此，生计资本是衡量贫困程度和开展扶贫工作的有效切入点之一（何仁伟等，2013）。根据研究需求，本部分将从生计资本的研究主题、生计资本的评估方法、生计资本的影响因素等方面回顾梳理现有文献。

1）生计资本的研究主题　从文献梳理情况来看，现有生计资本相关研究实证主题多集中在关注搬迁移民、农民工、贫困地区（人口）等生计脆弱性较高的对象。例如，李聪等（2010）重点分析了劳动力迁移对农户生计资本的影响，发现迁移户和非迁移户在生计资本数量上存在显著的差异，农户家中有无成员迁移对生计资本水平也有明显的影响，同时不同类型的生计资本受到迁移的影响程度不同，不同迁移特征对不同生计资本的影响作用也各不相同；崔诗雨等（2016）对三峡库区就地后靠移民与原住民进行了对比分析，发现二者的生计资本存在显著差异。农民工是国内社会经济发展中出现的特殊群体，农民工的生计问题也备受国内学者和管理部门重视。王春玲（2012）和姚小丹（2013）以农民工为研究对象，从农民工生计资本量化出发，分别分析了生计资本与参与技能培训的意愿和返乡创业情况的关系，发现家庭拥有消费型设备数量较多和具有一定社会关系、情感支撑强的农民工有较强的意愿参与技能培训；返乡创业方面，各类生计资本对新老农民工的返乡创业意愿影响不尽一致，其中拥有土地的数量和质量、房屋结构和质量是对两代民工返乡创业起正向影响，而两代民工在返乡创业中对其他类型的生计资本关注与重视程度不尽相同，如人力资本中，新一代民工比较重视打工年限，而老民工更关注健康状况。

作为生计问题研究的一个重要主题，有关贫困地区或贫困人口的生计资本研究数量在近年来呈增长趋势。蔡志海（2010）对受到汶川地震严重影响的贫困村农户评估发现，当地贫困村农户生计系统受到地震的严重损害，生计资产结构极不平衡；张大维（2011）基于生计资本视角对武陵山区集中连片特困区的致贫因素进行了分析，结果显示武陵山区特困地区的 5 类生计资本均显现出短缺的状况，并指出对于连片特困地区的贫困治理需在科学评估的基础上，通过制定针对性的策略增进生计资本以达到优化生计产出的目的；卿章艳（2012）从生计资本视角透视了影响农村"贫困代际传递"的现象，结果表明健康和教育是影响贫困代际传递最重要的因素，农户健康得不到保障会有极大概率因病返贫，另外，农户缺失受教育的机会，也就难以提高自主脱贫能力；伍艳（2015）从生计资本脆弱性角度对秦巴山区的贫困程度进行了评估，发现该地区社会资本缺乏型、金融资本缺乏型和人力资本缺乏型农户的脆弱率高于农村平均水平，认为多种生计资本的缺乏是导致贫困地区陷入慢性贫困泥潭的根源；与伍艳（2015）的研究类似，向楠等（2015）对武陵山区贫困农户生计资本评估时发现，金融资本和人力资本匮乏是该地区贫困长期存在的主要原因。

2）生计资本的评估方法　生计资本评估是开展生计研究的基础性内容。现有研究对生计资本评估大多数沿袭了 DFID 的可持续生计框架中对生计资本的界定，通常都选择了自然资本、物资资本、人力资本、金融资本和社会资本 5 类资本，采用的方法也趋于多元化。目前，在生计资本评估中较常用的方法有定性和定量分析，其中，定性分析以描述性统计和对比分析为主；定量分析则多采用综合评价法，主要的技术手段有加权求和，也有部分学者对生计资本的空间特征进行了刻画，运用的研究方法主要有聚类分析法、BP 神经网络、空间自相关分析等。

黎洁（2009）采用描述性统计方法分析了贫困山区 1 074 个退耕农户的生计状况，阐述了农业户和兼业户各个指标的具体情况；毛谦谦（2015）采用描述性统计分析了陕南生态移民农户生计资本情况，借此展示了生态移民实施的现状和成效。对比分析是在定量测算的基础上进行，通常是对两个或者多个研究对象进行对比，分析其差异情况。例如，赵丽娟（2014）通过对比分析参与和未参与灌溉管理改革农户的各类生计资本情况，得出了参与灌溉管理的农户生计资本好于未参与农户的结论；张丽等（2012）则是对比生态补偿前后农区、牧区和半农半牧区农户生计资本的变化情况，发现实施生态补偿对不同区域农户生计资本的影响存在显著差异。定量评价最常用的方法为加权求和，此外还有因子分析等方法。例如，郝文渊等（2014）、张磊磊等（2014）采用加权求和的方法对生计资本进行了测算，指标权重的确定方法均为德尔菲法；张海盈等（2013）和欧美珍等（2017）则采用层次分析法（AHP）确定了生计资本各项表征指标的权重；另外，也有许多学者采用客观赋权的方法，如贺爱琳等（2014）和乌云花等（2017）采用熵权法求取指标权重。近年来，部分学者还对生计资本的空间特征进行了刻画。丁文强等（2017）在对牧民生计脆弱性评价中，采用快速聚类分析方法（K-means cluster）对样本进行了聚类，对比了不同区域牧户的脆弱性；刘进等（2012）结合 GIS 和 BP 神经网络模拟了区域生计脆弱性的空间分布格局，结果证实 BP 网络在生计的空间格局研究中是一种可行、实用的方法；吴清等（2017）等在对广东省残疾人生计资本的空间格局分析中运用了空间自相关分析，结果表明残疾人生计资本具有高度的空间自相关性，热点区和冷点区分布差异显著，总体呈现出集聚特征。

3）生计资本的影响因素　生计资本是农户开展生计活动的资源基础，是生计状况的决定性因素，很大程度上取决于农户所处区域的宏观社会经济发展状况以及资源环境的承载能力（谢芳婷等，2015）。因此，在量化生计资本的基础上分析造成差异的影响因素，可以从本源认识造成农户生计资本差异的主导因素，从而提供改变生计资本现状的思路。目前，除上文阐述的主题之外，生计资本的影响因素研究较多地集

中在生计策略和气候变化等背景因素的影响方面，采用的研究方法多为二元、多元
logistic 回归和分位数回归分析。例如，刘恩来等（2015）从农户生计策略选择影响
因素角度对四川省 402 户农户生计资本差异情况进行了分析，发现农户选择不同生计
策略对生计资本水平影响显著，稳定水平也各不同；时红艳（2011）分析了农户外出
务工对生计资本的影响情况，发现外出务工对农户的自然资本、金融资本和人力资本有
显著影响；武艳娟（2008）分析了宁夏 9 个样本区农户生计资本受气候变化的影响情
况，认为气候变化，特别是降水减少和干旱等气象灾害对农户生计资本影响较大，也改
变了农户的生计方式。另外，也有学者分析了生计资本区域差异的影响因素，但目前成
果还相对较少，其中比较有代表性的为何仁伟等（2014）、任国平等（2016）、吴青等
（2017）。吴青等（2017）采用多重线性回归分析中的强行进入法证实了政策环境、经济
水平、教育培训及康复服务等方面是造成空间差异的影响因素；何仁伟等（2014）则采
用 Pearson 相关系数法分析了少数民族人口、交通优势度、地势起伏度等因素对生计资
本的影响，发现少数民族人口比重、地势起伏度和农户生计资本呈负相关关系，交通优
势度与生计资本呈正相关的关系；任国平等（2016）考虑了生计资本空间差异影响因素
的空间非平稳性，采用地理加权回归模型（geographically weighted regression，GWR）
揭示生计资本空间格局的影响因素，结果显示工业化程度、到城镇中心距离、地均
GDP、城镇化率、农户可支配收入等因素与生计资本呈现出正相关关系。

从以上文献回顾可见，国内目前关于生计资本的研究多集中于 2010 年后，且主
要为实证研究。作为一种基于资源拥有情况审视生存状态的有效途径，生计资本研究
目前已经涉足自然资源可持续利用、环境保护、贫困问题等多个领域，体现出十分明
显的学科交叉特征。从研究方法和内容来看，生计资本研究正在逐步经历一般性评价
到空间格局分析再到空间分异机制解析的过程。由于生计资本具备较强的区域特征
性，生计资本区域差异性和区域差异影响机制将成为今后以人地关系为核心议题的地
理科学关注的重要方向。

（4）生计方式与效率研究动态

现有文献提到的"生计方式""生计分化""生计活动""生计选择""生计多样
性"均是可持续生计框架中生计策略的展开形式，指的是农户为了获取生计结果所采
取的行动方式。受国内外可持续生计框架的影响，现有文献对农户生计方式的研究多
集中于生计方式分类以及农户选择不同生计方式的影响因素等方面，对于农户采取不
同方式获取生计结果的效率研究数量较少，类似研究主要集中在农户从事农业生产对
土地利用的效率和劳动效率等方面，尚缺少与多种类别生计方式相匹配的效率研究。

1）生计方式研究　从生计方式的概念来理解，它是由多种生计方案组成的集合
体。Scoones（1998）提出了 4 种类型的生计策略，即扩张、集约化、生计多样化、迁

移；Sussex 大学的发展研究所（Institute of Development Studies，IDS）制订的可持续生计计划认为，对于非洲、南亚的发展中国家而言，农户生计模式主要有农业集约化、生计多样化以及迁移 3 个方面（Mcdowell 和 De，1997）；Ellis（1998）进一步指出，生计多样化是发展中国家居民重要的生计策略，简单地理解，生计多样化就是指农户同时采取多种谋生方式（生计活动），他对乌干达地区的研究表明，当地居民生计脆弱性的根源在于资源匮乏以及居民缺少非农就业的机会导致不能实现生计多样化；Blaikied 等（2002）分析尼泊尔西部山区农户生计变化情况时发现，非农业就业机会改善了农村地区的生活状态，并且可有效避免以往的危机，能够获得更高的收入以及更稳固的生计。因此，从可持续生计的内涵来看，实现生计方式多样化是有效抵御风险、降低生计脆弱性、增加收入的一项重要策略，也是农户改善生计的主要手段，目前也受到了学界的重点关注。

在国内，城镇化和工业化发展使得农村地区获得了更多的发展机会，农户兼业化发展也成为一种普遍现象，农户兼业是劳动力非农转移一个必经的过程。研究表明，就目前这个阶段而言，农户兼业不仅利于城镇化发展，也有利于社会稳定（陈昭，2015）。苏芳等（2009）指出政府须加强资金、技术方面的支持，促进农户有能力和资本从农业生产转向二、三产业以实现生计多样化发展。从农户分化的角度来看，生计多样化发展的过程中，不同农户的兼业程度会有所差异。为了展示这样的差异特征，目前国内多数研究均是依据中国社会科学院农村发展研究所和国家统计局在第二次农业普查中规定的分类方法，将农户划分为农业产业户（纯农户）、一兼农户（农业兼业户）、二类农户（非农兼业户）、非农产业户（非经营户）。此外，也有一些学者从不同角度界定了划分标准，部分研究以农户收入成分划分生计分化程度。例如，吴申凤等（2012）通过分析翁源县自 20 世纪 80 年代以来农户生计多样化发展情况，发现当地农户生计多样化发展表现为纯农户向兼业农户或兼业农户向非农户转化的规律，是一个兼业化程度逐渐增大的过程；王利平等（2012）则依据生计资本结构对农户生计分化情况进行了划分，将其划分为农业多样化发展型、农业专业化发展型、兼业化发展型、非农多样化发展型和非农专业化发展型。

通过分析农户生计分化可以反映区域社会经济发展情况，故分析贫困地区（群体）生计方式发展情况是贫困格局研究的途径之一。赵靖伟（2014）在对贫困地区农户生计安全研究回顾中指出，通常贫困地区的农户在没有大型自然灾害或家庭风险时可以勉强维持单一的生计，而这种面朝黄土背朝天和靠天吃饭的生产方式没有抵御风险的能力，甚至满足不了基本的生存需求，实现农民生计多样化发展是贫困地区市场化、社会化、市民化的必经历程；覃志敏和陆汉文（2014）在研究后重建时期汶川地震灾区贫困村农户生计方式时发现，当地农户倾向于外出打工等投入少、回报周期短的生计方式，但贫困程度较高的农户受缺乏知识、技能、市场信息等制约导致收入较低，生计方式以种粮为主且增收困难；徐汉龙（2016）分析浙西南农村相对贫困家庭的生计时发现，该地区相对贫困农户的生计策略较为单一，无论是低收入户还是其他农户，工资性收入和农业生产性收入是主要收入来源；李灿等（2016）通过选取农户就业、收入和时间 3 个指标量化贫困山区农户生计分化情况，将农户划分为非农化农户（县域外就业）、非农化农户（县域内就业）、兼业农户、农业生产农户 4 种类型，发现不同主导类型村域在生计环境与发展趋势上均有一定差异。

2）生计方式的影响因素　农村居民采用各种生计多样化策略显示其所处的环境是多变、复杂和有风险的（Chamber，1989）。农村居民能否有效实现生计多样化除了与其自身能力有关之外，还会受到其所处环境的影响。环境对生计多样化的影响主要表现在宏观政策、区域基础设施水平等方面，此外，自然资源退化、季节性或突发性的自然灾害等自然环境因素也会成为生计多样化的限制因素（李斌等，2004）。农户自身能力通常是建立在家庭特征、健康水平、教育情况等的基础上，现有研究多数是从生计资本角度分析自身能力对生计方式选择的影响情况。梳理发现，农户生计资本和生计策略存在相似规律，蒙吉军等（2013）、徐定德等（2015）、刘运伟（2015）、陈相凝等（2017）对不同实证区内农户生计资产与生计策略的关系分析结果具有一定相似性，即通常人力资产、金融资产和社会资产富足的农户往往倾向于非农活动，而自然资产和物质资产丰富的农户倾向于农业活动。另外，一些学者还分析了农户生计方式变化受到诸如自然环境、社会经济环境等外部环境要素的影响情况。喻鸥（2010）在定量评估青藏高原东部样带农牧民生计脆弱性时发现，农户生计多样化指数随海拔增高而减小；吕杰等（2014）以滇东南岩溶石漠化地区农户为研究对象，研究发现石漠化地区农户生计方式单一、同质性强且不可持续；蔡进等（2015）、包婷婷（2016）等学者分析了社会主义新农村建设背景下的农户生计策略变化情况，均认为新农村建设会促进劳动力的转移就业。

3）生计方式与效率的相关研究　通过文献检索发现，有关农户采取不同方式获取生计结果的效率研究仍然较少，缺少与多种类别生计方式匹配的效率评估研究。结合研究需求，本文将回顾与农户生计方式类似的效率评估研究。

目前许多学者已就农业生产效率、劳动效率的测算进行了研究，取得了大量成果。测度生产效率的方法通常分为参数方法和非参数方法两类，参数方法如自由分布法（distribution-free approach，DFA）和随机边界法（stochastic frontiers approach，SFA）等；非参数方法应用最为广泛的正是数据包络分析方法（data envelopment analysis，DEA）。该方法是由 Charnes 等（1978）提出，即通过线性规划方法构建观测数据的非参数分段前沿，再根据各个单元与分段前沿面的距离大小来测度生产效率。该方法具备处理多项投入和产出的优势，也不需要事先对函数形式进行设定，目前已应用至众多领域。例如，Lemba 等（2012）评估了肯尼亚农户受到外界干预下的农业生产效率，结果显示政府干预对农业生产效率具有显著的影响，其中灌溉用水、生产资料、市场对接等资源的支持对生产效率具有正向影响；Theriault 等（2014）分析了西非国家棉农的生产效率和影响因素，结果显示棉农生产效率下降主要的影响因素为不完善的金融市场、服务支持欠缺和农户对联保制度的负面体验等。在国内，农业生产效率测度的研究对象从宏观农业层面到具体作物层面，从宏观的区域空间格局层面到微观农户层面均取得了不少的实证成果（秦钟等，2011；王文刚等，2012；贾驰，2012；杨皓天等，2016）。部分研究在测度农业生产效率的同时也分析了生产效率的影响因素，区域层面的自然地理要素（王珏等，2010）、经济结构及发展水平（孔昕，2016）、自然灾害（常浩娟等，2013）、规模经营情况（魏巍和李万明，2012）等方面被证实是影响农业生产效率的重要因素。农户个体层面的影响因素主要为家庭结构、健康状况、受教育程度、接受培训情况、农业补贴等（王阳和漆雁斌，2014；郑循刚和鲍学东，2009）。

一些学者注意到农户生计方式越来越多样化和非农化的发展趋势，因而在测度生产效率时综合考虑了农业生产和非农经济活动共存的情形。赵建梅等（2013）采用自助抽样数据包络分析方法（bootstrapped DEA）测算了中国农户在兼业情况下的生产效率，区别于纯农业生产，其在测算过程增加了非农业经济活动投入产出变量；夏庆杰等（2007）基于多种计量模型分析了农村劳动力从事非农产业活动的劳动回报情况和影响因素，结果显示市场经济力量、农户受教育水平、政治因素等都是非农回报的决定性因素；李小建（2009）在其论著《农户地理论》中分别构建了农户农业生产函数和非农业生产函数，农业生产函数的投入产出变量分别为土地和劳动投入以及农业产出，非农业生产函数的投入产出变量为劳动投入和非农产出，在构建函数时还融入了区位、地形等地理要素，并利用调查数据实证分析了影响效果。

此外，也有少数学者关注了最低生活保障等救助政策对特困群体的救助效果。农村最低生活保障制度是政府为极度困难群体提供的一种公共救助产品，通过测度其救助效果可以了解到救助政策帮助受助群体改善生计的效果。王增文（2010）通过引入农村低保救助力度系数衡量政府的救助力度，引入生活救助系数衡量救助效果，以此综合评估了区域农村低保制度的救助水平；李春根和夏珺（2015）则通过运用替代率模型、人均消费比率模型等方法测算了中国 31 个省域农村低保的保障力度，其中替代率模型主要是测算受低保救助后农民收入占当地农村人均纯收入的比重，人均消费比率模型则用于测算低保对于满足受助对象基本生存需求的程度。

可见，国内外学者在生计方式多样化、生计方式的影响因素等方面取得了一些研究成果。从内容上看，现有研究对生计方式的分类多数参考了国家部门标准，但对生计方式的量化分析还较为薄弱，也缺少关注农户在不同生计方式下取得生计结果的效率问题。针对贫困问题研究多维化与多元化的发展趋势，开展与生计方式匹配的效率评估可成为基于可持续生计视角探索贫困农户生计过程性贫困特征与机制的研究视角与技术手段，而这需要建立在拓展和延伸现有可持续生计框架内容与内涵的基础之上。

1.2.3　研究述评

从上述文献梳理可知，国内外有关贫困问题和农户生计的研究已然十分丰富。整体而言，国外研究起步早于国内，多数理论能在国内得到较好的沿用，现有成果可为本文提供充足的理论支撑与技术指导。但就本文研究需求来看，现有成果的研究视角、方法和内容等方面还存在一些值得拓展和延伸之处。

（1）贫困问题研究的视角与理论仍需拓展和深化

贫困测度因侧重点不同导致结果存在较大差异，缘于学者们对贫困内涵存有不同的理解，贫困测度研究呈现出内涵多维化、视角多元化、表达空间化的发展趋势。就贫困的本质而言，贫困理论与测度研究的聚焦点最终仍需回归至"人"的生存与发展层面，而农户生计视角正可为此提供一个可行的切入点。自国外生计思想传入中国至今，可持续生计理论在绝大多数研究中受到了广泛的采纳，处于国内生计研究的核心地位，其中 DFID 的可持续生计框架最具代表性。该框架提供了一种集成化和规范化的研究思路，在贫困问题研究领域受到了广泛运用，但针对贫困问题研究多维化与多元化的发展趋势，相关研究对贫困的过程性特征与机制解析仍然比较薄弱，因此，还需根据对贫困内涵的解读和现实需求进一步拓展和延伸已有的理论框架。

（2）农户生计研究的系统性和区域实证性仍有待提升

中国的贫困已不再是因制度和政策的缺失造成的普遍性贫困，取而代之的是地域特征极为明显的区域性整体贫困，扶贫工作已转为强调区域瞄准和农户瞄准的精准扶贫阶段。由于农户生计问题本身具有强的实证性，具备较高的区域、个体差异特征，不同区域、不同族群、不同个体的生计问题千差万别，同时农户生计还是一个包含社会、经济、环境、政策制度等多要素的复杂系统。现有生计研究多集中于地理学、经济学、社会学等单个学科内，专业领域相对单一，基于多学科交叉的系统性研究仍然较少。因此，面向贫困问题的研究，发挥地理学研究范式的平台优势，加强多学科交叉的系统性实证研究，是相关领域纵深发展的可行途径。

（3）农户生计的研究内容仍需进一步深化

随着可持续生计框架的不断应用，针对框架组成要素开展的相关研究取得了较多的成果，但关注焦点多为生计问题的某一方面，对生计问题的复杂性、机制性刻画仍有待强化。因此，为了助力于掌握区域贫困特征、致贫机制及反贫困工作短板等，基于可持续生计框架的贫困问题探索还需开展更具全面性的研究。就可持续生计研究的具体内容而言，多数研究对农户生计资本的空间属性认识不足，忽略要素属性在地理单元上存在的空间关联情况，且较少关注造成空间差异现象的影响因素；对生计方式的分类拘泥于相关标准，量化分析尚显薄弱，空间层面的评估尚较欠缺；由于不属于可持续生计框架范畴，目前还缺少与生计方式匹配的效率测度研究。

(4) 农户生计的研究方法和技术手段有待进一步更新

当前的研究成果中，生计问题研究主要采用抽样调查、参与式评估等方法获取所需信息，获取数据多数缺少空间属性，对于生计的区域性、空间性特征表达不足；描述性统计、对比分析、计量经济分析方法手段应用比较广泛，3S技术（地理信息系统、全球定位系统、遥感技术）、地理空间可视化、空间统计分析等传统与新兴技术相结合的分析手段在生计系列问题研究中还有待强化。

1.3 研究方案

1.3.1 研究内容

(1) 文献梳理与理论框架构建

通过回顾国内外贫困问题与农户生计研究的相关文献，梳理相关理论的发展脉络，在阐释核心理论和辨析核心概念的基础上，构建本文的理论框架，即可持续生计拓展框架（SL拓展框架），明确框架构成要素与贫困内涵的衔接路径，为研究奠定理论基础。

(2) 贫困农户生计资本的空间差异与影响因素研究

针对山区县域特征及贫困农户特性，构建生计资本测度的指标体系，完成生计资本的测度，并分析其在个体层面和空间层面的差异及空间关联情况；结合空间贫困理论，构建生计资本空间差异的影响因素指标体系，通过空间回归分析探寻空间差异的影响因素。

(3) 贫困农户生计方式的空间差异与影响因素研究

参考生计方式划分相关的研究成果，对研究区贫困农户生计方式类别进行划分；分别从非农化、多样化及多样化发展阶段三个方面刻画生计方式特征及空间差异；在生计方式分类的基础上，从生计资本角度探索研究区贫困农户选择生计方式的影响因素，并分析其空间差异。

(4) 贫困农户生计效率的空间差异与影响因素研究

基于本文构建的SL拓展框架进一步解析生计效率的内涵，测度不同生计方式的生计效率，分析其在个体层面和空间层面的差异及空间关联特征；在贫困农户个体层面探索其自身生计方式和生计资本特征对生计效率影响的一般性规律；在空间层面结合空间贫困理论分析影响生计效率的空间限制性因素。

(5) 贫困农户生计效率与生计资本的空间关系与优化调控

该部分基于前文的研究结果，首先完成贫困农户个体层面生计效率与生计资本互动机制的检验与解构；其次通过分析生计效率与生计资本的空间关系切入自主脱贫能力评价，明确各抽样村的贫困短板，并据此划分重点优化区和确定各类型研究区的优化方向及目标；最后针对不同优化目标探讨相应的优化调控措施。

1.3.2 关键问题

(1) 拓展可持续生计框架的内容与内涵，寻求框架组成要素与贫困内涵的衔接途径

本文将在梳理国内外农户生计与贫困问题研究的基础上，通过界定"生计效率"的概念与内涵将经济学范畴的效率评估以一种分析手段的形式引入可持续生计拓展框架。为了延续可持续生计框架用于研究贫困问题的工具属性，奠定研究的核心理论基础，构建可持续生计拓展框架时需要论证框架组成要素衔接不同贫困内涵的可行性及其理论边界。

(2) 注重"个体"与"空间"的结合，厘清贫困农户生计系统的内部运行规律及与外部环境的互动机制

作为可持续生计框架的主要优势之一，框架在模拟农户个体行为的同时还强调了所处区域背景的影响作用，具备较强的系统性。正是如此，本文对贫困农户生计空间差异的刻画是在个体差异分析的基础上完成，同时结合空间贫困理论分析区域环境因素的作用。需要注意的是，解析贫困农户生计系统的内部运行规律及与外部环境的互动机制是本文实现系统性研究区域贫困问题的关键，也是科学制定优化调控方案和探讨优化调控措施的必要支撑。

(3) 构建适合山区贫困农户的生计资本测度指标体系，保障生计系列问题系统性研究的科学性

本文将以可持续生计拓展框架的组成要素作为贫困问题研究的视角切入点，其中生计资本为框架的基础性内容，后续的生计方式和生计效率研究均建立在生计资本的基础上。因此，用于表征生计资本的指标体系的重要性不言而喻。面向特定研究区、特定贫困农户，指标选择是否合理事关生计系列问题系统性研究的科学性。故在构建指标体系时，应充分考量山区特征和精准扶贫建档立卡贫困农户特性。

1.3.3 研究方法

本文属于实证性研究，建立在实地抽样调查获取大量反映贫困农户生计的资料数

据的基础上，在国内外农户生计和贫困问题的相关理论指导下，除了采用传统定性分析方法以外，还将运用计量分析和空间分析等研究方法。研究采用的主要方法有：

（1）文献检索与理论推导

通过文献检索，对相关文献进行回顾、梳理、总结和归纳分析，掌握相关研究的现状、发展趋势和实践应用情况；在现有研究的基础上，通过理论推导，引入"生计效率"的概念与内涵，构建可持续生计拓展框架，明确研究的理论边界，为本文奠定理论基础。

（2）实地调查与专家咨询

通过采取参与式农村评估方法（participatory rural appraisal，PRA），对重庆市石柱县 33 个乡镇的 66 个村进行实地调查，全方位掌握研究区社会、经济和资源环境的详细状况，获取大量反映贫困农户生计的一手数据和资料，为本文奠定核心数据基础；同时结合专家咨询法，广泛咨询地理学、经济学、管理学、社会学和统计学等相关领域的专家及地方扶贫工作者，训练和积累针对本研究的系统性思维与技术手段。

（3）实证分析与规范分析

在辨析研究涉及相关理论的基础上，通过研究贫困农户生计的空间差异与影响因素实现多角度揭示区域贫困格局并深入探索影响机制，制定反贫困优化方案，探讨优化调控措施。研究通过实证分析到规范分析，从揭示规律到策略建议，以期为地方优化反贫困决策提供理论与实践支撑。

（4）定量分析与定性分析

研究的结果与结论均建立在大量数据分析的基础上，主要运用综合评价法、聚类分析法、ESDA 空间关联分析法、OLS 回归模型、GWR 回归模型、曲线拟合法、Logistic 回归模型、DEA 模型、Tobit 模型、空间错位分析等技术方法，量化贫困生计的空间差异与影响因素。基于定量分析得到数据结果及图表结果等定性分析贫困农户生计的差异性与一般性规律，最终达到揭示区域贫困格局及其影响机制和提供反贫困优化方案的目的。

（5）空间分析

在 ArcGIS10.2 和 GeoDa 等软件平台的支撑下，加工处理反映研究区地理环境的基础数据，建立研究所需的空间数据库，利用软件的空间分析工具实现对贫困农户生计的空间分析和可视化表达，运用空间自相关分析模块分析贫困农户生计的空间关联情况及其影响因素。

1.3.4　研究思路

本文将可持续生计拓展框架作为核心理论框架，以框架组成要素衔接不同贫困内涵并构成行文主线，以石柱县境内的抽样贫困农户为研究对象，整体按照"个体差异—

空间差异—机制—优化"的思路开展研究（图 1-6）：

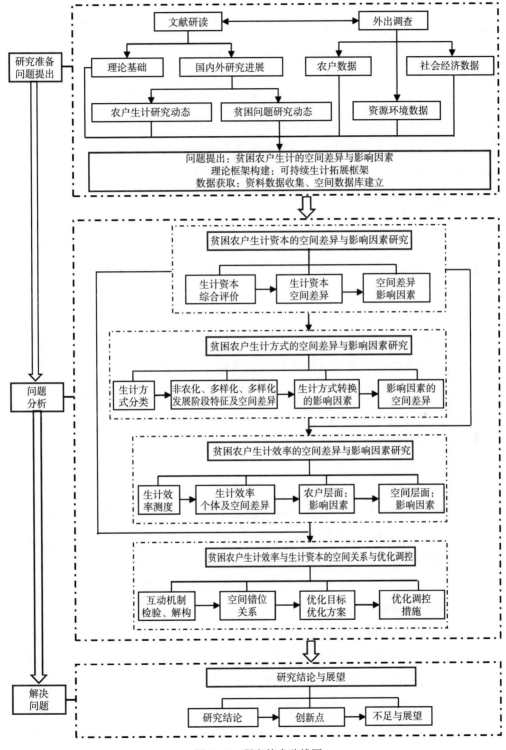

图 1-6 研究技术路线图

第一是基础研究，梳理总结国内外相关文献，整理外出实地调查获取的基础资料，界定"生计效率"的概念与内涵，构建 SL 拓展框架；第二是贫困农户生计资本的空间差异与影响因素研究，内容包括生计资本综合评价、空间差异及影响因素分析等；第三是贫困农户生计方式的空间差异与影响因素研究，内容包括生计方式分类、生计方式非农化、多样化和多样化发展阶段的特征及空间差异分析、生计方式选择的影响因素及空间差异分析等；第四是贫困农户生计效率空间差异与影响因素研究，内容包括生计效率的个体及空间差异分析、农户层面及空间层面的影响因素分析等；第五是贫困农户生计效率与生计资本的空间关系及优化调控，内容包含互动机制推断检验与解构、空间错位关系分析、优化方案制定及优化措施探讨等。

1.3.5　数据来源

本文建立在已知贫困地区、贫困农户的假设前提下，选择石柱县作为案例区，以境内精准扶贫建档立卡贫困农户为研究对象，研究开始时间为 2016 年。研究的核心数据为贫困农户调查数据和村调查数据，均由实地调查获取。此外，研究还收集了土地利用数据和社会经济统计数据。

（1）贫困农户调查数据

贫困农户调查数据来源于贫困农户调查问卷（见附录 1）。2017 年 6 月在"贫困退出机制设计和贫困地区可持续发展研究"课题的支撑下，通过采用参与式农村评估法（PRA）对石柱县的抽样贫困农户进行实地调查，获取了贫困农户家庭成员、家庭生活、社会保障和扶贫、家庭生产及收入等数据资料。本文从中提取了反映贫困农户生计的基础数据。

（2）村调查数据

村调查数据来源于村调查问卷（见附录 2），主要信息有村庄基本信息，包含交通区位、人口、土地资源、经济产业、基础设施等，此外还有村内贫困现状、扶贫概况和社会保障等信息。村调查数据是反映贫困农户生计区域环境背景因素的主要数据源。

（3）土地利用数据

土地利用数据采集于土地利用变更调查数据和数字高程模型数据（DEM 数据）。本文获取的 2016 年土地利用变更调查数据包含重庆市和石柱县两个部分，分别来源于重庆市土资源和房屋勘测规划院与石柱县国土资源和房屋管理局；DEM 数据来源于中国科学院计算机网络信息中心地理空间数据云（http：//www. gscloud. cn）的 ASTERGDEM 数据源，分辨率为 30m。土地利用变更调查数据和 DEM 数据主要用于分析研究区土地资源概况、地貌特征、抽样村的土地利用和交通条件等。

（4）社会经济统计数据

社会经济统计数据采集于国民社会经济统计数据和扶贫开发相关资料数据。国民社会经济统计数据资料来源于《重庆统计年鉴（2017）》（重庆市统计局，2017）和《石柱县 2016 年统计公报》（重庆市石柱县人民政府，2017）等处；扶贫开发相关资料数据来源于重庆市扶贫办和石柱县扶贫办，主要有精准扶贫建档立卡贫困农户统计数据和扶贫开发现状及历程等资料。社会经济统计数据除用于分析研究区自然地理、社会经济概况以及贫困现状之外，还用于制定抽样调查方案。

第 2 章

贫困农户生计问题研究的理论基础与框架

2.1 贫困问题研究的理论基础

2.1.1 经济学、社会学相关的经典贫困理论

常见的贫困理论研究主要集中在经济学和社会学领域，相关专家、学者致力于从不同角度去理解和揭示贫困的本质，以此为消除和缓解贫困做出学科理论贡献。当前，贫困的理论研究呈现出百花齐放的状态，形成了诸如空想社会主义、古典经济学、发展经济学、福利经济学、制度经济学、社会学和人类学、发展实践等不同的研究流派（表 2-1）。

就国内贫困问题研究而言，经济学和社会学领域具备指导意义的经典理论主要有：罗格纳·纳克斯（Ragnar Nurkse）的贫困恶性循环理论、理查德·R. 纳尔逊（Richard R. Nelson）的低水平均衡陷阱理论、西奥多·W. 舒尔茨（Thodore W. Schults）的人力资本理论、阿马蒂亚·森（Amartya Sen）的能力贫困理论等。

(1) 贫困恶性循环理论

美国哥伦比亚大学罗格纳·纳克斯（Ragnar Nurkse）教授于 1953 年在其论著《不发达国家的资本形成问题》中指出，发展中国家出现经济停滞、人均收入水平低、生活贫困等现象的主要原因并非资源匮乏，而是这些国家自身的经济系统中存在着相互影响、相互制约的"恶性循环系统"，在供给和需求方面均存在恶性循环现象。供给方面，低收入水平导致国家储蓄能力低，造成资本存量较低，意味着生产效率较低，促成了低产出和低收入的表象；需求方面，低水平收入造成了居民购买力下降，从而导致投资总量水平低、产生的资本存量低，也引发了低水平生产效率，最终又促成低产出和低收入的现象。贫困恶性循环理论提出后受到了一些经济学家的质疑，他们认为发展中国家储蓄率低的主要原因除了居民收入低之外，更重要的是这些国家的经济、政治、文化等制度不够健全，无有效刺激和引导居民储蓄及用于生产性投资的

表 2-1　经济学、社会学的贫困理论研究流派

项目	研究流派						
	空想社会主义	古典经济学	发展经济学	福利经济学	制度经济学	社会学和人类学	发展实践
研究对象	资本主义社会贫富分化	发达国家贫困群体	欠发达国家	发达国家的贫困群体	—	不同发展程度国家中的贫困群体	欠发达国家中的贫困群体
贫困的表现	—	—	欠发达国家的发展不足状态	贫困群体收入不能满足基本的福利需求	发展不足，是人力资源、经济增长和制度安排等各种因素的综合反映	处于社会分层的底层群体	贫困是多维的
贫困的原因	私有制	社会财富不足	资本不足和结构依附	社会资源分配不合理	社会政策制度的缺失与缺陷	人类活动的文化和符号环境、阶级和社会结构的不平等以及个人因素	能力、资产和权利不足
反贫困的策略	消除私有制	促进经济增长	促进经济增长	改善社会资源分配	制度创新	—	发展干预
流派代表人物	圣西门、傅立叶	李嘉图、亚当·斯密	罗斯坦森·罗丹的"大推进"理论 弗朗索瓦·佩鲁的"增长极"理论 拉格纳·纳克斯的"贫困恶性循环"理论 R.纳尔逊的《低水平均衡陷阱》理论 哈维·莱宾斯坦的"临界最小努力"理论 冈纳·缪尔达尔的"循环积累因果关系"理论	阿玛蒂亚·森	科斯、诺斯	马克思、韦伯、詹姆斯、斯科特	罗伯特·钱伯斯、世界银行、UNDP

资料来源：根据尚明佟（2001）、王朝明（2004）、贺静（2013）、罗保华（2016）、李京华（2016）等的相关内容整理。

政策制度；另外，将国家储蓄水平低归咎于个人储蓄而忽略了企业和政府的储蓄行为，从而低估了这些国家的储蓄能力。

（2）低水平均衡陷阱理论

美国经济学家理查德·R. 纳尔逊（Richard·R. Nelson）于 1956 年在《不发达国家的一种低水平均衡陷阱理论》中指出，发展中国家存在着人均收入处于维持生命和接近维持生命的低水平均衡状态，即经济的"低水平均衡陷阱"现象。他认为，当人均收入低于理论值时，人口增长快于经济增长就会抵消国民收入增长，导致人均收入始终维持在较低水平；当人均收入大于理论值且人口增长慢于国民收入增长时，人均收入就会相应增加，直至人口增长快于国民收入增长为止，就会形成新的均衡。在低水平均衡陷阱中，任何超过最低水平的人均收入增长都将被人口增长抵消，当其他条件不变时，这种均衡是稳定的。"低水平均衡陷阱"理论认为贫困的原因是资本匮乏和人口增长速度过快共同阻碍了经济增长，发展中国家打破陷阱的出路在于促进资本形成和累积，只有通过大规模投资提高资本形成率从而才能促进经济增长。

（3）人力资本理论

人力资本理论是由美国著名经济学家西奥多·W. 舒尔茨（Thodore W. Schults）于 20 世纪 60 年代提出。人力资本的提出为经济理论研究和实践提供了全新的视角与思路。该理论突破了传统资本理论视野的束缚，将资本划分为人力资本和物质资本，认为人力资本在经济增长中的作用大于物质资本，是所有资源中最重要的。该理论认为人自身体现出的价值即可视为人力资本，具体表现形式则是人们在劳动生产中所拥有、使用的各种生产知识、劳动与管理技能、健康素质等。该理论认为人类在各类经济活动中一方面不断地将大量资源投入到生产中，另一方面也在投入资本用于提升自身的体力、智力及其他各类素质，从而形成更高的生产力。舒尔茨认为，贫困地区反贫困的关键在于增加人力资本投入而非增加投入物质资本；由于发展中国家贫困群体多集中于农村地区，因此农村反贫困工作的重心应置于提高贫困人口质量之上，需通过增加投入农村地区教育和卫生保健等领域达到提升逐步人力资本的目的。

（4）权利贫困与可行能力理论

诺贝尔经济学奖获得者阿马蒂亚·森（Amartya Sen）在关于传统福利经济学的研究中提出了能力贫困（capability poverty）的概念。他认为，贫困的本质是能力缺乏，对能力贫困的考量主要是基于"可行能力"视角考察贫困群体可行能力的缺失程度。这一视角涉及禀赋、商品、功能和能力 4 个主要概念，它们相互区分又具备内在联系。禀赋指的是人们所拥有的资源组合，既包括土地、房屋等有形资产，也包括劳动力、知识技能等无形资产。社会中的个体可以利用自身拥有的资源进行交换，获取所需要的商品（资源、服务），如通过劳动获取收入等，但受制于一些因素，商品（资源、服务）的功能无法体现其价值。功能指的是社会个体利用自身拥有的资源在一系列社会环境的客观因素下所能发挥的价值或达到的成就，具备优劣之分。由于受到社会环境诸多因素的限制，拥有资源并不意味可以充分发挥其应有的功能，而在所有影响功能发挥的因素中，个体是否具备发挥资源应有功能的权利或机会就代表其是否具有"可行能力"（图 2-1）。

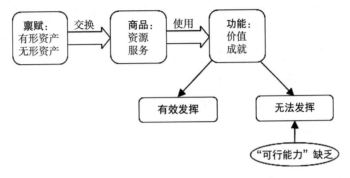

图 2-1　"可行能力"缺乏的内涵与逻辑

能力贫困理念始终鼓励通过提升个人能力消除或缓解贫困，鼓励政府大力投入资源到卫生、教育等领域，让贫困者拥有更多享受教育、卫生保障的机会和权利，以此提升贫困群体的人力资本，最终实现真正意义上的发展，而不只是向贫困群体提供资金、物资等救助型帮扶。联合国开发计划署在 2003 年发布的《人类发展报告》提出了六条摆脱贫困的思路，其核心宗旨为改善社会发展环境和提高人们的可行能力，主要通过投资卫生保健、教育、饮水工程等基础设施来逐步提升社会群体的劳动参与性水平和劳动生产率水平（UNDP，2003）。

（5）经典贫困研究理论对本文的启示

由于贫困现象与社会经济发展具备高度的共生关联性，现有贫困理论研究较多地被纳入至经济学和社会学领域。梳理以上经典贫困研究理论可以发现，经济学和社会学对贫困本质的认识体现出了高度的学科特征，理论观点主要可归纳为经济要素匮乏、社会制度冲突与公平性缺失以及人力资本水平低等方面。以纳克斯和纳尔逊等人为代表的发展经济学理论观点认为贫困的本质是资本短缺和资源匮乏；以阿玛蒂亚·森为代表的权利贫困理论认为社会运行存在不公平现象，权利剥夺和机会丧失导致贫困群体缺乏可行能力从而无法摆脱贫困；舒尔茨则认为贫困的根源在于人力资本匮乏，所有经济要素中人的能力起到了最重要的作用，消除贫困的关键在于提高人口质量。毋庸置疑，作为贫困问题研究的先行者，经济学和社会学视角下的贫困研究理论可作为基于地理学视角贫困与反贫困研究的基础性理论依据，尤其是可以为后者在认识贫困的内在性和本源性等方面提供充足而又深刻的理论支撑。

2.1.2　空间贫困理论

一些学者将空间概念引入贫困问题研究中，形成了地理学领域重点关注的"空间贫困（spatial poverty）"理论和"贫困地理学（the geography of poverty）"。"地理学第一定律"认为，地理事物或属性在空间上都会有相关性，距离越近的事物之间的空间相关性越大（Tobler，1970）。作为复杂的社会经济现象，贫困问题也不例外。空间贫困理论产生的宗旨是服务研究贫困的空间分布规律以及贫困与空间地理环境要素之间相互关系。换言之，空间贫困也可被认为是地理学对经济学和社会学范式下贫困研究的空间化延伸，将贫困各个维度赋予地理空间属性，与所处的地理环境背景有机地融为一体，形成一种特殊的"人地关系"地理系统。

（1）空间贫困理论的缘起

空间贫困理论最早可溯源于 20 世纪 50 年代早期的空间经济学，哈里斯（Edward H. Harris）和缪尔达尔（Gunnar Myrdal）发现欠发达地区经济发展与它们所处的地理区位有明显关系，之后的新经济地理学在分析贫困与地理环境之间的关系时认为经济落后、贫困与地理环境存在紧密的联系（陈全功和程蝶，2011）。20 世纪 60—70 年代，贫困问题受经济全球化、社会转型、气候变化的影响逐渐复杂化，贫困问题研究逐渐由单要素分析转变为综合贫困研究，其中以地域研究为基础方法的贫困地理学的发展做出了重要贡献（袁媛和许学强，2008）。20 世纪 90 年代中期，世界银行开始关注和研究全球贫困的空间分布与分异规律，系列研究表明由地理要素构成的地理资本对农村贫困家庭存在显著影响，即地理要素构造了"空间贫困陷阱"（Jalan 和 Ravallion，2002）。地理资本和空间贫困陷阱的概念与理论一经提出即将空间贫困理论在地理学对贫困问题的研究中推上了新的高度。此后，众多地理学者对空间贫困展开了更加深入的研究，相关研究主要集中在贫困测度、贫困因素与空间要素的关系、绘制空间贫困地图等方面。

（2）空间贫困的研究内容

1) 用于地理资本研究　世界银行的 Jalan 和 Ravallion（2002）将由社会、经济和资源环境构成的广义地理要素合称为地理资本（geographical capital）。通过测度地理资本并探索其与农村贫困之间的相互关系来确定是否存在空间贫困陷阱成为空间贫困研究的经典内容。相关研究的核心观点认为地理环境与区域贫困的发生具有紧密的关系，资源要素在空间上的分布与贫困的分布具有耦合性；通常地理区位偏远的区域地理资本较低，相反，则较高；因地理资本缺失造成空间贫困的地区通常会表现出位置、生态、经济和政治 4 个方面的劣势（表 2-2）。

表 2 - 2　空间贫困的基本特征与衡量指标

基本特征	劣势	主要衡量指标
偏远与隔离	位置劣势	村庄距公路、医院、学校的偏远与隔离造成的位置劣势
贫乏的农业生态与气候条件	生态劣势	农业生态和村庄人居环境条件差等造成的生态劣势
脆弱的经济整合	经济劣势	农村自然连通（如到最近农贸市场）和人为连通（如进入市场的机会成本）等经济整合弱导致的经济劣势
缺乏政治性优惠	政治劣势	与执政党发展思路相违背或投资见效慢的农村或地区而形成的政治劣势

资料来源：根据 Jalan 和 Ravallion（2002）、Birdd 等（2010）的相关内容整理。

2）用于空间贫困陷阱机制研究　空间贫困理论除了用于贫困的空间化测度，分析贫困的空间分布规律，同时还要在分析空间贫困陷阱机制中发挥作用。深入研究空间贫困陷阱机制，探索摆脱空间贫困陷阱的突破口，是区域瞄准式扶贫开发与区域社会经济发展亟待解决的关键问题。诚然，空间贫困的致贫机制探索是在 3S 技术、空间计量分析方法发展的基础上实现。有别于社会经济学视角的研究，空间贫困相关研究还会考察多维贫困要素在空间单元上的关联特征，如是否存在空间自相关现象，邻接单元贫困是否存在溢出效应等。

3）用于绘制贫困地图　空间贫困研究另一项卓有成效的工作则是绘制贫困地图。贫困地图能直观展示贫困的空间属性，可以更加直观地反映一个区域的贫困和不平等现象在空间上的分布情况。20 世纪 90 年代后，世界银行、联合国粮食及农业组织（Food and Agriculture Organization of the United Nations，FAO）、联合国环境规划署（United Nations Environment Programme，UNEP）、国际粮食政策研究所（International Food Policy Research Institute，IFPRI）、英国发展研究所（IDS）以及其他一些机构的贫困研究者完成了多个国家详细贫困地图的绘制工作，绘制的贫困地图有助于更加便捷地掌握贫困空间分布情况以及贫困和地理环境因素之间的关系。

(3) 空间贫困理论对本文的启示

可以发现，空间贫困理论是地理学对经济学与社会学领域贫困理论的空间化延伸，其侧重点为区域"人地关系"层面，通过整合地理学领域的区位、资源、环境等广义地理要素，分析贫困发生的经济和社会要素的空间分布及差异性，达到探索贫困空间分布规律以及贫困和地理环境之间关系的目的。地理学具备一定学科综合优势，能够实现跨学科的理论整合与集成，虽然无法揭示贫困的内在本质，但并不妨碍其从空间层面探寻贫困的规律。由于精准扶贫方略要求加强扶贫政策和措施的"指向性、针对性"，扶贫开发工作具备了高度的区域瞄准和村户瞄准特征，因此，实现对贫困的空间化表达与空间规律解析，契合了国家反贫困工作的需求。可见，空间贫困理论对于本文基于农户生计视角的贫困空间格局刻画及影响机制探索具有重要的理论指导意义。

2.2　可持续生计理论：一个贫困问题研究的视角

2.2.1　可持续生计理论的缘起

可持续生计理论的形成具有悠久的历史渊源，理论形成的背景是 20 世纪 50—60 年代一些国家对发展方式的总结反思，包括苏联的社会主义模式、小农生产模式和社会主义现代化模式。这些总结与反思为可持续生计概念的厘定奠定了基础。

"可持续生计（sustainable livelihood）" 的概念是在 "可持续发展（sustainable development）" 之后提出，明确的概念最早见于 20 世纪 80 年代世界环境与发展报告委员会的报告中。随着学界对可持续生计内涵认识的加深以及相关理论模型的诞生，针对消除贫困、促进资源和环境协调发展等方面已经形成了比较成熟的理论框架。对于贫困问题研究而言，可持续生计理论的价值主要体现在对贫困的定义和消除贫困的基本目标之上，在以人为中心、响应和参与、多层次、可持续等原则下，采用开放式的方式指导考察所有引起贫困的因素和与之相关的不可持续的生产生活方式（杨国安，2003）。

2.2.2　可持续生计理论的主要观点

综合学界的各种结论，可持续生计理论主要有以下观点：

（1）强调以人为本

可持续生计理论注重人的发展，具体表现为：关注人的生计随着时间推移发生的变化；提倡人的充分参与，充分听取和吸收他们的意见和建议；注重不同政策对生计的影响范围，通过改变一些政策制度促进穷人摆脱贫困；强调在整个过程中支持贫困人口建设自身能力，以促进自主实现生计目标。

（2）强调可持续性

从可持续发展的角度理解，可持续生计的特征主要体现在：在脆弱性背景下或受到冲击时，生计是可恢复的，不依赖外界的支持；能保证自身周边的自然资源可长期利用，且不影响、不妨碍他人的生计活动。

（3）强调自身能力建设

可持续生计理论强调关注研究对象的自身能力建设，自身能力的表现形式主要有可持续发挥资源功能的能力、创造价值的能力、恢复生计的能力、抵御外来风险的能力、获得主流社会认可的能力以及保证公平性的能力等。

2.2.3　可持续生计框架

为强化对可持续生计理论的理解和运用，研究者提出了多种可持续生计框架（表 1-1）。这些框架由各自定义的基本要素组成，框架结构合乎逻辑，清晰地反映了要素间的互动联系，在具体实践中有较强的可操作性。众多理论框架中，DFID 的可持续生计框架在目前生计问题研究中且应用最为广泛且最具代表性。

DFID 的可持续生计框架以一个二维平面图（图 1-5）展示构成生计系统的核心要素和要素间的结构与关系。框架由五个存在复杂相互作用关系的部分构成，五个部分的内容与相互作用关系主要表现为：脆弱性背景用于反映关注对象所处的环境，由自然环境、社会环境、经济环境等若干子环境构成，从框架结构可知，脆弱性背景不受某个人或某个家庭的控制，但会直接影响他们的生计系统；生计资本是个人或家庭可以利用的各类资源的总称，除包含传统的物资资本外，还纳入各类无形资本；结构和政策制度转变是框架中的一个重要组成部分，政策制度是影响个人或家庭生存的背景因素，能够干预生计资本的获取与流失，也能够影响生计结果；生计策略是个人或家庭为了改善生计结果、实现生计目标所采取的策略与方式，代表组合和利用生计资本的过程；生计结果则是个人或家庭开展生计活动所追求的目标，具体表现为充足的收入、固定的居住房屋以及健全的社会保障等。

2.2.4　可持续生计理论对本文的启示

可持续生计理论用于贫困问题研究的意义在于：①提供了一种模拟个人或家庭生存与发展的系统性思路，体现了以人为本的主旨精神，利于从本源角度认识贫困；②除了关注传统意义的收入贫困外，还强调考察发展能力的贫困，同时还可指引对造成贫困的深层次原因进行辩证思考，如生计资本匮乏、发展能力剥脱与机会缺失以及它们之间的联系；③强调分析生计活动基础与路径之间的联系，以及它们和获得生计结果之间的关系，能够完整地描绘家庭经济活动的复杂性，反映贫困者生活状态的窘迫性、脆弱性和风险性；④融入宏观背景因素，可实现对贫困发生的内在性和外在性因素的确切表达。

为了确保研究的科学性和系统性，本文以可持续生计拓展框架的构成要素作为衔接贫困内涵的不同视角，不仅要分析贫困农户生计的基础资源贫困，还需深入揭示其在生计路径上的过程性贫困特征与影响机制。然而，由于现有基于可持续生计框架的贫困问题研究在这方面还比较薄弱且类似成熟的框架提供的只是一种规范化和集成化的研究思路，而不是普适性的解决方案，因此，研究有必要参考和借鉴其他视角下的相关理论与技术方法，寻求其交叉引用至可持续生计框架的可行路径，从而实现进一步拓展和延伸现有可持生计续框架的内容与内涵，为本文相关内容研究提供理论支撑与技术指导。

2.3 相关概念辨析与界定

2.3.1 贫困

贫困（poverty），是一个动态概念，随着时间、空间以及人们思想观念的变化而变化。贫困概念演进总体上经历了三个阶段，即物质贫困阶段、能力贫困阶段和权利贫困阶段，贫困的维度也逐步由一维转向至多维。不同学科学者因自身专业背景以及目标导向不同，对贫困概念界定表现出了不同的侧重方向（表 2-3），而彼此间也存有极大的重叠性。

表 2-3 不同视角的贫困界定

侧重点	阐述	学科视角	代表学者
满足人类生存的最低需求	如果一个家庭的总收入不足以取得维持体能所需要最低数量的生活必需品，那么这个家庭就是贫困的。这些生活必需品包括食品、住房、衣着和其他必需的资源	生物学	Rowntree
满足人们的基本需要	贫困是在人们缺乏满足其基本需要的手段（财产过少）时发生的，基本需要包括食物、衣着、住房、健康、教育等，而个人的财富增长和经济增长是实现减贫的有力手段	经济学	Beveridge
被排斥的社会群体	贫困由权利剥夺和社会排斥造成，医疗资源、教育资源和其他非物质权利的被剥夺，以及政治和法律体制的缺失阻碍了贫困群体获得这些资源和权利的渠道，导致这类群体处于社会边缘状态	社会学	Silver
基本能力被剥夺	贫困是一种基本能力被剥夺的状态，主要表现为过早的死亡率、明显的营养不良（特别是儿童）、持续的发病率、普遍的文盲等。消除贫困须关注弱势群体的能力缺失，强调发展机会的公平性	发展学	Alkire
权利缺失	贫困是一个政治问题。从阶级理论、权利理论和共同富裕理论角度分析，如果一个国家中的人群没有享受到阶级平等、权利平等和经济发展带来的共同富裕，那么这个国家的人民就陷入贫困之中，向穷人赋权是解决贫困的根本途径	政治学社会学	Marxism
地理环境束缚	空间地理位置、资源环境禀赋与社会经济构成的广义地理环境与人类社会经济系统无法实现良性耦合协调发展，彼此掣抗，导致区域发展不均衡，部分地区深陷贫困陷阱	地理学资源学	Jalan

资料来源：根据 Rowntree（1902）、Silver（1995）、Jalan 和 Ravallion（2002）、Alkire（2007）、Beveridge（2010）、Anievas（2014）的相关内容整理。

如果从可持续生计视角去认识和理解贫困，可持续生计的贫困观则是一种多视角贫困的集合体。以 DFID 的可持续生计框架为例，贫困发生的各种条件及因素在框架内可得到高度概括，而框架的各构成要素可作为理解贫困的不同视角。

2.3.2　贫困农户

贫困农户（poor rural households）通常指依靠劳动所得和其他合法收入不能维持其基本生存的农村家庭。本文开展针对贫困农户生计的系列问题研究建立在已知贫困地区和贫困农户的假设前提下，文中"贫困农户"指的是精准扶贫建档立卡贫困农户，是以人均纯收入低于2 300元（2010 年不变价）或家庭尚未实现吃穿不愁，家庭住房安全、义务教育和基本医疗尚无稳定保障为主要标准，经严格程序识别出的绝对贫困或相对贫困的农村家庭。需要指出的是，文中提到的建档立卡贫困农户既包含尚未脱贫的贫困户，也包含已脱贫的脱贫户。

2.3.3　生计

"生计"（livelihood）是一个相对宽泛的概念，可用于表征生活状态，也可以理解为谋生方式。目前受到学界广泛认可的概念为：一个家庭为获得维持家庭人口生存和发展所需要的资源及所采取的活动。一般而言，生计包括资产、行为和获得这些资产的途径。从系统性视角来认识，生计是一个生计资本转换过程，即通过自然交换、市场交换和社会交换等方式实现生计资本重构，这个转换过程从始至终都会实现与自然、经济和社会等区域背景要素的相互嵌入。

本文将在 DFID 可持续生计框架的基础上构建可持续生计拓展框架（SL 拓展框架），拓展框架中除区域环境背影因素外，主要构成要素有生计资本、生计方式和生计效率。

（1）生计资本

生计资本（livelihood capital），指家庭或个人为了维持生存或争取发展所需的各类资源的总称，是生存发展重要的基础，也是抵御生存风险、压力的重要屏障。农户通过积累形成一定的生计资本存量，既是生计资本转换的结果，也是继续进行生计资本转换的基础，会受到所处区域资源禀赋的约束。在理性经济人假设中，农户在选择生计活动时会充分运用到家庭生计资本，对其进行最优组合搭配实现家庭利益最大化，以谋取最佳的生计目标。生计资本具备以下特征：一是不同的生计资本具有互补性，即农户拥有一项生计资本可以作为获得另一项生计资本的前提；二是不同互补生计资本存在顺序上的互补性；三是不同生计资本之间具备一定程度的替代性。

本文参考 DFID 可持续生计框架对生计资本的界定，将贫困农户的生计资本划分为自然资本、物质资本、人力资本、金融资本和社会资本五类。

（2）生计方式

生计方式（means of livelihood），指农户为了获取生计结果所采取的方式与策略，具体是指为了获取满足衣食住行、增强幸福感、降低生存的脆弱性或谋取更高发展等需求，通过付出脑力或体力进行的经济活动、行为或从事生产的方式。生计方式也是生计资本的转换方式，包含自然交换、市场交换和社会交换三种方式的一种或多种。在中国，农户生计方式通常被划分农业型、非农业型或兼业型。然而，贫困农户中，还存在部分因残疾、重病、高龄等不可抗拒的因素而无能力自主开展生计活动或有能力开展但不足以支撑基本生存的特困群体，需要依靠国家社会保障等政策制度给予稳定的转移性支付维持生计，这类生计方式可以被认为是救济性的、非自主型的生计方式。

本文针对贫困农户特性，将生计方式划分为自主型和非自主型两个大类。自主型生计方式包含纯农型、非农型和兼业型三种类型；非自主型则以接受最低生活保障救助予以表征。实际上，自主型与非自主型生计方式之间并不相互排斥，即这两类生计方式可能会共存于同一贫困农户，此时非自主型的生计来源可被视为自主型生计来源的补充。

（3）生计效率

阿玛蒂亚·森的"能力匮乏"理论认为，贫困的本质是贫困人口创造收入和获取机会能力的贫困。在"可行能力"视角下，家庭或个体在社会环境的背景因素下，能否利用其自身拥有资源实现其应有的价值即可反映其是否具备能力。基于对"可行能力"内涵的认识，在微观农户层面，农户的"能力"可理解为农户采取不同方式利用生计资本追逐生计结果的能力，即对生计资本的转换能力。从本质上看，农户生计活动具有很强的经济属性，衡量农户生计的"能力"可匹配经济学范畴的效率主题研究。"效率"在《辞海》中的解释为："以最少投入、最低消耗或者最小化不必要的努力，获得最佳的表现或产出，即最大化的产出投入比。"根据文献梳理，农户层面效率评价的相关研究已取得十分丰富的成果，但与生计方式对应的效率评估研究还比较欠缺。

因此，基于可持续生计框架的工具属性，本文将经济学范畴的效率评估引入至可持续生计框架中，尝试提出"生计效率"（livelihood efficiency）的概念，指在一定区域背景、生产方式与技术等条件下生计活动的有效总产出与总投入的比值，是研究对象在生计活动中对投入生计资本要素的配置效果、利用状态和经营管理水平的综合体现。对于贫困农户而言，生计效率是其通过采取不同生计方式利用生计资本获取生计结果的效率，生计效率高不仅意味着生计资本处于有效配置和充分利用状态，还意味着其对生计资本的处置方式决策得当和管理水平较高，在维持生存和谋求发展的过程中具备较强的可行能力。此处需要明确的是，贫困农户的生计效率建立在自主型生计方式的基础之上；另外，它是以一种分析手段的形式存在，而非农户生计的实质性内容，侧重于反映贫困农户对资源的利用能力，达到考察生计"过程性"贫困的目的。

2.4　研究的理论框架：SL 拓展框架

基于上述理论阐述与概念辨析，本文构建了可持续生计拓展框架（SL 拓展框架），并以此作为研究的理论框架（图 2-2）。拓展框架主要依据 DFID 的可持续生计框架（图 1-5）构建，继承并延伸了原有框架的内容与内涵。

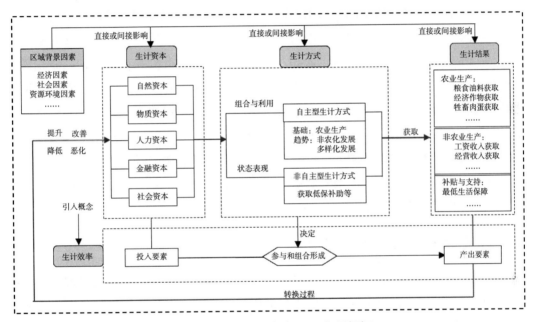

图 2-2　研究的理论框架（SL 拓展框架）

2.4.1　框架构成要素与内涵

可持续生计拓展框架（SL 拓展框架）清晰地描绘了贫困农户生计活动的关键节点与完整过程，框架主要构成要素有区域背景因素、生计资本、生计方式、生计结果及生计效率。框架中，作为生计活动的起点，生计资本是贫困农户维持生存和实现发展的基础性资源；贫困农户通过采取不同的生计方式决定生计资本的参与形式，从而获取不同类别的生计结果；生计结果经过一个相互转换过程实现对生计资本的积累。因此，生计活动可被视为生计资本实现动态转换的过程，是一个类似闭合回路的循环系统。该回路系统的各组成要素既相互独立又相互关联，独立指存在形式的独立，关联则是各要素均可互为因果发挥交互影响的作用。框架还强调了贫困农户所处宏观背景的影响作用，各组成要素均可受到其直接或间接的影响，这也充分体现了农户的生存与发展虽是个体行为，但也不可避免地受到外部环境的影响。研究将生计效率的概念与内涵引入该框架旨在考察生计资本的转换效率，某种程度上，生计效率反映了贫困农户维持生存与谋求发展的可行能力。当贫困农户的生计效率达到某种高度时，其生计系统就会处于"优化改进"状态，生计资本将在回路系统运转中得到改善和提升，从而促使贫困农户逐步缓解并摆脱贫困。

2.4.2 框架组成要素与贫困内涵的衔接路径

作为可持续生计拓展框架（SL 拓展框架）的主要构成要素，生计资本、生计方式和生计效率可有效衔接不同的贫困内涵，为本文研究区域贫困问题提供不同的视角切入点。其中，生计资本衔接了贫困的"物质匮乏"内涵，可用于考察生计的基础资源贫困，由于生计资本是由有形资源和无形资源组成，故此处物质贫困的内涵较传统意义上的物质贫困更加多元化和多维化，可认为是广义的物质贫困；生计效率从生计资本转换能力角度衔接了贫困的"可行能力匮乏"内涵，可用于考察生计的过程性贫困；生计方式是生计活动动态行为的具体体现，可用于考察贫困农户在生计活动中的动态行为规律，揭示生计活动的"过程性"特征。由于框架中各组成要素彼此间存在密切的关联性，本文基于该框架开展研究不仅要单独刻画各要素的具体特征，还需解析各要素间的相互作用机制。

2.4.3 框架对本文的支撑作用

总体来看，可持续生计拓展框架对本文有以下支撑作用：一是着眼于贫困的承载主体，利于理解贫困农户生存与发展面临的优势与缺陷，加之结合空间贫困理论可实现"个体"和"空间"的点面结合，有助于自下而上地掌握区域性贫困格局与致贫因素；二是有效衔接贫困内涵，提供广义物质匮乏和可行能力匮乏等视角切入点，有利于从本源角度去解析贫困的状态与机制；三是强调对过程性的认识，对生计方式的刻画，有助于掌握农户开展生计的"动态行为"，量化生计效率也是为了考察这个动态行为过程取得的效果；四是提供了一种对个体贫困实现多元与多维分析的研究思路，贫困农户之所以贫困，其生计系统面临着不同类别与不同程度的脆弱性和约束性，而其是否拥有足够的生计资本存量，是否采取适宜的生计方式，是否具备充足的生计资本转换能力，都将是其在一定时期内能否实现自主脱贫、稳定脱贫的决定性因素。

2.5 本章小结

本章旨在为研究的开展奠定理论基础。本章对研究涉及的贫困问题相关研究理论以及可持续生计理论进行了回顾，对涉及的核心概念进行了辨析与界定，并构建研究的理论框架，即可持续生计拓展框架。以下是本章内容的简单小结：

（1）研究的理论基础

该部分首先对经济学与社会学视角下的贫困研究理论进行了梳理，认为相关基础理论可以为认识贫困的内在性和本源性提供充足而又深刻的支撑；分析了"空间贫困理论"的内涵，认为地理学为贫困问题增加了空间属性，有助于解决面向区域性贫困的课题；随后，阐述了"可持续生计理论"的缘起和观点，分析了现有可持续生计框架的优势与不足，并阐明选择其作为本文研究视角的思路。

（2）相关概念辨析与界定

该部分梳理了不同学者基于不同角度对贫困的定义，阐明了本研究的主体对象是精准扶贫建档立卡贫困农户，界定了"生计"及其相关概念，论证了本文引入"生计效率"概念与内涵的理论观点。

（3）研究的理论框架

该部分在理论阐述和核心概念界定的基础上绘制了研究的理论框架图（SL 拓展框架），明晰了本文的理论脉络，明确了研究内容的内在关联性，为研究的开展奠定了理论基础。

第 3 章

研究区与抽样调查实施概况

3.1 石柱县概况

3.1.1 自然地理特征

（1）地理区位与地貌特征

石柱县位于长江上游地区、重庆市东南部长江南岸，地处三峡库区腹心，是三峡库区淹没县之一。县境地跨北纬 $29°39'—30°32'$，东经 $107°59'—108°34'$，东邻湖北省利川市，南依彭水苗族土家族自治县，西南靠丰都县，西北连忠县，北接万州区，南北长 98.30km，东西宽 56.20km，辖区面积 3 014.06km²。2016 年底全县辖西沱、黄水等 17 个镇，黎场、三星等 13 个乡，南宾、万安、下路 3 个街道，共计 207 个村、35 个社区居民委员会。

境内方斗山、七曜山两大山脉近乎平行纵贯全境，形成"两山夹一槽"的地貌特征。全县海拔相对高差1 815m，最高点为黄水镇大风堡（海拔1 934m），最低点位于西沱镇陶家坝（海拔 119m），地势东南高，西北低，呈起伏状下降。受构造控制，县域内地貌形态多样，分为中山、低山、丘陵 3 个地貌大区，其中，海拔1 000m 以上的中山区约占石柱县总面积的 63.44%，分为黄水山原区、方斗山背斜中山区、老厂背斜中山区；海拔在 500～1 000m 的低山区约占总面积的 29.82%，分布在石柱向斜一带，位于县境中部偏北，夹于方斗山、七曜山之间；海拔在 500m 以下的丘陵区约占总面积的 6.74%，分布在西沱向斜一带（图 3 - 1）。

（2）自然资源概况

1）土地资源　林地、耕地占主导地位，耕地空间分布差异较大。2016 年底，石柱县农用地、建设用地和其他土地分别有 2 831.21km²、120.18km²、62.66km²。农用地中，耕地、园地和林地分别为 564.04km²、50.65km² 和 1 842.31km²，占到全县总面积的 18.71%、1.68% 和 61.12%；建设用地中，城镇用地、农村居民点用地分

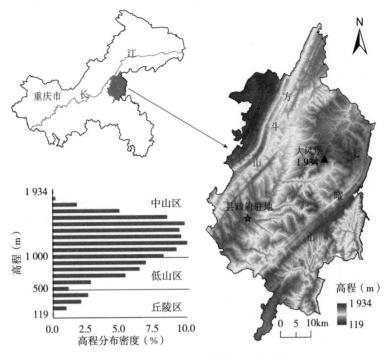

图 3-1 石柱县区位与地形示意

别为 17.91km²、70.40km²，分别占总面积的 0.59% 和 2.34%。

耕地是农户重要的自然资本，是最基础的生计资本。2016 年底，石柱县人均耕地面积为 0.10hm²（1.54 亩），高于重庆市平均水平（0.07hm²，1.06 亩）。受山区地形地貌影响，全县耕地后备资源较少。从空间分布看，耕地空间分布差异较大，表现出高度零散且破碎的特征，分布在丘陵区、低山区、中山区的比重分别为 13.61%、47.01%、39.38%，相对而言，中山区耕地占总面积比重较小；地形平坦的耕地资源极少，坡耕现象较为普遍，分布在坡度 6°~25° 的比重为 71.75%；甚至还存在不少"壁耕"现象，分布在坡度 25° 以上的占比达 20.99%（图 3-2）。

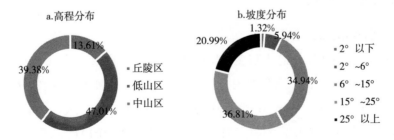

图 3-2 石柱县耕地在高程和坡度上的分布情况

2）气候资源 日照时间短，垂直气候特征明显。石柱县全域属亚热带季风湿润气候，雨量充沛，四季分明，气候温和，具有"春早、夏长、秋短、冬迟"的特点；

年平均温度 16.5℃，极端高温 40.2℃，极端低温－4.7℃；日照较少，全年太阳总辐射量为 340.78kJ/cm²，是全国辐射量最少的地区之一；气候垂直差异大，光、热、水分布不均，利于物种多样性，同时也易造成灾害性天气，给当地人民群众生产、生活带来较大影响，主要的灾害性天气有暴雨、高温、寒潮、冰雹等。

3）水资源　地处三峡库区，水资源丰富。长江沿西北边境而过，西入沿溪、北出石槽峡，境内流程 22km；除长江为过境河流外，其余河流均发源于县境内，经邻县注入长江，县内主要河流有龙河、官渡河、油草河、马武河等；全县水资源丰富，境内河流年平均径流量 22.82 亿 m³，水能理论蕴藏量 23.51 万 kW。

4）矿产资源　地下矿藏资源富集，可开发潜力较高。已探明矿产资源的有煤、天然气、铜、铁、铝、锌、石灰石等 20 多种，主要分布在方斗山和七曜山山脉之中；矿产资源中金属矿产主要以铅、锌、铁、硫铁矿等为主，非金属矿产以石灰岩、石英砂岩、铅锌、煤、天然气储量较大，分别为 200 亿 t、1.37 亿 t、167.60 万 t、1.61 亿 t、155 亿 m³，具有很大的工业开发价值。

5）生物资源　物产丰富，品质较高。已查明的野生植物共 2 216 种，有大量的国家保护植物，包括荷叶铁线蕨、水杉、红豆杉、珙桐等；中药材有 1 700 余种，其中常用中药材 206 种，黄连、天麻、银花、黄柏等中药材量多质优，特别是黄连，种植历史悠久，品质享誉中外，产量占到了全国的 60％；已知野生动物有 470 余种，属国家级保护动物的有小鸧、白鹦、水獭、中华鲟、岩原鲤等 52 种。

6）旅游资源　旅游资源丰富，具备绿色生态、土家风情和历史文化三大特色。知名景点有黄水国家森林公园、黄水药用植物园、大风堡原始森林风景区、毕兹卡绿宫、千野草场、秦良玉陵园和西沱古镇等。围绕自然生态、土家风情和特色农业三大优势，石柱县正着力打造"全国著名康养休闲生态旅游目的地"，将康养休闲生态旅游业建设为县域经济第一牵引产业。

3.1.2　社会经济现状

(1) 人口结构与民族构成

2016 年底，石柱县户籍总人口为 54.76 万人，其中户籍非农人口共 18.63 万人，户籍农业人口有 36.13 万人；常住总人口为 38.34 万人，人口密度为 127 人/km²，低于重庆市平均水平（370 人/km²）；常住城镇人口有 15.68 万人，人口城镇化率为 40.90％，远低于全市平均水平（62.60％）；全县共汇集 29 个民族，是土家族主要聚居区之一，土家族人口占比 71.93％，汉族人口占比 27.74％，其他民族人口占比 0.33％。

(2) 经济发展概况

2016 年，石柱县实现地区生产总值 145.42 亿元，人均 GDP 与地均 GDP 分别为

37 776元和482万元/km², 均远低于全市平均水平 (57 904元、2 132万元/km²)。从三次产业结构来看, 第一、二、三产业增加值分别为 25.25 亿元、71.73 亿元、48.43 亿元, 三次产业结构为 17.36∶49.33∶33.11, 城镇化水平滞后于工业化, 一定程度制约了农村人口向城镇转移。从产业结构来看, 虽然第二、三产业的比重均高于第一产业, 但相较于重庆市其他多数区县而言, 石柱县仍是一个农业大县。

2016 年, 石柱县实现农林牧渔业总产值 38.68 亿元, 其中农业和牧业占主导地位, 产值分别为 19.11 亿元和 16.91 亿元。全年实现粮食产量 26.50 万 t, 油料产量 1.10 万 t, 肉类产量 4.27 万 t。农产品中, 黄连、辣椒、莼菜、烤烟、长毛兔等是石柱县的主导特色产业, 具备较强的市场竞争力和较高的经济效益, 可有效提升农民收入水平。农村居民人均可支配收入为 10 674 元, 低于重庆市平均水平 (11 549 元); 农村居民食品消费支出占生活消费支出的比重 (恩格尔系数) 为 42.90%, 高于全市平均水平 (38.90%)。

受区位、地形、资源环境等多维因素影响, 石柱县城镇化水平偏低, 农村发展的产业基础比较薄弱, 无论是宏观经济还是人民生活水平, 在重庆市均落后于平均水平。众所周知, 石柱县是中国扶贫开发的重点区县, 长年来的欠发展造成县内农村地区绝对贫困现象较为普遍, 而在实施精准扶贫工作与乡村振兴战略的背景下, 如何有效改善县境内农户生计质量, 消除和缓解贫困现象, 是该地区面临的重要课题。

3.1.3　贫困与扶贫开发概况

(1) 扶贫开发历程

20 世纪 80 年代中期, 中国政府在全国范围内开始了有计划、有组织和大规模的开发式扶贫。沂蒙山区、太行山区、秦巴山区、武陵山区等 18 个片区被正式认定为集中连片特困地区, 地处武陵山区的石柱县正是在这一时期被列入了国家级贫困县。自此石柱县根据国家扶贫工作部署开展了 30 余年的扶贫开发事业, 其间历经了几次国家扶贫重心调整及扶贫标准上调, 全县农村居民收入稳步上升, 农村贫困人口大幅减少, 取得了显著的减贫成效。

1) 1986—2010 年扶贫开发概况　石柱县经历了 "二六越温达标" (1986—1993 年, 人均年纯收入 200 元、人均年占有粮食 300kg)、"八七扶贫攻坚" (1994—2000 年, "八" 指全国脱贫 8 000 万人, "七" 指 1994—2000 年共 7 年时间)、"稳定温饱成果" (2001—2010 年) 三个阶段, 进入巩固温饱成果、缩小发展差距的新阶段。这一期间, 贫困人口由 1986 年的 8.79 万人减少到 2010 年的 4.9 万人, 累计实现了 25.34 万人稳定脱贫; 贫困发生率由 1986 年的 22.28% 下降到 2010 年 13.14%。

2) 2011—2015 年扶贫开发概况　进入 "十二五", 新时期的 《中国农村扶贫开发纲要（2011—2020 年）》提高了扶贫开发标准，同时要求加大对贫困地区基本农田和农田水利改善力度，解决饮水安全和生产生活用电问题，改善农村道路交通，实施农村危房改造，提升农村教育、医疗卫生、公共文化和社会保障等公共事业水平。这期间，石柱县累计实现了 7.28 万人稳定脱贫，100 个贫困村达到市级脱贫验收标准。

（2）精准扶贫以来的贫困现状

精准扶贫在 2014 年正式启动，打响了全国性的脱贫攻坚战。截至 2016 年底，石柱县通过精准识别年度动态调整累计为 13 299 户共 47 510 人建档立卡，其中，贫困户 3 687 户，12 465 人；脱贫户 9 612 户，35 045 人。全县贫困发生率由 2 014 年底的 10.05% 降低至 2016 年底的 3.45%。从建档立卡贫困农户统计数据来看，石柱县的贫困农户主要具备以下特征：

1）因病、因残致贫比重较高，短期脱贫难度较大 从表 3-1 可知，石柱县贫困户主要致贫原因中，因病、因学、缺技术、因残的比重相对较高。从 2014 年底到 2016 年底，除因学致贫比重有明显下降以外，因病、因残、因灾和缺劳力的比重均有所上升，其中因病和因残最为明显。短期扶贫对因学致贫贫困农户的效果最为明显，在教育负担得到保障后可迅速达到脱贫标准，而因病、因残、缺劳力等致贫因素更加顽固，农户短期脱贫难度较大。

表 3-1 石柱县贫困户主要致贫原因（单位：%）

年份	因病	因残	因学	因灾	缺土地	缺劳力	缺技术	其他
2014	30.72	6.36	29.69	1.50	1.09	3.25	16.41	10.98
2016	40.70	9.90	21.59	2.00	0.85	3.74	12.04	10.18

2）文化程度整体偏低，劳动能力不强 从表 3-2 可知，贫困人口中接受过高中和大专及以上教育的比重不超过 10%，文化程度整体偏低；劳动力数量比重较低，且绝大多数为缺乏技能的普通劳动力。从 2014 年底到 2016 年底，文化程度为小学及以下的比重上升，无劳动能力的比重上升。可见，石柱县贫困人口人力资本整体偏低，无劳动能力、缺乏技术将成为阻碍脱贫的重要因素。

表 3-2 石柱县贫困户文化程度和劳动力能力（单位：%）

年份	文化程度					劳动力能力				
	文盲	小学	初中	高中	大专及以上	劳动力比重	普通劳动力	技能劳动力	丧失劳动力	无劳动力
2014	8.63	45.94	37.25	6.10	2.07	62.23	62.06	0.17	3.58	34.19
2016	9.93	50.79	32.95	4.79	1.53	59.99	59.87	0.12	4.07	36.94

3）收入水平整体较低，农业生产经营动力不足 从表 3-3 可知，贫困户人均纯收入远低于全县平均水平，且超过半数处在极低区间；收入来源以非农收入为主，侧

面印证多数贫困户的农业生产经营动力不足。可能的原因有：一是贫困户自身劳动能力不高，资金和技术储备不足；二是所处地缺少特色产业的发展环境。从 2014 年底到 2016 年底，贫困户人均纯收入下降至 2 765 元，生产经营收入比重降低至 10.07%。可见，全县剩余未脱贫的贫困人口贫困程度更深，脱贫难度更大。

表 3-3　石柱县贫困户收入分布与收入结构（单位：%）

年份	人均纯收入（元）	人均纯收入分布			收入结构			
		2 000 元以下	2 000～3 100 元	3 100 元以上	生产经营	务工	财产性收入	转移性收入
2014	4 543.21	3.64	54.33	42.03	25.09	50.43	0.59	23.88
2016	2 765.64	29.97	47.67	22.36	10.07	66.59	0.35	22.99

4）生产生活条件较差，部分居住地偏远　住房安全是"三保障"重点解决问题之一，也是贫困户顺利脱贫的必要条件。从住房安全以及配套的卫生厕所和入户道路情况来看，当地贫困户生产生活条件整体较差；由于山区农村道路辐射能力有限，部分贫困户居住地偏远，距主干道距离较远。从 2014 年底到 2016 年底，住房是危房的比重有所上升，可以说明剩余贫困户自主改造危房的能力更加有限；距村主干道距离在 1km 以上的比重有所上升，说明居住地偏远的贫困户脱贫进展相对缓慢（表 3-4）。

表 3-4　石柱县贫困户生产生活条件（单位：%）

年份	住房条件			距村主干道距离			
	住房是危房	无卫生厕所	硬化入户路	1km 以内	1～3km	3～5km	5km 以上
2014	9.63	59.03	28.23	63.49	14.89	3.47	2.35
2016	12.57	40.94	38.37	59.22	29.43	7.13	4.22

5）脱贫户收入差异较大，脱贫稳定性需给予持续的政策保障　2016 年内，当年年底脱贫的脱贫户人均纯收入为 6 291.98 元，2015 年底脱贫的人均纯收入相对更高，为 6 741.77 元，均高出贫困标准线 1 倍多，但也均远低于全县农村居民收入的平均水平；从收入分布来看，脱贫户的收入差异较大，超过半数脱贫户收入低于平均值，甚至存在部分收入刚跨线的现象（表 3-5）。对于这类脱贫户，脱贫的稳定性尚未建立，仍存在返贫风险，需采取"脱贫、不脱政策"的方式给予持续性的帮扶。

表 3-5　石柱县脱贫户人均纯收入及分布（单位：%）

脱贫时间	人均纯收入（元）	人均纯收入分布				
		4 000 元以下	4 000～6 000 元	6 000～8 000 元	8 000～10 000 元	10 000 元以上
2015 年底	6 741.77	21.23	31.97	19.52	11.93	15.35
2016 年底	6 291.98	22.77	34.45	19.89	10.52	12.37

综合上文分析，类似于其他一些山区贫困县域，除水平经济区位差异外，多变的

地形地貌创造了更加层次、更加立体的空间环境，孕育多样性自然资源的同时也给予了当地社会经济发展诸多限制。分析可见，石柱县社会经济相对落后，资源环境脆弱性高，产业基础薄弱，贫困人口多数分布于偏远山区，生产生活条件较差；全县剩余贫困人口贫困程度深、脱贫难度更大，已脱贫人口的收入差异性较大，稳定性还需持续性保障。因此，本文选择石柱县作为研究案例区，尝试从贫困农户个体的生计视角来审视该地区的贫困格局与机制，具备一定的代表性，对研究反贫困工作具有一定的理论与实践支撑作用。

3.2　贫困农户抽样调查实施概况

研究贫困农户的生计问题需在掌握大量反映贫困农户生产、生活的一手数据资料的基础上进行。鉴于现有农户统计数据的系统性不强，且分户开展普查的难度较大，故本研究在某课题的支撑下，对研究区贫困农户开展实地抽样调查，以获取农户层面样本数据和所在村的社会、经济与资源环境的数据资料。

3.2.1　样本容量与抽样步骤

（1）样本容量确定

确定样本容量是抽样调查的重要环节之一，直接关系到抽样估计的精确度及调查的成本和效益（邵志强，2012）。抽样调查通过对某一事件的局部观测来反映事件整体的特征及规律，需具有合适的样本容量满足对其统计和分析的需要（牛海鹏，2010）。本研究将在不重复抽样条件下确定样本容量，样本容量的计算公式为：

$$n = \frac{Nt^2\sigma^2}{N\Delta^2 + t^2\sigma^2} \qquad (3-1)$$

式中，n 为样本容量（户）；N 为研究区建档立卡贫困农户总数（13 299 户）；t 代表概率度 $Z_{a/2}$；Δ 代表极限误差；σ^2 代表总体方差，在完全缺乏资料的情况下，可取极大值 0.25。

根据事先确定的抽样控制要求，满足 95% 的置信水平，抽样误差不超过 3%，采用公式 3-1 计算得出本研究所需的样本容量最少为 988 户。

（2）抽样方法与步骤

常见的随机抽样方法有简单随机抽样、分层抽样、整群抽样、系统抽样和多阶段抽样等（李金昌，2010）。其中，多阶段抽样在农村社会调查研究中十分常见，具备的优势主要有：可解决面广量大的抽样问题；可相对地节约人力物力；可利用现行行政区划作为阶段划分依据。本研究结合现实要求与研究需求，采用多阶段抽样方法，按照"县抽村、村抽户"的步骤，完成对石柱县精准扶贫建档立卡贫困农户的抽样。

具体抽样步骤为：第一阶段，按照全面覆盖县境内镇域单元的任务要求，等额抽取 33 个镇域单元内各 2 个村，即全县抽取 66 个村；第二阶段，首先按照样本容量要求，结合各抽样村建档立卡贫困农户实际数量等比配额样本容量，随后参照各村 2016 年底贫困户与脱贫户的现实比例确定受访贫困户和脱贫户的样本数量，并完成农户抽样。

3.2.2　实地调查实施过程

(1) 前期培训阶段

在进行实地调查之前，2017 年 5 月 9—16 日对所有参与实地调查的人员就调查问卷内容、实地调查技巧、后期问卷整理录入等方面进行了集中培训。

(2) 实地调查阶段

2017 年 6 月 15—30 日，笔者等共 52 人赴石柱县展开实地调查。以 2 人为 1 小组，采用参与式农村评估法（PRA）开展，对抽样贫困农户和抽村干部进行了问卷访谈。实地调查期间，入户调查每户耗时 60～80min，最终按照既定方案，完成了抽样贫困农户和抽样村村干部的实地调查。

(3) 调查后期阶段

2017 年 7 月 1 日至 8 月 31 日，完成了贫困农户调查问卷和村调查问卷的整理、录入等后期工作。首先，对问卷填写内容进行真实性和逻辑性校核，并以电话回访形式对疑似问题问卷农户实施补充调查，最终在剔除无效问卷后，获取了 1 063 份有效的贫困农户调查问卷（有效问卷率为 97.70%）。然后，将有效的贫困农户问卷和村干部调查问卷录入至 Excel 和 GIS 平台中形成数据库，为本研究的顺利开展奠定了核心数据基础。

3.3　贫困农户抽样村分区

对研究区进行类型划分，有助于掌握研究对象的空间结构性规律。地形和区位等地理要素对聚落空间格局的形成有重要影响（梁进社，2009），是农村分化的自然基底因子，地理条件差异也会造成农村产业、土地利用以及农户生计的分异化。因此，参考类似研究（龙花楼等，2009；樊新生等，2014；张佰林等，2015），本文将设置村域地形特征、主导产业以及经济区位 3 个约束条件对抽样村进行聚类。

具体过程如下：①设置约束条件 1，按照石柱县的地形梯度分布特征，运用 ArcGIS 的区域统计分析工具提取各抽样村的平均海拔信息，将平均海拔在 1 000m 以下的抽样村划分为低丘村；将平均海拔在 1 000m 及以上的划分为中山村。②设置约束条件 2，将以经济作物为主要产业的抽样村划分为经济作物主导村；将以粮油作物为主要产业的抽样村划分为粮油作物主导村。③设置约束条件 3，考虑城镇非农经济的影响，将地处县域城区及中心场镇近郊的抽样村单独列为近郊城镇辐射村。

据此，66 个抽样村的划分情况为（表 3-6、图 3-3）：低丘粮油作物主导村（HI1）共 16 个村，低丘经济作物主导村（HI2）共 10 个村，中山粮油作物主导村（MI1）共 17 个村，中山经济作物主导村（MI2）共 15 个村，近郊城镇辐射村（SI）共 8 个村。

表 3-6 抽样村分类情况

抽样村	平均海拔（m）	主要农作物			划分类型	抽样村	平均海拔（m）	主要农作物			划分类型
		1	2	3				1	2	3	
黄山村	916	玉米	水稻	中药材	HI1	三店社区	865	水稻	玉米	辣椒	HI1
龙泉村	1 056	玉米	水稻	马铃薯	MI1	观音村	997	辣椒	中药材	水稻	HI2
莲花村	1 430	黄连	莼菜	玉米	MI2	石星村	964	辣椒	水稻	玉米	HI2
双塘村	1 582	黄连	莼菜	玉米	MI2	大堡村	1 319	玉米	辣椒	黄连	MI1
富民村	869	水稻	玉米	甘薯	HI1	新田村	891	玉米	辣椒	水稻	HI1
联盟村	658	甘薯	水稻	玉米	HI1	沙子村	1 287	黄连	马铃薯	玉米	MI2
汪龙村	855	马铃薯	高粱	辣椒	HI1	卧龙村	1 620	黄连	烤烟	竹笋	MI2
鱼龙村	827	辣椒	核桃	水稻	HI2	安桥村	1 227	水稻	玉米	黄连	MI1
大风堡村	1 491	黄连	玉米	马铃薯	MI2	九龙村	1 118	水稻	玉米	辣椒	MI1
金花村	1 329	黄连	莼菜	马铃薯	MI2	宝坪村	1 187	水稻	马铃薯	玉米	SI
石笋村	1 213	玉米	马铃薯	烤烟	MI1	黄鹿村	810	水稻	马铃薯	玉米	SI
响水村	1 159	烤烟	中药材	玉米	MI2	万乐村	447	辣椒	水稻	油菜	HI2
和农村	1 273	烤烟	黄连	马铃薯	MI2	万强村	331	水稻	玉米	辣椒	HI1
建设村	1 107	烤烟	黄连	玉米	MI2	蛟鱼村	702	水稻	玉米	辣椒	HI1
河源村	1 461	玉米	马铃薯	大豆	MI1	双龙村	319	水稻	玉米	油菜	HI1
玉龙村	1 576	烤烟	黄连	玉米	MI2	光华村	1 036	玉米	水稻	辣椒	MI1
深溪村	300	花椒	水稻	辣椒	HI2	雄风村	865	辣椒	玉米	水稻	HI2
秀才村	329	辣椒	水稻	小麦	HI2	南坪村	296	水稻	玉米	辣椒	SI
红阳村	901	水稻	玉米	辣椒	HI1	竹景山村	152	玉米	水稻	辣椒	SI
民主村	741	水稻	玉米	辣椒	HI1	白果村	1 242	玉米	水稻	马铃薯	MI1
六塘村	1 351	烤烟	紫菀	桔梗	MI2	丰田村	1 427	天麻	黄连	蔬菜	MI2
三汇村	1 195	玉米	马铃薯	中药材	MI1	双香村	703	水稻	玉米	辣椒	SI
大沙社区	863	辣椒	蔬菜	猕猴桃	HI2	银河社区	645	水稻	玉米	辣椒	SI
油房社区	777	玉米	马铃薯	辣椒	HI1	九蟒村	961	辣椒	百合	水稻	HI2
都会村	1 537	烤烟	大黄	厚柏	MI2	新建村	1 012	水稻	玉米	马铃薯	MI1
万宝村	1 661	烤烟	莲花豆	马铃薯	MI2	坡口村	312	水稻	玉米	油菜	HI1
金鑫村	920	玉米	水稻	马铃薯	HI1	新阳村	293	水稻	花椒	辣椒	HI1
前锋村	804	辣椒	玉米	水稻	HI2	水田村	1 126	玉米	水稻	马铃薯	MI1
红井社区	657	蔬菜	李子	柑子	SI	团结村	1 179	玉米	水稻	马铃薯	MI1
勇飞村	1 014	水稻	玉米	马铃薯	SI	东木村	1 079	水稻	马铃薯	辣椒	MI1
桥头村	824	水稻	玉米	辣椒	HI1	联合村	1 274	水稻	玉米	马铃薯	MI1
长沙村	1 009	水稻	玉米	辣椒	MI1	光明村	1 311	水稻	玉米	马铃薯	MI1
蚕溪村	1 250	玉米	水稻	辣椒	MI1	坪坝村	1 279	黄连	玉米	水稻	MI2

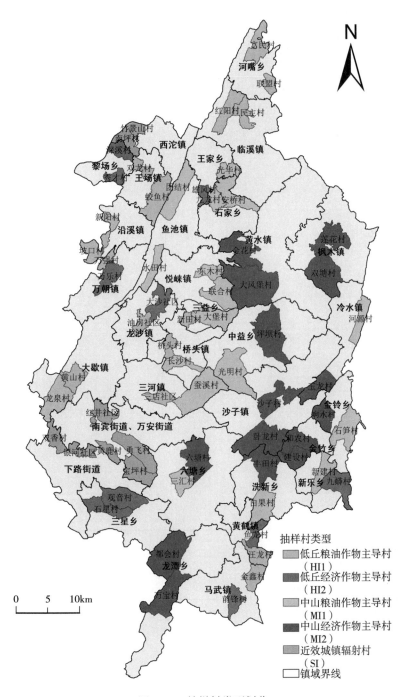

图 3-3　抽样村类型划分

3.4　本章小结

本章旨在为研究奠定资料与数据基础。本章首先对研究区的自然地理特征、社会经济现状进行了介绍，回顾并分析了研究区的扶贫开发历程与贫困现状；随后介绍了抽样与实地调查的实施过程，包括样本容量计算、抽样实施步骤以及实地调查的实施过程；最后完成了抽样村的类型划分。

第 4 章
贫困农户生计资本的空间差异与影响因素研究

"物质匮乏"贫困观点认为，贫困是"物质"匮乏所致。伴随人们对贫困认识的深化，贫困测度不再单以收入或消费水平为衡量标准，转为考量生活所需的多种资源是否匮乏及匮乏程度。一个地区的贫困也不再单以贫困发生率来反映，贫困发生率只能反映贫困发生的宽度与广度，而不能反映贫困发生的强度与深度（孙咏梅等，2016；王美昌和高云虹，2017）。精准扶贫工作开展以来，中国政府层面的农村贫困人口识别标准由收入转向收入、温饱、住房、教育和医疗构成的多维标准。在此标准下，如何提升贫困农户生计水平、缓解区域性贫困成为精准扶贫面临的重要课题（周侃和王传胜，2016）。可持续生计框架是一种围绕引发贫困的相关复杂问题和因素来理解贫困并给予多种解决方案的集成分析框架（Roberts 等，2003），众多分析框架中，英国国际发展部（DFID）的可持续生计框架最具代表性，受到了国内外广泛的采纳和沿用（刘艳华和徐勇，2015）。该框架中，生计资本代表农户赖以生存和谋求发展的"基础资源"，包含自然、物资等有形资本，也囊括社会、金融等无形资本。很大程度上，生计资本农户生存状态的决定性因素，通常会因农户所处地区宏观社会经济发展水平及资源环境承载能力的不同而有所差异（张大维，2011；王琦，2012）。

本章将视角聚焦于广义"物质匮乏"贫困层面，通过量化贫困农户的生计资本分析贫困空间差异及其影响因素，实现"个体"与"空间"的有机结合，自下而上地测度区域贫困深度并探索致贫机制。研究内容与方法契合贫困测度"多维化"与"空间化"的发展趋势，对于探索地区贫困短板、改善贫困农户生计和制定区域针对性扶贫策略等方面具有一定的理论和现实意义。

4.1 研究思路

本章将在解析贫困农户生计资本内涵的基础上，完成贫困农户生计资本的空间差异分析和影响因素探寻两个主要研究内容（图 4-1）。研究思路为：首先，根据现有研究成果和研究区实际，构建贫困农户生计资本的指标体系，测度并分析分项生计资本及生计资本总量，刻画生计资本的空间差异特征和空间关联特征；最后，结合空间贫困理论，充分考虑贫困发生的宏观因素以及区域性特征，分别从社会、经济和资源环境三个维度选取指标，构建贫困农户生计资本空间差异影响因素的指标体系，针对一般线性回归可能忽略地理单元彼此间存在空间依赖这一特点，采用空间计量模型探测影响因素的空间非平稳性，并运用 ArcGIS 平台对各影响因素进行探寻和展示。

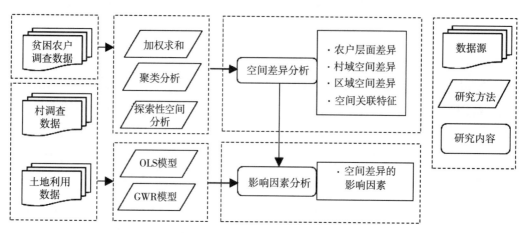

图 4-1　贫困农户生计资本的空间差异与影响因素研究框架

4.2　研究方法

4.2.1　贫困农户生计资本指标体系构建及测算方法

（1）指标体系构建的原则

贫困农户生计资本指标体系构建将遵循以下原则：①科学性原则。各分项指标的选择须在明确概念、内涵的前提下进行，须符合科学规律和客观实际，能准确、全面地反映贫困农户生计资本的特性。②针对性原则。指标体系构建应充分满足对象针对性，面向研究的主体对象，所选择的生计资本指标须符合贫困农户的特征，同时还要考虑研究区的实际情况，顾及全局综合特征。③相对独立性原则。指标选择遵循相对独立性是优化指标体系的基本原则，选择指标时应尽可能避免选择存在一定相关性的指标，确保指标之间的相对独立性。④精简性原则。在满足科学性和针对性的前提下，选择指标在数量上还应少而精，确保数据易于获取，测算过程易于操作。⑤可获取性原则。数据是实现量化分析的根本，本文关于贫困农户生计资本的指标主要是基于实地抽样调查获取，对于难以通过以上途径获取的定量数据，应考虑选择相关指标予以替代。

(2) 生计资本的内涵阐释

生计资本的测算与评价是可持续生计研究的重要内容，是本文开展生计系列问题研究的基础性内容。目前国内外已经取得了大量的实证成果，分析现有研究成果发现（表 4-1），生计资本评价的研究对象多为欠发达地区的一般农户，而较少关注贫困地区的贫困农户，尤其是精准扶贫建档立卡贫困农户。有别于一般农户，贫困农户体现出收入低、收入来源少、抵御风险能力低、发展能力弱等多维贫困特征，因此，在考察贫困农户的生计资本时，须重点关注保障其基本生存与发展的必要资源。

表 4-1　生计资本组成部分及测量指标归纳

生计资本	组成部分	常用指标
自然资本	土地资源、水资源、森林、草地、空气、生物多样性等资源及提供的自然服务	拥有的耕地、草地、林地、园地面积以及土地质量等
物质资本	住房、基础设施、生产工具、生活用品、家畜等物资财产	家庭固定资产如房屋面积、类型、间数，生产生活用品包括牲畜数量、耐用消费品种类、交通工具质量、家用电器、生产工具、首饰珠宝等
人力资本	管理技能、教育水平、劳动力数量与质量、出生率、入学率、健康状况等	劳动力数量、人口文化水平、人口健康水平、劳动力技能情况、男性劳动力
金融资本	个人或家庭储蓄、养老金状况、贷款状况等	劳动收入、家庭现金收入、接受现金汇款金额、贷款金额、贷款难易度等
社会资本	社会网络、社会组织（宗教、亲朋好友和家族等）、垂直（与上级或领导）或横向（具共同利益人）的社会关系等	农户参与组织的状况、通信费、亲戚中干部的人数、外出机会、获取信息的机会

资料来源：根据李小云等（2007）、李聪等（2010）、赵雪雁（2011）、孙贵艳（2016）、Nguyen 等（2017）的相关内容整理。

(3) 指标无量纲化方法

采用极差标准化法对贫困农户生计资本表征指标进行标准化处理，并对逆向指标进行反向处理，其公式分别为：

$$Y_{ij} = (X_{ij} - \min X_{ij}) / (\max X_{ij} - \min X_{ij}) \qquad (4-1)$$

$$Y_{ij} = (\max X_{ij} - X_{ij}) / (\max X_{ij} - \min X_{ij}) \qquad (4-2)$$

式中，Y_{ij} 为标准化后的值；X_{ij} 为某分项生计资本的指标值；$\max X_{ij}$ 和 $\min X_{ij}$ 分别为相应指标的最大值和最小值。对于逆向指标，采用公式（4-2）进行反向处理。

(4) 指标权重计算方法

为了区分不同指标在度量中的重要程度，需要加权于各分项指标，科学合理地确定权重能够使测算结果更加贴近实际。目前，指标赋权的方法较多，层次分析法（analytic hierarchy process，AHP）和熵值法（entropy value method，EVM）是最常见的方法。前者是一种典型的主观赋权法，它依赖于相关领域专家对评价要素本质的定性认识来判定指标的重要性程度，主观性较强；后者是一种典型的客观赋权法，该方法通过计算调查数据，根据指标数据的统计性质确定重要性程度，权重客观性强，但通用性和决策人的可参与性较差。为了实现主客观相结合赋权，本文采用层次分析法（AHP）和熵值法（EVW）相结合的方法确定贫困农户生计资本各指标的权重（韩增林等，2014），以期获取更符合实际情况的测算结果。

（5）生计资本测算方法

依据上述方法计算得到的指标标准化值和指标权重，测算不同层面贫困农户生计资本值（livelihood capital，LC）。测算公式如下：

$$LC = \sum_{j=1}^{m} \omega_{ij} \cdot Y_{ij} \qquad (4-3)$$

式中，LC 为贫困农户生计资本总值；ω_{ij} 为第 i 类生计资本的第 j 个指标的权重；Y_{ij} 为第 i 类生计资本的第 j 个指标的标准化值。村域层面的计算方式为：以贫困农户生计资本各组成指标在村域层面的平均值进行加权求和，区域层面的计算则是求取同一类型村域的平均值。

4.2.2 贫困农户生计资本空间差异的分析方法

（1）聚类分析

聚类分析是将物理或对象划分为由性质相似的对象组合为不同类型的分析过程。K-means 聚类法（快速聚类法）能够客观地决定样本的分类标准，具备操作简单和实用性强的优点（魏令峰，2014）。本文采用 K-means 聚类法结合 GIS 空间分析将贫困农户生计资本村域层面测算值划分为较高、中等和较低 3 个等级。根据不同类别生计资本的分等情况，参考吴清等（2017）的分类方法，将贫困农户生计资本的村域类型划分为资本搭配合理型、单一资本匮乏型、多种资本匮乏型、资本极度匮乏型。具体划分标准为：5 种生计资本中无"较低"等为资本搭配合理型；全部为"较低"等即资本极度匮乏型；有且仅有 1 种"较低"等为单一资本匮乏型；2 种及 2 种以上"较低"等则为多种资本匮乏型。

（2）探索性空间分析

探索性空间分析（exploratory spatial data analysis，ESDA）通过构建空间权重建立地理单元与周边领域间的空间关系，以空间滞后向量反映每个区域的空间领域状态，可揭示地理单元属性的空间关联特征（Anselin，2005）。

1）采用全局莫兰指数（Global Moran's I）衡量研究区贫困农户生计资本的全局空间相关性　Global Moran's I 数值变化范围为（－1,1）。$I > 0$ 表示存在空间正相关，即生计资本较高（或较低）的研究单元呈现为空间聚集分布；$I < 0$ 表示存在空间负相关，即研究单元的生计资本与周边区域存在显著差异；$I = 0$ 时表示不存在空间相关性，即研究单元的生计资本呈现为空间随机分布状态。Global Moran's I 的计算公式为：

$$I = \frac{\sum_{i=1}^{n} \sum_{j=1}^{n} W_{ij}(X_i - \bar{X})(X_j - \bar{X})}{S^2 \sum_{i=1}^{n} \sum_{j=1}^{n} W_{ij}}, \quad S^2 = \frac{1}{n} \sum_{i=1}^{n}(X_i - \bar{X}) \tag{4-4}$$

式中，n 为研究单元数；$\bar{X}$ 表示全体研究单元的生计资本平均值；X_i 和 X_j 分别为研究单元 i 和单元 j 的属性值；空间权重矩阵元素 w_{ij} 为第 i 个空间单元和第 j 个空间单元的链接关系，通常有邻接权重（contiguity weight）和距离权重（distance weight）。由于本文研究中空间单元不全为领接关系，故采用距离标准构建空间权重。

2）采用热点分析（Getis-Ord Gi^*）统计值度量局部空间自相关　Global Moran's I 虽可反映研究对象的整体分布状态及其关联度，但不能反映属性相似集聚区的空间分布位置（杨宇等，2012）。本文采用热点分析测算数据集中的每一个要素的 Getis-Ord Gi^* 统计值，进而识别具有显著性的高值（热点）和低值（冷点）空间聚类（Getis，1992）。Getis-Ord Gi^* 统计值的计算公式为：

$$Gi^* = \frac{\sum_{j=1}^{n} w_{i,j} x_j - \bar{X} \sum_{j=1}^{n} w_{i,j}}{S \sqrt{\dfrac{n \sum_{j=1}^{n} w_{i,j}^2 - (\sum_{j=1}^{n} w_{i,j})^2}{n-1}}}, \quad \bar{X} = \frac{\sum_{j=1}^{n} x_j}{n}, \quad S = \sqrt{\frac{\sum_{j=1}^{n} x_j^2}{n} - (\bar{X})^2}$$

$$\tag{4-5}$$

式中，x_j 是研究单元 j 的生计资本值；w_{ij} 是单元 i 和单元 j 之间的空间权重；n 为研究单元总数；$\bar{X}$ 为全体研究单元的生计资本平均值；S 研究单元生计资本的标准差。若 Gi^* 统计值高且 P 值（显著性水平）小，则表示存在一个生计资本高值的空间聚集；若 Gi^* 统计值低且 P 值小，则表示存在一个生计资本低值的空间聚集（朱彬等，2015；朱磊等，2016）。

4.2.3　贫困农户生计资本影响因素的分析方法

探寻研究区贫困农户生计资本空间差异的影响因素，须在空间差异和空间格局分析结果的基础上完成。传统线性回归 OLS 模型以"平稳性假设嵌入"为基础对参数进行"平均"和"全局"的估计，对空间平稳性特征强的数据进行回归具有较好效果，若解释变量为空间数据且相互之间存在空间自相关性时，该方法因不满足残差项独立的假设条件而不再适用（原野等，2015）。地理加权回归模型（GWR）在估计空间影响因素时，可有效针对解释变量的空间非平稳性和空间依赖性，使变量间的关系随空间位置变化而变化，得出的估计结果更符合客观实际（Fotheringham，2002）。因此，本文引入 GWR 模型对贫困农户生计资本空间差异的影响因素进行分析，模型构建原理如下：

$$Y_i = \beta_0(\mu_i, v_i) + \sum_k \beta_k(\mu_i, v_i) X_{ik} + \varepsilon_i \qquad (4-6)$$

式中，Y_i 为第 i 个村的贫困农户生计资本值（LC_i）；X_{ik} 为第 i 个村的第 k 个解释变量；(μ_i, v_i) 为第 i 个村地理中心的空间坐标；$\beta_k(\mu_i, v_i)$ 为第 i 个村的回归系数；ε_i 为随机误差项。本文运用 ArcGIS10.2 软件中 GWR 模块构建分析模型。

4.3　贫困农户生计资本评价及空间差异分析

4.3.1　生计资本指标体系构建

根据精准扶贫工作机制对贫困农户的识别标准，本文在构建贫困农户生计资本指标体系时将重点关注贫困农户的家庭收入情况、家庭成员健康状况、住房情况、教育情况，分别从自然资本、物质资本、人力资本、金融资本和社会资本五个方面共计选取了 20 个测算指标，指标的含义及赋值方法见表 4-2。

（1）自然资本测算指标

自然资本是指地区（或人口）拥有的自然资源，通常包含可用于生产的土地资源、水资源、矿产资源以及生物资源等（段伟等，2015）。对于研究区的农户而言，尤其是贫困农户，土地是其开展农业生产活动的基础资源，对农业生产经营活动有着深远的影响。本文选取人均耕地面积（N1）、人均可灌溉面积（N2）、人均林果地面积（N3）、人均林地面积（N4）表征贫困农户所拥有的自然资本。

（2）物质资本测算指标

物质资本指的是除去自然资源部分的物质资源，主要包含农户用于维系生活、开展生产的基础设施和设备工具等。在精准扶贫的识别标准下，住房安全是检验农户是否贫困的重要标准之一。因此，本文将重点关注贫困农户的住房面积、住房结构安全及配套设施等，分别选择人均住房面积（P1）、住房结构质量（P2）、卫生厕所（P3）和入户路质量（P4）予以表征。其中，住房结构质量（P2）、卫生厕所（P3）

和入户路质量（P4）分别按照住房结构类型及安全等级、有无卫生厕所和入户路质量等级赋值。

(3) 人力资本测算指标

人力资本通常体现在劳动力的"数量"与"质量"两个方面，人力资本匮乏是贫困发生的重要因素之一，具体的特征表现为：劳动力数量不足、文化程度不高、健康水平低等。因此，本文选取名义劳动力比重（H1）、非名义劳动力比重（H2）、实际劳动力文化程度（H3）、实际劳动力健康程度（H4）4 个指标表征人力资本。其中，名义劳动力比重（H1）用于反映贫困农户名义劳动力资源数量情况，名义劳动力的界定为：年龄介于 16～60 岁之间且具备劳动能力的非在校生人口；非名义劳动力比重（H2）则是针对实地调查发现贫困农户中普遍存有"高龄劳动力"和"疾病劳动力"的现状，用于反映贫困农户实际劳动力的脆弱程度，非名义劳动力的界定为：非劳动适龄人口（年龄在 16～60 岁以外的人口）或因病、因残丧失（无）劳动力而实际参与劳动的人口；实际劳动力文化程度（H3）和实际劳动力健康程度（H4）主要是用于反映实际劳动力的"质量"情况，分别按照学历等级和健康水平赋值。

表 4-2　贫困农户生计资本测算指标体系

准则层	指标层	单位	指标含义/赋值方法	正反属性	权重
自然资本	人均耕地面积（N1）	hm²/人	耕地面积/贫困农户户籍人口	＋	0.402
	人均可灌溉面积（N2）	hm²/人	可灌溉面积/贫困农户户籍人口	＋	0.390
	人均林果地面积（N3）	hm²/人	林果地面积/贫困农户户籍人口	＋	0.106
	人均林地面积（N4）	hm²/人	林地面积/贫困农户户籍人口	＋	0.102
物质资本	人均住房面积（P1）	m²/人	住房面积/贫困农户户籍人口	＋	0.317
	住房结构质量（P2）	—	按结构类型及安全等级赋值：钢混 1.0；砖混 0.9；砖木 0.8；木结构 0.7；土坯 0.6。其中，C 级危房 0.3，D 级危房 0	＋	0.323
	卫生厕所（P3）	—	按有无卫生厕所赋值：有 1；无 0	＋	0.188
	入户路质量（P4）	—	按道路质量等级赋值：沥青路 1；水泥路 0.9；砂石路 0.8；泥土路 0.7	＋	0.172
人力资本	名义劳动力比重（H1）	—	16～60 岁且具备劳动力人口/户籍人口	＋	0.286
	非名义劳动力比重（H2）	—	非名义劳动力/实际劳动力	－	0.202
	实际劳动力文化程度（H3）	—	按学历情况赋值：本科（大专）及以上 1.0；中职（中专）0.8；高中 0.6；初中 0.4；小学及以下 0.2	＋	0.302
	实际劳动力健康程度（H4）	—	按健康状况赋值：健康 1.0；残疾、患有重病、长期慢性病 0.5	＋	0.210

（续）

准则层	指标层	单位	指标含义/赋值方法	正反属性	权重
金融资本	家庭年纯收入（F1）	元	家庭年纯收入（扣除生产支出）	+	0.342
	小额信用贷款（F2）	—	按有无小额信用贷款赋值：有1；无0	+	0.145
	教育负担（F3）	—	按在读阶段赋值：本科及以上1.0；高职0.8；高中0.6；中职0.4；义务教育及以下0.2	—	0.224
	医疗负担（F4）	—	按家庭成员健康状况及医疗负担程度赋值：健康0；残疾、重病、慢性病0.5。其中，疾病不能负担1.0	—	0.289
社会资本	加入专业合作社（S1）	—	按是否加入专业合作社赋值：是1；否0	+	0.295
	距村主干道距离（S2）	km	距离村主干道的路程	—	0.188
	接受扶贫技能培训（S3）	—	按有无参与技能培训赋值：有1；无0	+	0.387
	对外联系频度（S4）	次	家庭月均电话通信次数	+	0.130

注：数据来自贫困农户调查数据。

（4）金融资本测算指标

金融资本反映了农户通过不同渠道直接（或间接）获取资金的能力。结合贫困农户样本特征，本文选择了家庭年纯收入（F1）、小额信用贷款（F2）、教育负担（F3）和医疗负担（F4）4个金融资本测算指标。其中，家庭年纯收入（F1）用于衡量贫困农户自身拥有资金收入能力；小额信用贷款（F2）则用于表征贫困农户从外界获取资金的能力或意愿，按照有无贷款赋值。另外，教育负担和医疗负担是精准识别的重要依据，通常也是贫困农户家庭支出中除生产性支出外占比最高的部分。作为贫困农户金融能力的主要限制性因素，教育负担和医疗负担能反映其金融资本的脆弱性，其中，教育负担（F3）按照在校生所处教育阶段赋值；医疗负担（F4）按照家庭成员健康状况及医疗负担程度赋值。

（5）社会资本测算指标

社会资本反映了农户与外界沟通的能力，社会资本存量越高时，农户获取外界物资、信息、技术和资金支持的可能性越大。本文选择加入专业合作社（S1）、距村主干道距离（S2）、接受扶贫技能培训（S3）和对外联系频度（S4）4个指标表征社会资本。加入专业合作社有助于获取农业生产经营相关的技术和信息支持，有助于增进农户间的互助水平，对提升贫困农户生产经营水平有一定促进作用，该指标（S1）按照是否加入合作社赋值。山区贫困农户通常居住在偏远地区，距村主干道距离（S2）可反映其与外界实现联系的空间距离限制。扶贫技能培训是精准帮扶工作的主要内容之一，可增强贫困农户的农业生产经营能力，该指标（S2）按照是否接受培训赋值。除外出务工或求学以外，对外通信也是家庭获取信息、技术和维系社会关系的重要渠道，本文以贫困农户月均电话通信次数表征对外联系频度（S4）。

4.3.2　生计资本的测度及分析

（1）农户层面生计资本的差异情况

运用公式 4－1 至公式 4－3 测算得出研究区贫困农户生计资本及其分项的得分值。为了消除指标数据量纲和尺度的影响，通过计算各类生计资本的变异系数来实现差异对比。由表 4－3 可以发现，各类生计资本表现出了不同程度的异质性，离散程度由大到小依次为：自然资本、社会资本、人力资本、物质资本、金融资本。

表 4－3　研究区贫困农户生计资本测度的描述性统计

类型	最大值	上四分位	中位数	下四分位	最小值	平均值	标准差	变异系数
生计资本	3.196	2.414	2.121	1.818	0.940	2.112	0.412	0.195
自然资本	0.717	0.125	0.075	0.043	0.000	0.100	0.085	0.852
物质资本	0.813	0.599	0.509	0.420	0.000	0.490	0.135	0.275
人力资本	0.811	0.609	0.545	0.460	0.076	0.505	0.160	0.316
金融资本	0.851	0.564	0.517	0.473	0.189	0.525	0.084	0.161
社会资本	0.960	0.635	0.511	0.229	0.082	0.492	0.259	0.526

采用 kernel 核密度估计方法对抽样贫困农户生计资本测算值的分布情况进行图示（图 4－2）。各类生计资本的分布曲线形态迥异，其中部分生计资本的因测算指标为离散数据且被赋予了较高权重，造成其分布曲线不够平滑。6 条曲线中，生计资本总量和金融资本大致呈现出正态分布特征，对比二者，金融资本的波峰更加陡峭，生计资本总量相对

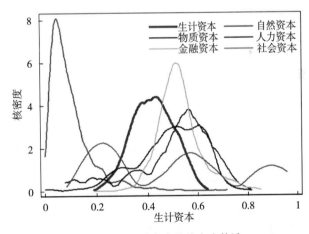

图 4－2　生计资本的核密度估计

扁平，表明生计资本总量的分化程度更高而金融资本则相对集中；自然资本曲线呈显著右偏态分布，且拖尾较长，说明样本贫困农户的自然资本表现为两极分化状态，且多数处在较低水平；物质资本和人力资本的分布曲线大致呈现出左偏态分布，表明二者均存在两极分化现象，均有少数样本贫困农户处于较低水平，其中物质资本的曲线更加扁平，故其分化程度更高；社会资本的曲线呈现出反复波动的 3 波峰形态，表明样本贫困农户集中分布于 3 个等级内。

（2）生计资本与收入、住房、医疗负担和教育负担的相互关系

图4-3展示了研究区贫困农户的生计资本与家庭收入、住房情况、医疗负担和教育负担的关系。由于家庭收入、住房情况、教育负担和医疗负担在本文中均是生计资本的构成指标，故此处在分析相互关系时，已扣除生计资本测算值中的相应指标部分。

由图4-3可知：①研究区贫困农户的生计资本与其收入水平呈现出正向相关关系，表明现金收入是生计资本相互转换正向推动因素，较高的现金收入有助于改善和提升其他生计资本。②与住房情况无明显的线性关系，表明住房是生计资本中相对独立的部分，属于生计资本相互转换的终端类型。③与医疗负担呈现明显的负向相关关系，表明贫困农户生计资本随着医疗负担增大而逐渐减小，其中最主要原因是，贫困农户罹患疾病造成医疗负担增重，劳动能力下降导致人力资本降低，由此导致生计资本总量下降，同时也会阻碍生计资本转换。④与教育负担无明显的线性关系，生计资本随教育负担增大而反复波动。分析可知，随着在校学生教育阶段提升，农户教育负担随之增大，但同时可为家庭提供更多信息和技术支撑；此外，在校学生作为贫困农户优质的人力资本储备，也是阻断贫困代际传递的必要保障。

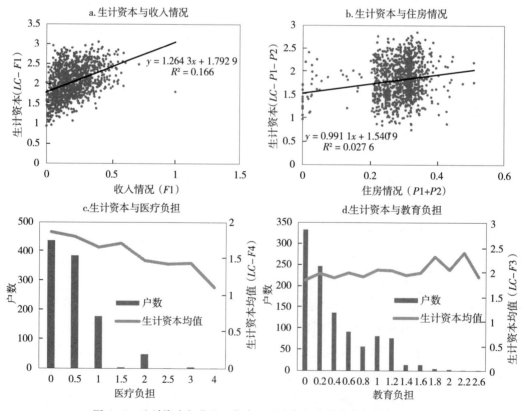

图4-3 生计资本与收入、住房、医疗负担和教育负担的相互关系

4.3.3　生计资本的空间差异分析

（1）村域层面空间差异分析

运用公式 4-1 至公式 4-4 测算村域层面的贫困农户生计资本，利用 K-means 聚类法将其划分为 3 个等级，即较高、中等和较低，并对其进行空间展示（图 4-4）。图 4-4a 展示了村域层面贫困农户生计资本的聚类及其分布情况。从等级划分情况来

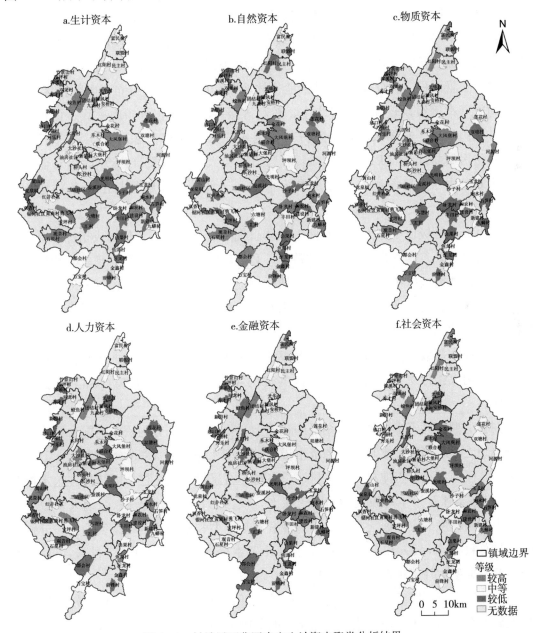

图 4-4　村域层面贫困农户生计资本聚类分析结果

看，等级为中等的占主导地位，主要集中分布于全县槽谷低山丘陵地区；较高等级主要分布在县城周边地区及黄水镇片区；较低等级集中在方斗山西侧一线以及大风堡南侧片区。总体上看，生计资本在村域层面呈现出"大分散、小集中"的分布态势，空间差异与各村社会经济发展存在一定耦合性。

图 4-4b～f 分别展示了各子项生计资本等级划分及对应构成指标的空间分布情况。对比发现，生计资本为较高等级的村域构成指标均较充裕和均衡；中等的村域表现出部分资源匮乏的状态；较低等级村域则表现出全面匮乏的状态。

自然资本等级以较低为主，较低等级在县城周边地区集聚程度较高。从构成指标来看，东南部洗新、金竹、金铃等地人均耕地面积（N1）较高；中部悦崃、黄水一带人均可灌溉面积（N2）较高；林果地、林地拥有量较高的多分布于山区村落。

物质资本等级以较高和中等为主，较高等级主要分布在方斗山一线、西沱片区及县城周边地区。总体来看，山区村落贫困农户人均住房面积（P1）高于丘陵地区，而住房结构质量（P2）、卫生厕所（P3）和入户路质量（P4）均相对低于后者，主要是由于山区贫困农户住房多为木质和土坯结构，居住与出行条件均相对较差。

人力资本等级以中等为主，空间上总体呈现随机分布状态。从构成指标来看，较高等级的村域，贫困农户劳动力的"数量"和"质量"均整体较高，且较为均衡。

金融资本等级以中等为主，仅 5 个抽样村被划入较高等级，除团结村外其余 4 个集中分布于金竹周边地区。从构成指标来看，金融资本的空间差异主要是由家庭年纯收入（F1）造成。

社会资本等级以中等为主，较高等级的村落在县城周边地区及西沱片区分布相对集中。从构成指标来看，低山丘陵地区的贫困农户距村主干道距离（S2）明显小于中山区。

在各类型生计资本聚类分析结果的基础上，将抽样村划分为资本搭配合理型、单一资本缺乏型、多种资本缺乏型和资本极度缺乏型 4 种类型（表 4-4、图 4-5）。研究区中，仅河源村、玉龙村、民主村、勇飞村、石星村、九龙村、团结村、东木村共 8 个村的各类生计资本均表现为非匮乏状态，仅占总数的 12.12%；而绝大多数村域表现出不同程度的资本匮乏状态，以多种资本缺乏型和单一资本缺乏型为主，分别占抽样村总数的 45.45% 和 40.91%；存在 1 个资本极度缺乏型村（三汇村），该村贫困农户的各类型生计资本均为匮乏状态。

生计资本总量匮乏或部分关键资本匮乏，都将制约生计系统的良性运转，导致农户抵御风险能力不足，使其坠入恶性循环的贫困陷阱。贫困农户生计资本的空间差异势必与其所处地区的社会、经济与资源环境现状密切相关。

表4-4　村域层面贫困农户生计资本的组合类型

资本匹配类型	村（社区）	占比（%）
资本搭配合理型	河源村、玉龙村、民主村、勇飞村、石星村、九龙村、团结村、东木村	12.12
单一资本缺乏型	富民村、联盟村、鱼龙村、大风堡村、金花村、响水村、红阳村、油房社区、万宝村、金鑫村、红井社区、桥头村、长沙村、观音村、大堡村、卧龙村、宝坪村、万乐村、蛟鱼村、双龙村、光华村、雄风村、南坪村、竹景山村、新建村、坪坝村、建设村	40.91
多种资本缺乏型	黄山村、龙泉村、莲花村、双塘村、汪龙村、石笋村、和农村、深溪村、秀才村、六塘村、大沙社区、都会村、前锋村、蚕溪村、三店社区、新田村、沙子村、安桥村、黄鹿村、万强村、白果村、丰田村、双香村、银河社区、九蟒村、坡口村、新阳村、水田村、联合村、光明村	45.45
资本极度缺乏型	三汇村	1.52

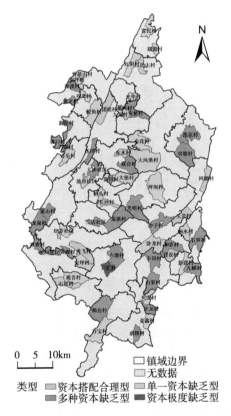

图4-5　村域层面贫困农户生计资本的搭配类型

（2）区域层面空间差异分析

图4-6和图4-7展示了区域层面贫困农户生计资本的空间差异情况。生计资本在区域层面由大到小为：近郊城镇辐射村（SI）＞低丘经济作物主导村（HI2）＞中山经济作物主导村（MI2）＞低丘粮油作物主导村（HI1）＞中山粮油作物主导村（MI1），全县的平均水平介于低丘粮油作物主导村（HI1）和中山粮油作物主导村

（MI1）之间。由此可见，由于地理位置偏远，地势险峻，石柱县中山粮油作物主导村（MI1）长期以来社会经济发展滞后，基础设施薄弱，产业发展动力不足，导致贫困农户生计资本存量较低，由此表现出贫困程度深、覆盖面广的特征，应成为石柱县精准扶贫工作重点关注区域。

从各子项生计资本在区域上的差异情况来看，自然资本在近郊城镇辐射村（SI）和低丘粮油作物主导村（HI1）更为匮乏；物质资本在中山村（MI1、MI2）更为匮乏，证实了上文"海拔越高的地区，贫困农户居住和出行条件差"的观点；人力资本相对匮乏的区域是低丘经济作物主导村（HI2）和中山粮油作物主导村（MI1）；金融资本在低丘粮油作物主导村（HI1）最为匮乏；社会资本在中山村（MI1、MI2）表现最为匮乏。

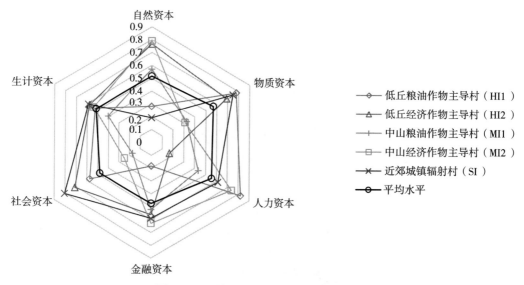

图 4-6　区域层面贫困农户生计资本雷达

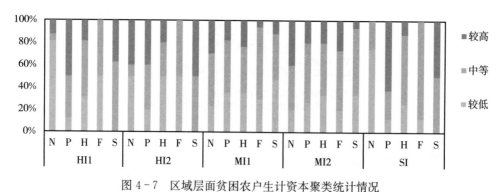

图 4-7　区域层面贫困农户生计资本聚类统计情况

注：N，自然资本；P，物质资本；H，人力资本；F，金融资本；S，社会资本

（3）空间关联特征分析

1）全局空间自相关分析　为了更加深入地揭示生计资本的空间差异规律，研究

通过计算 Global Moran's I 探索生计资本是否存在空间关联情况。借助 GeoDa 软件，计算得出 Global Moran's I 为 0.201，正态统计量 Z 值为 2.206，该值为正且检验结果较为显著（Z 值大于 0.05 置信水平的临界值 1.96），置信度为 95%，表明研究区贫困农户生计资本在空间分布上存在显著的空间正相关性。

2）局部空间自相关分析　运用 ArcGIS10.2 空间统计工具箱中的热点分析工具（hot spot analysis）计算局域关联指数 Getis-Ord Gi^*，识别高值集聚区和低值集聚区。图 4-8 中蓝色部分为冷点（cold spots）集聚区，即生计资本低值区；红色部分为热点（hot spots）集聚区，即生计资本高值区；黄色部分表示不显著的冷点或热点集聚区。

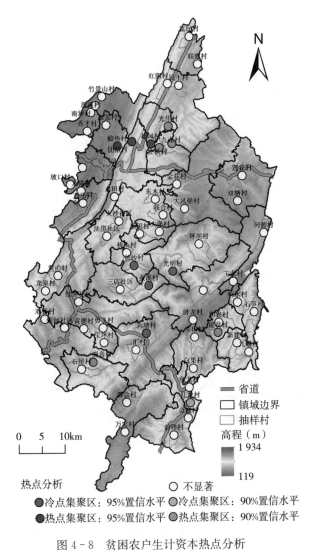

图 4-8　贫困农户生计资本热点分析

由图 4-8 可知，热点集聚区主要位于全县北部王场、鱼池、王家、石家一带，分布在交通干线（省道 302 和省道 105）附近，且多数为低山丘陵村落；冷点集聚区主要分布于大风堡南侧中益、桥头、三河的三角带，多数为远离交通干线且地势起伏较大的村落。局部自相关分析结果与生计资本空间差异分析基本一致，结果表明：贫困农户生计资本的空间差异除了受经济产业、地形等背景因素影响之外，还与所在村的对外交通条件有关。

4.4　贫困农户生计资本空间差异的影响因素分析

4.4.1　影响因素指标体系构建

国内已有不少关于农户生计资本与影响因素（任国平等，2016；吴清等，2017）、农户生活水平与影响因素（何仁伟等，2014）等类似的研究。此外，空间贫困相关研究在多维度指标选择方面趋近成熟（苏晓芳，2014；李永洪，2016；Świąder 等，2016；刘小鹏等，2017）。由于贫困与生计资本的影响因素均具有多维度特征，二者能实现高度耦合，因此，本文借鉴空间贫困理论，将区域空间贫困测度要素作为贫困农户生计资本空间差异的影响因素，从社会维度、经济维度和资源环境维度三个方面构建指标体系（图 4-9）。

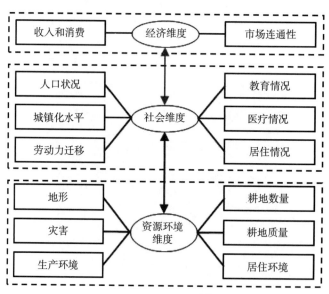

图 4-9　空间贫困的范例指标

注：本图参考苏晓芳（2014）、李永洪（2016）、Świąder 等（2016）、刘小鹏等（2017）的相关内容绘制

从生计资本的界定来看，生计资本既包括区域自然环境赋予的耕地、森林、水等自然资源，也包含农户自身的体力、文化、技能等素质，以及他们用于生活与生产的住房、饮水、电力等物质资源，还包括区域社会经济环境给予他们的支撑与保障等资

源。因此，生计资本空间差异影响因素应紧密结合生计资本要素的构成特性，并根据区域性贫困的基本特征选择相应指标。本文在相关研究的基础上，综合考虑指标的系统性、重点性和可获得性，结合石柱县自然资源特征、社会经济发展现状和贫困特性，构建贫困农户生计资本空间差异影响因素的指标体系（表 4-5）。

表 4-5　贫困农户生计资本空间差异影响因素的指标体系

影响因素	指标/代码	指标阐释	数据来源	平均值	标准差
经济因素	人均纯收入（PI）	村内人均纯收入（元/人）	①	8 634.727	2 052.671
	农作物播种强度（CSI）	农作物播种面积/耕地面积	①	1.058	0.536
	农村路网密度（RD）	村内农村公路面积/村辖区面积	①	1.313	0.658
	区位水平（LL）	村活动室到乡镇时间（min）	①	5.871	5.131
社会因素	人口密度（PD）	村内总人口/村辖区面积（人/km²）	①	216.762	167.785
	城镇化水平（UL）	村内非农人口/村内总人口	①	18.130	13.428
	少数民族比重（PM）	村内少数民族人口/村内总人口	①	82.081	13.716
	外出务工人口比重（PMW）	外出务工人口/村内总人口	①	31.209	12.412
	"三留守"人口比重（PHS）	"三留守"人口/村内总人口	①	7.780	5.791
资源环境因素	地势起伏度（RA）	参照封志明等（2007）的测算方法	②	1.324	0.988
	人均耕地面积（PCLA）	耕地总面积/户籍人口（hm²/人）	③	0.167	0.057
	耕地破碎度（FCL）	参照陈帷胜等（2016）的测算方法	③	0.334	0.124
	水土流失面积比重（PSE）	水土流失面积/村辖区面积	①	0.900	0.200
	户均耕作半径（ATR）	居住地至耕地距离（km）	①	0.715	0.214
	坡度25°以上耕地面积比重（PSL）	坡度25°以上耕地面积/耕地总面积	②③	24.278	20.107

注：①村调查数据；②数字高程模型数据（DEM）；③土地利用变更调查数据。

1）经济维度　本文选取了人均纯收入、农作物播种强度、农村路网密度和区位水平 4 个指标。其中，人均纯收入和农作物播种强度分别反映了村域内经济发展水平与农业生产强度；农村路网密度与区位水平分别反映了村域内部交通条件及对外交通的便利程度。

2）社会维度　本文选择了人口密度、城镇化水平、少数民族比重、外出务工人口比重和"三留守"人口比重 5 个指标。其中，人口密度反映了村域内人口密集程度；少数民族比重可反映一个村域是否为少数民族聚居区；城镇化水平和外出务工人口比重分别反映了村域就地非农化和转移就业的情况；"三留守"人口比重用于表征村域内存在产业空心化和劳动力薄弱化的可能性。

3）资源环境维度　本文选取了地势起伏度、人均耕地面积、耕地破碎度、水土流失面积比重、户均耕作半径和坡度 25°以上耕地面积比重 6 个指标。其中，地势起伏度反映了村域地貌特征；水土流失面积比重用于表征水土流失灾害在村域内的发生广度；人均耕地面积、耕地破碎度、户均耕作半径、坡度 25° 以上耕地面积比重分别从耕地资源数量、耕地质量、农民产居距离和坡耕角度反映一个村域的耕地资源禀赋及耕地资源利用情况。

4.4.2　影响因素变量筛选与检验

在回归分析之前，为了探索影响因素对贫困农户生计资本空间差异的解释能力并筛选关键指标，本文运用 SPSS22.0 软件，以村域层面贫困农户生计资本为因变量，以 15 项影响因素指标为解释变量，计算 Pearson 相关系数检验生计资本与各影响因素的相关性，并根据解释变量的方差膨胀因子（variance inflation factor，VIF）诊断影响因素之间是否存在多重共线性。为了去除指数趋势，对解释变量中的"人均纯收入""区位水平""人口密度"取对数处理。

从表 4-6 可以看出，15 个解释变量中与贫困农户生计资本存在显著相关性的有人均纯收入、农村路网密度、区位水平、"三留守"人口比重、地势起伏度、人均耕地面积、水土流失面积比重、户均耕作半径。其中，人均纯收入、农村路网密度、区位水平、"三留守"人口比重、地势起伏度、人均耕地面积、户均耕作半径在 0.01 水平上显著，仅水土流失面积比重在 0.05 水平上显著。在 ArcGIS 的 GWR 模型中，当 VIF（方差膨胀因子）值高于 7.5 时，多重共线性会使模型变得不稳定，因此本文以 VIF＞7.5 为解释变量多重共线性的界定标准，选取的 15 个解释变量均不存在多重共线性。

表 4-6　生计资本与影响因素的相关性及变量间多重共线性检验

解释变量	相关性分析		指标共线性		
	Pearson 系数	相关性判断	容忍度	VIF	多重共线性诊断
人均纯收入（PI）	0.562**	显著中等程度相关	0.547	1.830	不存在共线性
农作物播种强度（CSI）	0.213	不显著	0.812	1.231	不存在共线性
农村路网密度（RD）	0.707**	显著强相关	0.499	2.005	不存在共线性
区位水平（LL）	−0.690**	显著强相关	0.502	1.991	不存在共线性
人口密度（PD）	−0.112	不显著	0.602	1.661	不存在共线性
城镇化水平（UL）	−0.120	不显著	0.799	1.252	不存在共线性
少数民族比重（PM）	0.162	不显著	0.770	1.299	不存在共线性
外出务工人口比重（PMW）	−0.053	不显著	0.751	1.332	不存在共线性
"三留守"人口比重（PHS）	−0.575**	显著中等程度相关	0.558	1.792	不存在共线性
地势起伏度（RA）	−0.506**	显著中等程度相关	0.610	1.639	不存在共线性
人均耕地面积（PCLA）	0.505**	显著中等程度相关	0.570	1.755	不存在共线性

（续）

解释变量	相关性分析		指标共线性		
	Pearson 系数	相关性判断	容忍度	VIF	多重共线性诊断
耕地破碎度（FCL）	−0.174	不显著	0.735	1.360	不存在共线性
水土流失面积比重（PSE）	−0.248*	显著弱相关	0.767	1.303	不存在共线性
户均耕作半径（ATR）	−0.537**	显著中等程度相关	0.566	1.766	不存在共线性
坡度25°以上耕地面积比重（PSL）	−0.234	不显著	0.815	1.227	不存在共线性

注：1. 因变量为村域层面贫困农户生计资本；2. ** 表示 0.01 水平上显著，* 表示 0.05 水平上显著；3. 根据相关系数得分，分为极强相关（0.8，1]、强相关（0.6，0.8]、中等程度相关（0.4，0.6]、弱相关（0.2，0.4]、极弱相关 [0，2]；4. 参照 ArcGIS 对多重共线性的判断，VIF>7.5 时，指标数据可能存在多重共线性。

4.4.3　空间差异影响因素回归分析

基于上文空间关联情况的分析结论，研究区贫困农户生计资本存在显著的空间自相关性，因此须采用允许属性变量具备"空间非平稳性"特征的 GWR 模型。同时，本文还采用未考虑空间影响的 OLS 模型对研究区贫困农户生计资本空间差异的影响因素进行探索，并实现对比分析。

（1）OLS 模型分析结果

构建 OLS 模型以村域层面贫困农户生计资本（LC）为因变量，以表 4-6 中显著相关的 8 个因素为自变量，回归结果见表 4-7。可以发现，除人均纯收入、水土流失面积比重外，其余解释变量均通过了显著性检验。其中，农村路网密度和人均耕地面积的回归系数为正；区位水平、"三留守"人口比重、地势起伏度、户均耕作半径的回归系数均为负数。

表 4-7　普通线性回归模型（OLS）估计结果

解释变量	回归系数	标准误	t 值	P 值
截距	0.933**	0.428	2.179	0.033
人均纯收入（PI）	0.134	0.195	0.688	0.494
农村路网密度（RD）	0.325***	0.108	3.010	0.004
区位水平（LL）	−0.164***	0.041	−4.012	0.000
"三留守"人口比重（PHS）	−1.341**	0.532	−2.524	0.014
地势起伏度（RA）	−0.123***	0.046	−2.653	0.010
人均耕地面积（PCLA）	1.808**	0.720	2.511	0.015
水土流失面积比重（PSE）	−12.493	45.800	−0.273	0.786
户均耕作半径（ATR）	−0.111*	0.063	1.761	0.084

注：*** 表示 0.01 水平上显著，** 表示 0.05 水平上显著，* 表示 0.10 水平上显著。

（2）GWR 模型分析结果

运用 ArcGIS10.2 软件的 GWR 模块构建回归模型，对表 4-8 中显著相关的 8 个解释变量进行估计，并分析解释变量在空间单元上的差异情况。GWR 模型回归结果中每一个空间单元具有独有的回归系数，因此，本文对各研究单元的回归系数进行了描述性统计，计算各解释变量回归系数的平均值、最小值、下四分位数、中位数、上四分位数和最大值，对估计结果进行 t 检验，估计回归系数的 P 值。从 P 值上看，与 OLS 模型分析结果不同的是，除人均纯收入、水土流失面积比重外，户均耕作半径也未通过显著性检验，其余 5 个影响因素在空间上表现出显著的空间不稳定性，其回归系数随空间位置变化而发生显著变化。从回归系数的平均值来看，5 个解释变量回归系数有正有负，对贫困农户生计资本发挥了不同性质的影响作用；从 5 个解释变量回归系数的中位数与平均数对比情况来看，二者数值相近且符号相同，说明各影响因素对所有空间单元的影响性质是一致的。

表 4-8　地理加权回归模型（GWR）估计结果

解释变量	回归系数	t 值	最小值	下四分位数	中位数	上四分位数	最大值	P 值
人均纯收入（PI）	0.078	0.381	−0.162	−0.063	0.073	0.214	0.340	0.705
农村路网密度（RD）	0.281**	2.656	0.169	0.213	0.252	0.351	0.568	0.011
区位水平（LL）	−0.194***	−4.569	−0.261	−0.230	−0.206	−0.165	−0.080	0.000
"三留守"人口比重（PHS）	−1.365**	−2.480	−2.020	−1.696	−1.271	−1.120	−1.034	0.017
地势起伏度（RA）	−0.138***	−2.925	−0.289	−0.197	−0.136	−0.078	−0.018	0.005
人均耕地面积（PCLA）	1.179*	1.682	0.142	0.585	1.138	1.876	2.516	0.099
水土流失面积比重（PSE）	−10.104	−0.196	−56.238	−31.798	−4.976	10.020	25.168	0.845
户均耕作半径（ATR）	−0.147	−1.392	−0.214	−0.177	−0.144	−0.113	−0.101	0.170
常数项	1.659***	2.896	−1.175	0.385	1.868	2.996	4.038	0.006

注：*** 表示 0.01 水平上显著，** 表示 0.05 水平上显著，* 表示 0.10 水平上显著。

（3）OLS 模型与 GWR 模型的对比

在进一步分析贫困农户生计资本空间差异的影响因素之前，需要对比检验 OLS 模型和 GWR 模型的估计效果。对比两个模型的诊断参数（表 4-9）可知：①从模型的拟合度来看，GWR 模型的 R^2 和 R^2_{adj} 分别为 0.866 和 0.801，均大于 OLS 模型；②从模型的拟合优良性来看，GWR 模型的 $AICc$ 小于 OLS 模型，且二者差值大于 3；③从残差平方项来看，GWR 模型的残差平方和（1.010）小于 OLS 模型（1.645）；④从 GWR 模型的标准化残差的空间分布情况来看（图 4-10），有 2 个村的局部回归未通过残差检验；⑤检验 GWR 模型标准化残差的空间自相关性，标准化残差的 Global Moran's $I=0.07$，$Z=1.502$，表明标准化残差在空间上是接近随机分布的。

综合以上诊断信息，所构建的 GWR 模型估计结果效果整体较好，且整体优于 OLS 模型。

表 4-9　OLS 模型和 GWR 模型诊断参数的对比

模型	*Residual Squares*	*Sigma*	*AICc*	R^2	R^2_{adj}
OLS 模型	1.645	0.170	-38.351	0.782	0.752
GWR 模型	1.010	0.150	-52.631	0.866	0.801

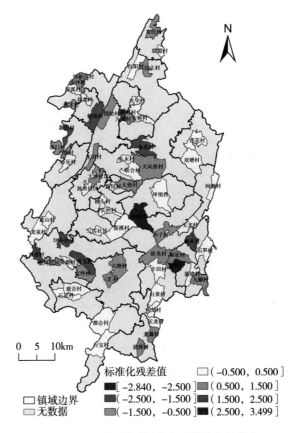

图 4-10　GWR 模型标准化残差的空间分布

(4) 影响因素及空间差异分析

基于 GWR 模型参数估计的空间模式可视化特征，运用 ArcGIS10.2 对 GWR 模型识别出的 5 个显著性影响因素进行图形化化展示（图 4-11），并分析各影响因素的空间差异及区域差异情况（表 4-10）。

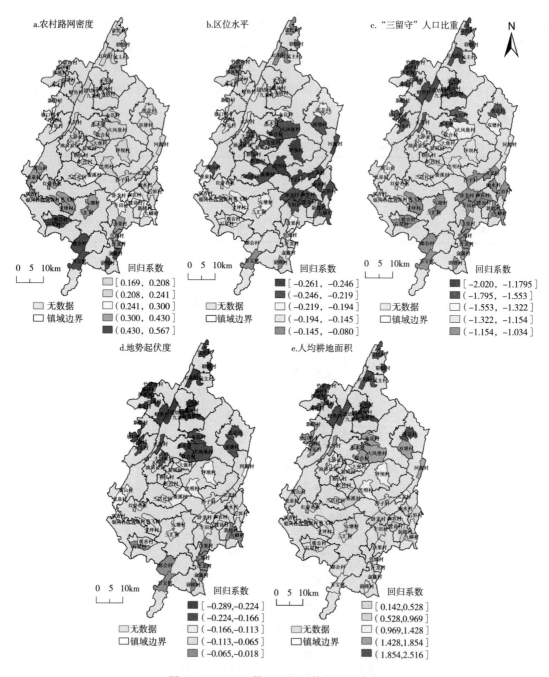

图4-11　GWR模型回归系数的空间分布

表4-10　GWR模型回归系数的区域差异情况

区域	农村路网密度	区位水平	"三留守"人口比重	地势起伏度	人均耕地面积
HI1	0.275	−0.171	−1.596	−0.109	1.539
HI2	0.332	−0.177	−1.390	−0.128	1.075

(续)

区域	农村路网密度	区位水平	"三留守"人口比重	地势起伏度	人均耕地面积
MI1	0.249	−0.211	−1.410	−0.148	1.311
MI2	0.266	−0.221	−1.206	−0.181	1.027
SI	0.347	−0.185	−1.340	−0.131	0.912

农村路网密度的回归系数均为正数，介于 0.169～0.568 之间，表明贫困农户生计资本与农村路网密度为正向关联关系。通常，建设农村道路对贫困农户生计资本的提升作用主要表现在两个方面：一是可以有效促进生产要素流动，对农村社会经济发展具有显而易见的推动作用；二是可以显著改善农村居民出行条件，提升农民生活生活水平。从回归系数的空间分布情况来看，农村路网密度对贫困农户生计资本影响的高值集中在全县南部，影响力由南至北递减；从区域差异上看，影响力由大到小依次为 SI、HI2、HI1、MI2、MI1，可见农村道路对贫困农户生计资本的影响力在城镇辐射村和低丘村更为明显。

区位水平的回归系数均为负数，介于 −0.261～−0.080 之间，表明贫困农户生计资本与其所处村的区位水平呈负相关。许多研究已证实，深度贫困地区多分布于偏、边、远地区。作为天然的致贫因素，区位劣势带来的负面影响是多方面的，距离经济中心相对较远，造成地区交通不便、产业单一、社会资本匮乏、人力资本薄弱与生产水平低的恶性循环，形成所谓的"贫困陷阱"。在精准扶贫的契机下，可通过加强道路设施建设弥补区位劣势的负面影响。从回归系数的空间分布看，区位水平对石柱县东部山区村落的影响最大；从区域差异上看，影响力由大到小依次为 MI2、MI1、SI、HI2、HI1，可见区位水平对中山区村落的影响相对更大，对低山丘陵地区影响相对较小。

"三留守"人口比重的回归系数均为负，介于 −2.020～−1.034 之间，表明"留守儿童、留守妇女、留守老人"比重越高，对村域贫困农户生计资本整体越起负向影响。对于乡村地区而言，大量青年、壮年劳动力外流致使农村内部整体人力资本的降低，从而制约了当地的经济产业发展，造成乡村"空心化"，也较大地限制了贫困农户发展。从回归系数空间分布看，该因素对贫困农户生计资本影响程度最大的地区集中于全县北部区域，并呈现由北至南递减的趋势；从区域差异上看，"三留守"人口比重对各区域的影响力由大到小依次为 HI1、MI1、HI2、SI、MI2，可见"三留守"人口比重对粮油作物主导村的影响相对更大，而其他类型村域经济产业相对发达，受此影响相对较小。

地势起伏度的回归系数均为负数，介于 −0.289～−0.018 之间，说明研究区贫困农户生计资本水平受到所处区域地势起伏度的负向影响，该结论与何仁伟等

（2014）的研究一致。地势起伏度反映了区域地貌特征，对农户生计的影响主要表现为：地势起伏大的区域地质环境相对脆弱，地质灾害更容易发生；同时地势起伏越大的区域通常对外交通不便，阻碍高等生产要素流通。从回归系数空间分布看，地势起伏度对贫困农户生计资本影响力较大的区域主要位于全县北部方斗山一线；从区域差异情况来看，影响力由大到小依次为 MI2、MI1、SI、HI2、HI1，可见地势起伏对中山区村落的影响作用相对更大。

人均耕地面积的回归系数均为正数，介于 0.142～2.516 之间，表明区域耕地资源数量对村域贫困农户生计资本起到正向影响。耕地资源数量起到的正向作用体现在两个方面：一是耕地资源作为贫困农户最重要的自然资本，区域耕地资源充裕，农户拥有充裕耕地资源的可能性更高；二是耕地也是最基本的生产资料，耕地资源越富足的区域，农业生产的效益通常越高，农村经济发展水平相对较高。从回归系数空间分布看，人均耕地面积影响力较大的区域主要分布在北部方斗山片区；从区域差异情况来看，影响力由大到小依次为 HI1、MI1、HI2、MI2、SI，对粮油作物主导村的影响更大。

综上，5 个通过显著性检验的解释变量对贫困农户生计资本起到直接或间接的作用，是形成空间差异的关键影响因素，在不同类型的村域上表现出的影响力大小不尽相同，这也证实了空间贫困的理论推断。然而，值得注意的是，文中未通过显著性检验的影响因素，如水土流失面积比重、耕地破碎度等因素在现实中对贫困农户个体的影响作用也是不容忽视的。

4.5 本章小结

本章旨在从广义"物质匮乏"视角审视区域贫困特征。本章开展了贫困农户生计资本的空间差异和影响因素两个方面研究，在已有研究成果的基础上，面向精准扶贫的现实需求，针对建档立卡贫困农户特性，构建了贫困农户生计资本指标体系，测算了贫困农户样本的生计资本及其子项，并通过聚类分析、探索性空间分析等方法刻画了贫困农户生计资本的空间差异规律和空间关联特征，运用空间计量模型对贫困农户生计资本空间差异的影响因素进行了回归分析和探讨。主要结论如下：

（1）贫困农户生计资本的测算与评价表明，生计资本总量及其分项在农户个体层面表现出不同程度的差异；贫困农户生计资本与收入水平呈正相关关系，与医疗负担呈负相关关系，与住房情况和教育负担无明显的相关性。

（2）贫困农户生计资本空间差异分析中，村域层面分析表明，贫困农户生计资本在村域层面呈现出"大分散、小集中"的分布态势，与各村社会经济发展存在一定空间耦合性，村域类型以单一资本缺乏型和多种资本缺乏型为主；区域层面分析表明，生计资本的差异表现为：近郊城镇辐射村（SI）＞低丘经济作物主导村（HI2）＞中山经济作物主导村（MI2）＞低丘粮油作物主导村（HI1）＞中山粮油作物主导区（MI1），中山粮油作物主导村（MI1）的贫困程度最深，应成为精准扶贫工作的重点关注区域；空间关联特征分析表明，研究区贫困农户生计资本总量在空间分布上存在显著的空间自相关性，高值区在县域北部交通干线沿线集聚，低值区多分布于大风堡南侧地势起伏较大且远离交通干线的区域。

（3）贫困农户生计资本空间差异的影响因素分析中，通过 Peason 相关性分析和多重共线性诊断，排除了农作物播种强度、城镇化水平、少数民族比重等因素；通过对比检验分析，GWR 模型被证实对空间差异影响因素的估计效果较好，整体优于 OLS 模型；农村路网密度、区位水平、"三留守"人口比重、地势起伏度、人均耕地面积对贫困农户生计资本起到了直接或间接的影响，是造成空间差异的关键因素，在不同空间单元上表现出的影响力大小不尽相同。

第 5 章

贫困农户生计方式的空间差异与影响因素研究

作为可持续生计框架中连接生计资本与生计结果的中间环节，生计方式在一定的背景条件下决定了农户对所拥有生计资本的处置行为，也决定了生计资本的转换方式和目标，关系着农户获取最优生计结果的机会与能力（Birch-Thomsen，2001；王成超和杨玉盛，2012）。中国农村地区长期作为国家城市化与工业化发展的粮食生产供应地和原材料生产基地，农业相关的生产方式是农村居民生计的最主要来源，农户生计方式同质性极高（周其仁，1995；田艳平和王佳，2014）。随着市场经济体制的建立，史无前例的工业化、城镇化发展深刻地影响着广大农村地区，社会经济发展要素重组加速农村人口流动，农户的生计方式经历了由传统农业型生产方式向非农化、多样化方式转变的过程，促进了农村地区经济发展与转型（刘彦随，2007；李裕瑞等，2012）。对于欠发达区域的农村居民而言，非农转移就业或生计多样化可使其快速、有效地实现增收，有助于降低生计脆弱性和改善生计结果（鲁婷，2013；赵靖伟，2014；徐汉龙，2016）。由于农户生计活动极具复杂性，已有研究对生计方式的量化分析较为薄弱，尤其是针对贫困农户，相关研究仍然较少。

本章将视角聚焦于贫困农户生计的"过程性"特征层面，尝试从不同角度刻画贫困农户的生计方式特征，分析其空间差异情况，并揭示贫困农户选择生计方式的影响因素及空间差异。本章研究拓宽了生计方式的研究范式与方法，可以为贫困地区农户生计建设、转移就业扶贫、经济发展方向等方面的优化调控提供理论依据和实践支撑。

5.1 研究思路

本章主要进行贫困农户生计方式空间差异分析和影响因素解析两个方面的研究（图 5-1）。研究的思路为：首先，在参考国内外生计方式、生计策略、生计多样化相关研究的基础上，对研究区贫困农户生计方式类型进行界定和划分，设计贫困农户生计方式及其空间差异的量化分析方法，主要从生计方式非农化、多样化及多样化发展阶段三个方面开展，力图更加直观、简洁地反映贫困农户生计的"动态行为"特征；随后，在生计方式分类的基础上，从生计资本及其内部因素的视角探寻贫困农户抉择生计方式的关键因素，甄别影响生计方式转换的关键因素，并比对不同区域、不同生计方式类型影响因素的差异性。

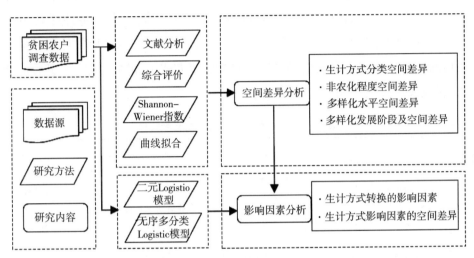

图 5-1　贫困农户生计方式的空间差异与影响因素研究框架

5.2　研究方法

5.2.1　贫困农户生计方式分类依据及方法

(1) 生计方式分类的文献梳理

农户作为农村社会经济活动的微观组织，其生计方式在不同区域、不同时段内的表现存在较大差异。在国内外农户生计方式（策略）的相关研究中，由于区域和时期特征不同以及学者关注问题的角度和研究目的的不同，学界对生计方式划分类型也不尽相同，尚未形成明确的生计分类及统计标准（孙贵艳，2016）。

根据文献梳理（表 5-1），国内外研究对农户生计方式的划分依据主要有 3 种类型：①按就业及兼业性质划分。一些学者根据就业性质划分，将生计方式划分为农业活动、非农业活动，如张丽萍（2007）和 Soini（2005）；另外一些学者则考虑农户的兼业行为，如刘敏（2010）和吴申凤等（2012）参照中国社会科学院农村发展研究所（2002）和国家统计局（2006）在第二次农业普查中规定的分类方法，将农户划分为农业产业户（纯农户）、一兼农户（农业兼业户）、二类农户（非农兼业户）、非农产业户（非经营户），该类划分方法对微观尺度（农户层面）的生计方式分类具备一定的细致性和系统性的优势，可以展现农户的兼业水平。②依据生计资本及其组合情况划分。该类划分方法通过参考农户生计资本的组合情况划分生计方式，如阎建忠等（2009）根据生计资本的优劣程度将生计活动划分为基本型生计、缺失型生计和发展型生计；王利平等（2012）根据各类型生计资本的组合情况将生计方式划分为农业多样化发展型、农业专业化发展型、兼业化发展型、非农多样化发展型和非农专业化发展型。③根据生计目标划分。例如，Sigel 等（1999）根据农户在生计活动中为了应对风险而表现出的行为差异，将生计方式划分为事前估计型和事后估计型两类，事前估计型指的是农户通过采取土壤保护、节水措施等方式主动降低风险，事后估计型则是在风险降临时，采取一定的应对措施。

表 5 - 1　农户生计方式分类的文献梳理

分类归纳	案例区	研究目的	生计方式分类	文献
按就业及兼业性质	大渡河上游金川县	农户生计多样化与土地利用变化联系	农业活动、非农业活动	张丽萍，2007
	乞力马扎罗山区	土地利用变化对生计变化的影响		Soini，2005
	浙江省富阳区的 6 个村	农户兼业分化的特征和影响因素	农业产业户（纯农户）、一类农户（农业兼业户）、二类农户（非农兼业户）、非农产业户（非经营户）	刘敏，2010
	翁源县	农户生计多样化		吴申风等，2012
按生计资本及组合类型	青藏高原东部样带	农牧民生计的多样化	基本型生计、缺失型生计和发展型生计	阎建忠等，2009
	重庆市沙坪坝区白林村	基于生计资产的农户分化	农业多样化发展型、农业专业化发展型、兼业化发展型、非农多样化发展型与非农专业化发展型	王利平等，2012
按生计目标	—	基于生计资产的风险管理	事前估计型和事后估计型	Sigel 等，1999

总体来讲，以上几类生计方式分类方法并不相互排斥和否定，实际上各类划分方法均是基于不同研究目的而确定的。值得注意的是，在农户调查类的研究中，为了确保研究的准确性和可操作性，生计方式的分类及量化分析通常会根据农户收入来源和收入水平开展，因此生计方式分类可被认为是对生计来源的组合与归类。故本文将依据实地调查获取的贫困农户收入信息，将其生计方式划分为不同类别。

（2）贫困农户生计方式类型划分方法

根据研究区贫困农户的收入信息，其生计活动可分为自主型和非自主型两大类别

（表 5-2）。自主型生计活动包含农业和非农业两类生计活动，其中，农业生计活动指的是贫困农户从事粮油作物与经济作物种植、畜禽鱼养殖等农业生产经营活动以获取产品收入的过程；非农业生计活动指的是贫困农户外出参与第一、二、三产业的生产活动及从事自主非农经营活动以获取现金收入的过程。非自主型生计活动则是贫困农户依靠外界支持被动获取物收入的过程，包含通过人情来往（或抚养、赡养等）、土地流转（出租）等活动获取的社区支持收入，以及由社会保障补贴（低保、残疾补贴、养老金等）、涉农补贴（退耕还林、种粮补贴、生态林补贴等）、扶贫补贴（慰问金、产业支持补贴等）等构成的政府支持收入。在针对一般农户的研究中，由于非自主型的收入占家庭收入比重不高，划分生计方式类型时通常未考虑该部分收入。

表 5-2　不同区域贫困农户生计活动归纳

区域	一级分类	二级分类	三级分类	四级分类
				生计来源
低丘村（HI1、HI2）	自主型	农业	农林	粮油作物（水稻、玉米、马铃薯、甘薯、油菜、花生、黄豆等）、经济作物（辣椒、魔芋、平菇、白菜、草莓、西瓜等）、林业（果树、野菜等）
			养殖	家畜（猪、牛、长毛兔等）、家禽（鸡、鸭、鹅、蛋类等）、水产（鱼、虾等）
		非农业	务农	农业短工
			务工	建筑业（泥瓦匠、装修工、水电工、杂工等）、服务业（服务员、保安、驾驶员等）、制造业（零工、技工）、公益性岗位
			经营	建材经营、开餐馆、跑运输等
	非自主型	社区支持	财产性收入	土地流转、土地出租等
			转移性收入	人情往来、赡养、抚养等
		国家支持	转移性收入	扶贫补贴、社会保障资金（低保、残疾补贴等）、退耕还林、粮食直补、农资补贴、良种补贴、生态补贴养、养老金、慰问金等
中山村（MI1、MI2）	自主型	农业	农林	粮油作物（玉米、马铃薯、甘薯、花生、高粱、水稻）、经济作物（黄连、莼菜、烤烟、洋姜、紫菀、乾斛、百合）、林业（苗木、野生中药材、果树等）
			养殖	家畜（猪、牛、羊、长毛兔）、家禽（鸡、鸭、鹅、蛋类）、其他（中华蜜蜂）
		非农业	务农	农业短工
			务工	建筑业（杂工、泥瓦匠、装修工、水电工等）、制造业（零工、技工）、服务业（服务员、保安、驾驶员、售货员）、公益性岗位
			经营	无
	非自主型	社区支持	财产性收入	土地流转、土地出租等
			转移性收入	人情往来、赡养、抚养、馈赠等
		国家支持	转移性收入	扶贫补贴、社会保障资金（低保、残疾补贴等）、生态补贴、退耕还林、粮食直补、农资补贴、良种补贴、养老金、慰问金等

（续）

区域	一级分类	生计来源		
		二级分类	三级分类	四级分类
近郊村（SI）	自主型	农业	农林	粮油作物（水稻、玉米、马铃薯、甘薯）、经济作物（辣椒、魔芋、平菇、西瓜）、林业（果树）
			养殖	家畜（猪、牛、长毛兔等）、家禽（鸡、鸭、鹅、蛋类等）、水产（鱼）
			务农	农业短工
		非农业	务工	建筑业（杂工、泥瓦匠、装修工、水电工）、服务业（理发师、售货员、服务员）、公益性岗位
			经营	经营农家乐、开小卖部、开餐馆、跑运输
	非自主型	社区支持	财产性收入	土地流转、土地出租、房屋出租等
			转移性收入	人情往来、赡养、抚养、馈赠、离退休金等
		国家支持	转移性收入	扶贫补贴、社会保障资金（低保、残疾补贴等）、退耕还林、粮食直补、农资补贴、良种补贴、生态补贴、养老金、慰问金等

然而，精准扶贫建档立卡贫困农户中存在一些因残疾、重病、高龄等不可抗拒因素，而无能力开展自主型生计活动或有能力开展但不足以支撑基本生存的群体。对于这部分特困群体，政府主要采取"兜底型"的扶贫措施，他们除了享受国家扶贫政策之外，还能叠加享受国家社会保障制度提供的救助性资金，故非自主型收入是贫困农户生计来源中不可忽略的部分。

根据研究区贫困农户生计活动归纳情况，贫困农户生计方式一级分类为自主型和非自主型两类（表5-3）。本文依据贫困农户是否参与非农生计活动和有无非农收入划分自主型生计活动的二级分类，为增强二级生计方式的辨识度，将非农收入占家庭收入比例小于5%的划分为纯农型，将非农收入占比大于95%的划分为非农型，将非农收入占比介于5%~95%之间的划分为兼业型。非自主型以低保型表征，若贫困农户为低保贫困户且获得1年及以上的低保收入，其生计方式则被划分为低保型。需要指出的是，非自主型生计方式作为辅助性和补充性的生计来源，并不与自主型生计方式冲突，这也符合实际情况。

表5-3 研究区贫困农户生计方式类型划分方法

生计方式类别		划分方法
一级分类	二级分类	
自主型	纯农型	非农收入占家庭收入比重∈ [0，5%)
	兼业型	非农收入占家庭收入比重∈ [5%，95%]
	非农型	非农收入占家庭收入比重∈ (95%，100%]
非自主型	低保型	低保贫困户且获得1年及以上的低保补助

5.2.2　贫困农户生计方式空间差异的分析方法

鉴于研究是中观与微观相结合的尺度，本文除分析农户层面差异情况外，还将分析各类型在区域层面的空间差异。参考相关研究，本文将重点从非农化程度和多样化水平两个方面不同角度对贫困农户生计方式特征及其空间差异进行量化分析，并结合二者与收入水平的关系，探寻生计多样化发展趋势及其空间差异规律。

（1）非农化程度测度方法

农村非农化的主体包括人口、土地和产业等方面（张小林，1998），土地和产业的非农化均针对空间层面，而对于农户层面而言，非农化程度可以从劳动力投入、非农就业时间投入和非农收入等方面进行衡量（张佰林等，2015）。

1）非农就业劳动力比重（P_{NAL}）　计算公式为：

$$P_{NAL} = \frac{NAL_1 + NAL_2 + NAL_3 + NAAL_1 + NAAL_2 + NAAL_3}{AL_A} \quad (5-1)$$

式中，NAL_1 为石柱县内非农全职人数，NAL_2 为石柱县外重庆市内非农全职人数，NAL_3 为重庆市外非农全职人数；$NAAL_1$ 为石柱县内非农兼职人数，$NAAL_2$ 为石柱县外重庆市内非农兼职人数，$NAAL_3$ 为重庆市外非农兼职人数；AL_A 为实际劳动力数量。

2）非农就业收入比重（P_{NAI}）

人均农业生产收入计算公式为：

$$AGI = \frac{ago_1 + ago_2 - agi_1 - agi_2}{TP} \quad (5-2)$$

式中，AGI 为人均农业生产收入；ago_1 和 agi_1 分别为农林活动的总收入与生产性投入；ago_2 和 agi_2 分别为养殖活动的总收入和生产性投入；TP 为户籍人口。

人均非农业生产收入计算公式为：

$$NAI = \frac{\sum_{i=1}^{m} nae_i}{TP} \quad (5-3)$$

式中，NAI 为人均非农业生产收入；nae_i 为第 i 项非农业生产活动的收入；m 为农户（区域）的非农生计活动项目数。

非农就业收入比重（P_{NAI}）的计算公式为：

$$P_{NAI} = \frac{NAI}{NAI + AGI} \quad (5-4)$$

3）非农就业时间比重（P_{NAT}）　计算公式为：

$$P_{NAT} = \frac{NAT_1 + NAT_2 + NAT_3 + NAAT_1 + NAAT_2 + NAAT_3}{AL_A \cdot 365} \qquad (5-5)$$

式中，NAT_1 为石柱县内非农全职就业时间；NAL_2 为石柱县外重庆市内非农全职就业时间；NAL_3 为重庆市外非农全职就业时间；$NAAL_1$ 为石柱县内非农兼职就业时间；$NAAL_2$ 为石柱县外重庆市内非农兼职就业时间；$NAAL_3$ 为重庆市外非农兼职就业时间。

4）非农化程度（NAD）　计算公式为：

$$NAD = \frac{P_{NAL} + P_{NAI} + P_{NAT}}{3} \qquad (5-6)$$

（2）多样化水平测度方法

对于生计多样化，一些研究也称生计分化，多采用生计多样化指数予以表征，主要是通过描述家庭生计活动的种类、家庭收入来源类别、劳动力分散状况表示。一些研究通过计算农户参与生计活动的种类来体现，如将每一种生计活动都赋值 1，农户参与一项生计活动，其生计多样化指数就增加 1，若从事种植、养殖两类生计活动，则生计多样化指数为 2，然后求取不同区域的生计多样化指数平均值，即可掌握区域农户生计多样化状况（阎建忠等，2009）。除了用生计活动的种类数量来测度生计多样化指数以外，还有一些学者采用收入来源类别和家庭劳动力分配状况测度，常见的计算公式有辛普森多样性指数、赫芬达尔-赫希曼指数、熵指数、改进的熵指数、Shannon-Wiener 指数等。

基于贫困农户生计来源类别角度，研究区贫困农户的生计多样化表述为：贫困农户从事为 N 个分类（农林活动、养殖活动、非农活动、低保、其他）下的 S 个分类组合形成的生计来源集合 A_S {M_1，M_2，$\cdots$，M_S}，第 i 项生计来源 M_i 的纯收入为 m_i（$i=1$，2，$\cdots$，S），收入合计为 M。

本文采用 Shannon-Wiener 指数测算贫困农户生计多样化水平（D_m），计算公式为：

$$D_m = -\sum P_i \ln P_i \qquad (5-7)$$

式中，P_i 为任取 1 元属于 M_i 的概率；当 D_m 值越大时，贫困农户多样化水平越高，D_m 值越小时，贫困农户多样化水平越低。

（3）多样化发展阶段划分方法

通过分析农户生计多样化与收入水平之间的关系划分生计多样化发展阶段，有助于揭示生计活动复杂化与收入增加的过程演进规律（刘永茂等，2017）。一些研究已证实，收入多样化水平和绝对收入水平之间并非简单的线性关系，而是呈倒 U 形关系，对于低收入的农村地区，农民生计多样化对其生计安全的积极性作用远超过负面作用，对增加农民收入、减少贫困有十分显著的正面影响（陈传波，2007；丁建军，2016）。因此，本文在参考相关研究的基础上，通过分析贫困农户生计多样化发展阶段及其空间差异情况，掌握研究区贫困农户层面及空间层面的脱贫发展路径及规律。

本文将采用曲线拟合分析方法揭示二者之间发展变化趋势。所谓曲线拟合分析方法，是一种用连续曲线近似地刻画或比拟平面上离散点组所表示坐标之间函数关系的分析方法，即通过绘制曲线无限逼近整体规律。以贫困农户的生计多样化水平值为 Y 轴、家庭年人均纯收入为 X 轴构成平面坐标系，划分为 4 个象限（图 5-2）：高多样化高收入（Ⅰ）、高多样化低收入（Ⅱ）、低多样化低收入（Ⅲ）、低多样化高收入（Ⅳ）。采用一次拟合以直线走向判断整体趋势，采用二次拟合以 U 形曲线开口方向和走向判断整体变化情况，采用核密度回归拟合方法以波动曲线反映多样化水平和收入间的具体变化情况。研究将通过观察和刻画曲线特征揭示贫困农户生计多样化水平和收入的发展变化规律。

为了更加准确掌握研究区贫困农户生计方式的发展变化趋势，分析非农化发展在生计多样化中的作用，本文同时将非农化程度引入拟合分析，以非农化程度为 Y 轴，家庭年人均纯收入为 X 轴，也采用一次拟合、二次拟合和核密度回归拟合方法，观察并分析非农化程度和收入水平关系曲线的变化情况以及和生计多样化发展的相互关系。

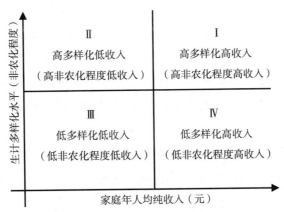

图 5-2 贫困农户生计多样化水平（非农化程度）与收入的关系

5.2.3 贫困农户生计方式影响因素的分析方法

农户行为理论认为农户行为是外界经济环境和内部经济实力统一的产物（刘梅，2011）。农户采取何种生计方式关乎其获取生计结果的类别与优劣，农户选择生计方式取决于农户拥有的生计资源及其所处的地理环境背景因素（蒙吉军等，2013）。在特定的区域环境内，作为理性经济人的农户在追逐生计结果时选择何种生计方式主要由其所拥有的生计资本决定。已有研究表明，生计方式与生计资本之间存在着直接联系，部分固定关系已在多数研究中得到广泛证实，如劳动力富足、文化程度高的农户更倾向于选择非农化高现金收入的生计活动，而缺乏社会资本和金融资本的农户多从事农业生产经营活动（赵文娟等，2016；斯琴朝克图，2017）。

本文将重点以生计资本作为贫困农户抉择生计方式的影响因素，采用 Logistic 回归模型对贫困农户选择生计方式与生计资本之间的关系进行定量分析，以生计方式作为因变量（Y），生计资本为解释变量（X），探寻贫困农户生计方式实现非农化的转换因素，探索不同区域、不同生计方式的影响因素的差异性。

（1）贫困农户生计方式转换的影响因素分析方法

采用无序多分类（多项式）Logistic 回归模型分析生计方式之间转换的影响因素，分别探寻贫困农户生计方式由纯农型向兼业型和非农型转换的影响因素，以及兼业型向非农型转换的影响因素。运用 SPSS22.0 构建回归模型，具体可表述为：

$$\ln(P_{y2}/P_{y1})=b_{210}+b_{211}X_1+b_{212}X_2+,\cdots,+b_{21m}X_i \tag{5-8}$$

$$\ln(P_{y3}/P_{y1})=b_{310}+b_{311}X_1+b_{312}X_2+,\cdots,+b_{31m}X_i \tag{5-9}$$

$$\ln(P_{y3}/P_{y2})=b_{320}+b_{321}X_1+b_{322}X_2+,\cdots,+b_{32m}X_i \tag{5-10}$$

式中，若贫困农户生计方式为纯农型，则定义 $P_{y1}=1$；若贫困农户生计方式为兼业型，则定义 $P_{y2}=2$；若贫困农户生计方式为非农型，则定义 $P_{y3}=3$；X_i 是解释变量，为第 i 项生计资本；b_{210}，b_{211}，b_{212}，$\cdots$，b_{21m} 和 b_{310}，b_{311}，b_{312}，$\cdots$，b_{31m} 以及 b_{320}，b_{321}，b_{322}，$\cdots$，b_{32m} 分别为纯农型转向兼业型各解释变量的待估系数、纯农型转向非农型各解释变量的待估系数、兼业型转向非农型各解释变量的待估系数。若待估系数大于 0，则表示在其他解释变量保持不变的情况下，发生概率随相应解释变量增大而增加；若系数小于 0，则表示在其他解释变量保持不变的情况下，发生概率随相应解释变量增大而减小。

（2）贫困农户选择生计方式的影响因素分析方法

采用二元 Logistic 回归模型分别对不同区域内贫困农户选择各类生计方式的影响因素进行分析，将待估生计方式赋值为 1，其余类别赋值为 0。例如，构建兼业型关键影响因素回归模型时，将生计方式为兼业型的赋值为 1，纯农型和非农型则赋值为 0，以此类推，构建回归模型。具体表述为：

$$\ln(P_{y1}/1-P_{y1})=b_{10}+b_{11}X_1+b_{12}X_2+,\cdots,+b_{1m}X_i \tag{5-11}$$

$$\ln(P_{y2}/1-P_{y2})=b_{20}+b_{21}X_1+b_{22}X_2+,\cdots,+b_{2m}X_i \tag{5-12}$$

$$\ln(P_{y3}/1-P_{y3})=b_{30}+b_{31}X_1+b_{32}X_2+,\cdots,+b_{3m}X_i \tag{5-13}$$

$$\ln(P_{y4}/1-P_{y4})=b_{40}+b_{41}X_1+b_{42}X_2+,\cdots,+b_{4m}X_i \tag{5-14}$$

公式 5-11 中，若贫困农户的生计方式为纯农型，则定义 $P_{y1}=1$，否则 $P_{y1}=0$，

X_i 为解释变量，是贫困农户的各项生计资本，b_{10}，b_{11}，b_{12}，…，b_{1m} 为各解释变量的待估系数。同理，公式 5-12 中，若生计方式为兼业型，定义 $P_{y2}=1$，否则 $P_{y2}=0$，b_{20}，b_{21}，b_{22}，…，b_{2m} 为各解释变量的待估系数。公式 5-13 中，若生计方式为非农型，定义 $P_{y3}=1$，否则 $P_{y3}=0$，b_{30}，b_{31}，b_{32}，…，b_{3m} 为各解释变量的待估系数。除了分析贫困农户选择自主型生计方式的影响因素之外，本文还将探寻选择非自主生计方式的影响因素，以低保型生计方式和非低保型生计方式作为因变量，构建模型（公式 5-14），若生计方式为低保型，定义 $P_{y4}=1$，否则 $P_{y4}=0$，b_{40}，b_{41}，b_{42}，…，b_{4m} 为各解释变量的待估系数。

5.3　贫困农户生计方式的空间差异分析

5.3.1　生计方式分类的空间差异分析

（1）生计来源的统计分析

生计来源的统计分析是生计方式类型划分的基础，也是测算生计多样化水平的前期工作，需要在表 5-2 的基础上进一步凝练与简化研究区贫困农户的生计活动。表 5-4 展示了生计来源组合结果，共有两个大类（自主型、非自主型）、五个小类（农林活动、养殖活动、非农活动、低保、其他）。根据实地调查，研究区贫困农户从事的农业活动具备较高的异质性，而从事非农活动保持了较高的同质性。因此，表 5-4 保留了农业活动中的农林活动和养殖活动，而将非农业生计活动中的务农、务工和非农经营整体合并为非农活动；在非自主型生计来源中保留低保项，将低保以外的其他收入来源统一合并为其他项。由表 5-4 可知，五类生计来源通过自由组合可形成 30 种组合方式，加上完全无任何生计来源的情况，理论上可形成共计 31 种组合形式。

从数据分布来看，贫困农户均拥有自主型的生计来源；绝大多数拥有 2 种及以上的生计来源；从事农林活动、养殖活动的农户也均拥有"其他"项的生计来源，主要由各种涉农补贴构成；生计组合类别在各区域上的分布存在一定的差异。

表 5-4　不同区域贫困农户生计来源组合情况

编号	生计来源					样本数（户）					
	自主型			非自主型		全县	HI1	HI2	MI1	MI2	SI
	农林活动	养殖活动	非农活动	低保	其他						
0						0	0	0	0	0	0
1	※					0	0	0	0	0	0
2		※				0	0	0	0	0	0

（续）

编号	生计来源					样本数（户）					
	自主型			非自主型		全县	HI1	HI2	MI1	MI2	SI
	农林活动	养殖活动	非农活动	低保	其他						
3			※			24	12	3	6	1	2
4				※		1	0	0	1	0	0
5					※	0	0	0	0	0	0
6	※	※				0	0	0	0	0	0
7	※		※			2	2	0	0	0	0
8	※			※		0	0	0	0	0	0
9	※				※	30	2	3	8	16	1
10		※	※			0	0	0	0	0	0
11		※		※		0	0	0	0	0	0
12		※			※	2	1	0	0	0	1
13			※	※		3	0	2	0	1	0
14			※		※	179	45	33	46	21	34
15				※	※	2	1	0	0	1	0
16	※	※	※			0	0	0	0	0	0
17	※	※		※		1	0	1	0	0	0
18	※	※			※	48	7	17	11	12	1
19	※		※	※		2	0	1	1	0	0
20	※		※		※	265	61	34	62	64	44
21	※			※	※	21	9	5	3	2	2
22		※	※	※		0	0	0	0	0	0
23		※	※		※	18	6	1	4	4	3
24		※		※		0	0	0	0	0	0
25			※	※	※	37	10	8	8	4	7
26	※	※	※	※		0	0	0	0	0	0
27	※	※	※		※	317	81	84	77	35	40
28	※	※		※		11	3	4	0	0	4
29	※		※	※		56	14	7	17	14	4
30		※	※	※		8	1	2	1	1	3
31	※	※	※	※	※	36	7	7	10	6	6

注：数据来自贫困农户调查数据；※表示贫困农户拥有此项收入来源。

（2）生计方式类型的统计分析

表5-5和表5-6展示了研究区贫困农户生计方式类型的划分情况。1 063户样本贫困农户的生计方式分类为：纯农型118户，非农型319户，兼业型626户，此外，

低保型共有 178 户。低保贫困户的生计方式二级分类情况为：纯农型 38 户，兼业型 86 户、非农型 54 户。从数据分布情况来看，总体上研究区贫困农户非农化发展水平较高，兼业型和非农型共 945 户，兼业型比重占 58.59%，非农型占 30.01%；各类型生计方式在不同区域所占比重存在一定差异，如经济作物主导村（MI2、HI2）的纯农型比重较高，近郊城镇辐射区（SI）的纯农型比重最低；低保型占比为 16.75%，在各区域的分布比重十分接近。

表 5-5　不同区域贫困农户生计方式分类

贫困农户生计方式类别		样本数（户）					
一级分类	二级分类	总体	HI1	HI2	MI1	MI2	SI
自主型生计	纯农型	118	24	30	23	33	8
	兼业型	626	141	129	158	115	83
	非农型	319	97	53	74	34	61
	合计	1 063	262	212	255	182	152
非自主型生计	低保型	178	45	37	41	29	26

表 5-6　不同区域低保贫困户生计方式分类

二级分类	总体	HI1	HI2	MI1	MI2	SI
纯农型	38	14	10	4	4	6
兼业型	86	18	14	26	19	9
非农型	54	13	13	11	6	11

5.3.2　非农化程度的空间差异分析

（1）非农就业劳动力

根据实地抽样调查数据，研究区贫困农户中非农就业人口共 1 367 人，非农就业劳动力比重（P_{NAL}）达 57.70%。其中，非农全职劳动力（NAL）1 132 人，非农兼职劳动力（$NAAL$）235 人，分别占非农就业人口总数的 82.81% 和 17.19%。非农就业的地点主要在石柱县内和重庆市外，占比分别为 44.04% 和 43.38%，而在市内其他区县非农就业的人数相对较少，仅占 12.58%。

由表 5-7 和图 5-3 可知，5 个区域非农就业劳动力比重（P_{NAL}）介于 48.26%～65.92% 之间，由高到低依次为：近郊城镇辐射村（SI）＞低丘粮油作物主导村（HI1）＞中山粮油作物主导村（MI1）＞低丘经济作物主导村（HI2）＞中山经济作物主导村（MI2）。可见，近郊城镇辐射村因具备明显的区位优势，非农就业劳动力比重最高；受主导产业影响，粮油作物主导村高于经济作物主导村；受地形影响，低丘村高于中山村。

表 5-7　研究区贫困农户非农就业情况（单位：人）

| 区域 | 非农劳动力 | | | | | | | | 合计 | 实际劳动力 (AL_A) |
| | 非农全职劳动力（NAL） | | | | 非农兼职劳动力（NAAL） | | | | | |
	石柱县内	石柱县外重庆市内	重庆市外	小计	石柱县内	石柱县外重庆市内	重庆市外	小计		
HI1	83	41	176	300	38	11	6	55	355	570
HI2	73	24	106	203	39	4	1	44	247	466
MI1	82	29	169	280	51	3	1	55	335	573
MI2	70	33	46	149	39	2	4	45	194	402
SI	92	25	83	200	35	0	1	36	236	358
总体	400	152	580	1 132	202	20	13	235	1 367	2 369

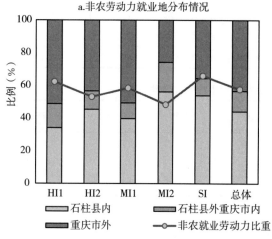
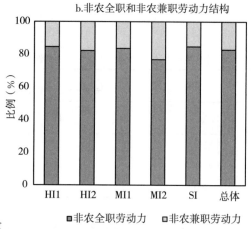

图 5-3　研究区贫困农户非农就业空间差异

从就业地看，近郊城镇辐射村的非农就业劳动力倾向于就近务工；相较于粮油作物主导村，经济作物主导村的倾向于县内就业。从非农就业性质看，非农就业劳动力中还存在一部分兼职者，他们既参与非农活动也参与农业活动。分析发现，近郊城镇辐射村的贫困农户获得稳定非农就业的机会相对最大，因此其兼职比重最低；经济作物主导村的兼职比重高于粮油作物主导村，表明经济作物主导村的非农劳动力由于具有较高的农业收益而更倾向就近兼职务工，并兼顾农业生产。

（2）非农就业收入

统计发现，研究区贫困农户人均非农业收入（NAI）达到 4 762.65 元，非农业收入比重（P_{NAI}）达 75.68%，可见非农就业是最主要的收入来源（表 5-8、图 5-4）。按家庭非农就业性质区分，非农全职及兼职就业家庭指的是家庭中从事非农劳动的既有全职也有兼职，该类家庭的人均非农业收入最高，达 6 322.37 元；其次为非农全职就业家庭，人均非农业收入为 5 696.79 元；非农兼职就业家庭人均非农业收入最低（2 038.51元）。

表5-8 研究区贫困农户非农就业收入

区域	农业和非农业收入（万元）			户籍人口（人，TP）	人均收入（元）	
	农业收入（ago）	农业支出（agi）	非农业收入（nae）		人均农业纯收入（AGI）	人均非农业收入（NAI）
HI1	131.08	40.96	531.65	979.00	920.55	5 430.59
HI2	188.46	59.59	339.11	775.00	1 662.73	4 375.60
MI1	174.84	54.04	486.87	997.00	1 211.60	4 883.33
MI2	291.28	73.97	227.82	668.00	3 253.13	3 410.48
SI	94.93	34.14	338.18	620.00	980.54	5 454.57
总体	880.58	262.70	1 923.64	4 039.00	1 529.79	4 762.65

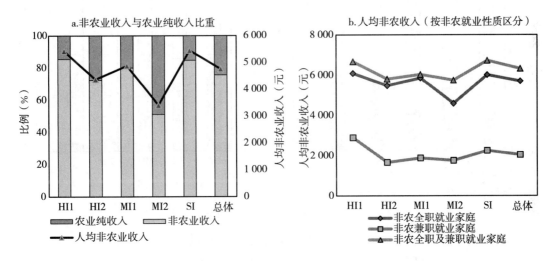

图5-4 研究区非农业收入空间差异

由表5-8和图5-4可知，5个区域的人均非农业收入（NAI）介于3 410.48～5 454.57元之间；非农就业收入比重（P_{NAI}）介于51.18%～85.51%之间，由高到低依次为：低丘粮油作物主导村（HI1）＞近郊城镇辐射村（SI）＞中山粮油作物主导村（MI1）＞低丘经济作物主导村（HI2）＞中山经济作物主导村（MI2）。

（3）非农就业时间

统计发现，研究区贫困农户劳均非农就业时间为每年154.63d，非农就业时间比重（P_{NAT}）为42.37%（表5-9、图5-5）。其中，劳均非农全职就业时间为每年140.73d，劳均非农兼职时间为每年13.90d。从就业地看，在重庆市外非农就业的劳均就业时间最长，达到每年78.07d；在石柱县内的为每年56.19d；在石柱县外重庆市内的为每年20.38d。

表5-9　研究区劳均非农就业时间（单位：d）

区域	劳均非农全职就业时间（NAT/AL_A）				劳均非农兼职就业时间（$NAAT/AL_A$）				合计
	石柱县内	石柱县外重庆市内	重庆市外	小计	石柱县内	石柱县外重庆市内	重庆市外	小计	
HI1	40.53	22.16	98.26	160.95	8.53	3.11	2.84	14.47	175.42
HI2	40.62	14.68	68.88	124.18	10.30	1.22	0.39	11.91	136.09
MI1	39.63	16.60	93.77	150.00	11.78	1.05	0.63	13.46	163.46
MI2	40.60	23.36	33.21	97.16	11.79	0.37	1.64	13.81	110.97
SI	70.73	19.02	74.41	164.16	15.59	0.00	0.84	16.42	180.59
总体	44.91	19.07	76.75	140.73	11.28	1.30	1.32	13.90	154.63

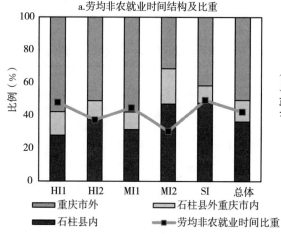
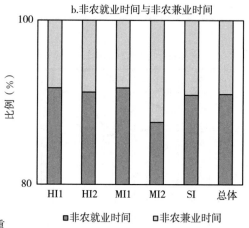

图5-5　研究区劳均非农就业时间空间差异

由表5-9和图5-5可知，5个区域的劳均非农就业时间比重（P_{NAT}）介于30.40%~49.48%之间，由高到低依次为：近郊城镇辐射村（SI）＞低丘粮油作物主导村（HI1）＞中山粮油作物主导村（MI1）＞低丘经济作物主导村（HI2）＞中山经济作物主导村（MI2）。

从就业地看，研究区贫困农户在重庆市外和石柱县内的劳均非农就业时间占比较高。分析发现，与非农劳动力差异情况类似，近郊城镇辐射村的贫困农户得益于区位优势和机会优势，在石柱县内和重庆市外的非农就业时间比重均相对较高；粮油作物主导村的贫困农户在重庆市外的非农就业时间远高于经济作物主导村，较低的农业收益水平是造成他们更愿意投入非农就业时间的主要原因。从非农就业性质看，经济作物主导村的非农兼职时间比重高于粮油作物主导村，其中，中山经济作物主导村远大于其他区域，较高的农业收益促使该区域非农劳动力更愿投入时间兼职而非全职。

（4）非农化程度

根据公式5-1至公式5-6测算（图5-6），研究区贫困农户非农化程度（NAD）

为58.59%。5个区域非农化程度由大到小依次为：近郊城镇辐射村（SI）＞低丘粮油作物主导村（HI1）＞中山粮油作物主导村（MI1）＞低丘经济作物主导村（HI2）＞中山经济作物主导村（MI2）。

为观察非农化程度数据分布及收入水平随之变化的趋势，将非农化程度划分为4个区间5个等级（表5-10）。可以发现，非农化程度超过50%的贫困农户占到了总数的62.18%，非农化程度超过25%的占87.49%，而非农化程度为0的仅占10.82%。可见，研究区贫困农户生计方式的非农化水平整体较高。从区域分布看，高非农化程度（＞50%）的贫困农户更多分布在近郊城镇辐射村和粮油作物主导村。从收入变化情况看，随着非农化程度等级增加，贫困农户收入水平呈上升趋势。

表5-10 研究区贫困农户非农化程度分布情况（单位：%）

区域	0	(0, 0.25)	[0.25, 0.50)	[0.50, 0.75)	[0.75, 1.00]
HI1	8.78	0.76	17.94	38.55	33.97
HI2	14.15	2.83	28.77	30.19	24.06
MI1	9.02	0.78	26.27	36.47	27.45
MI2	17.03	3.85	37.91	24.73	16.48
SI	5.26	0.66	16.45	41.45	36.18
总体	10.82	1.69	25.31	34.43	27.75
人均纯收入（元）	5 471.54	5 810.92	6 586.80	6 731.08	8 617.88

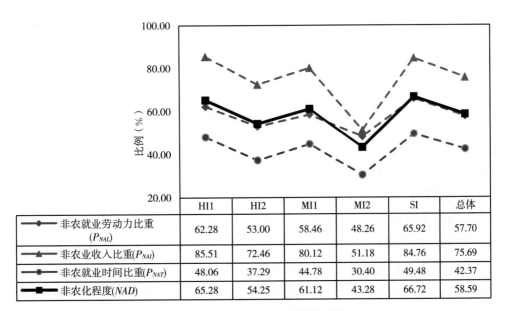

	HI1	HI2	MI1	MI2	SI	总体
非农就业劳动力比重（P_{NAL}）	62.28	53.00	58.46	48.26	65.92	57.70
非农业收入比重（P_{NAI}）	85.51	72.46	80.12	51.18	84.76	75.69
非农就业时间比重（P_{NAT}）	48.06	37.29	44.78	30.40	49.48	42.37
非农化程度（NAD）	65.28	54.25	61.12	43.28	66.72	58.59

图5-6 研究区非农化程度区域差异

采用自然断裂点法将66个抽样村的 NAD 划分为较高、次高、次低、较低4个等级（图5-7）。可见，非农化程度等级为较高和次高的抽样村主要分布在方斗山和七曜山间的槽谷地带，省道沿线集聚程度相对较高；而非农化程度较低的村主要分布在全县中东部七曜山山区远离交通干线的地区。

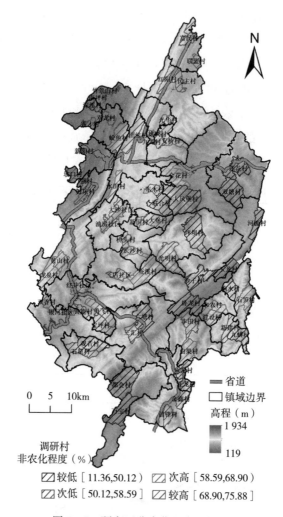

图 5-7 研究区非农化程度空间差异

综上，贫困农户非农化程度在区域层面和村级层面均具有显著的分化特征，该结论验证了抽样村类型划分的合理性。总体来看，贫困农户非农化发展受到了空间层面的县域城镇经济辐射、农村产业水平与结构、空间连通性等因素的影响。

1）县域城镇经济辐射 与农村经济迥然相异，城镇经济是以城镇实体为负载，在一定空间范围内表现出强力的要素聚合和辐射能力，影响的覆盖面与辐射能力通常与城镇经济体量正相关。近郊城镇辐射村（SI）由于具备明显的区位优势和机会优势，区域内贫困农户非农化发展的水平较高。

2）农村产业水平与结构 农户选择及开展生计活动表现出较强的逐利性，劳动力配置通常会受到所在地产业水平与产业结构的影响（王春超，2011）。分析可知，经济作物主导村（HI2、MI2）由于具有较高水平的经济产业且结构更加合理，村内贫困农户非农就业投入的劳动力和时间均相对较少，为了维持农业生产，更多地会选择选择相对灵活的兼职就业；与经济作物主导村的情况相反，粮油作物主导村（HI1、MI1）内的贫困农户更倾向于高收益的非农业生计活动中，且会投入更多的劳动力和时间。

3）空间连通性　空间连通性主要以道路通达性或地形复杂程度表征。道路通达性对地区非农化发展起到正向推动作用，研究区省道沿线村域的贫困农户非农化程度均相对较高；而地形复杂程度是空间连通性的限制性因素，对非农化发展起到制约作用，地形复杂程度越高的村域农户出行成本更高，研究发现，中山村（MI1、MI2）的非农化程度低于低丘村（HI1、HI2）。

5.3.3　多样化水平的空间差异分析

（1）生计方式类别多样化

本文针对贫困农户特性，将其生计活动划分为农林活动、养殖活动、非农活动、低保及其他五类。从生计活动的组合情况可知，研究区贫困农户绝大多数拥有 2 项及以上的生计来源，生计方式类别的复杂程度总体较高；拥有 3 项及 4 项的比重相同且最高，占到了总数的 36.88%（表 5-11）。

表 5-11　生计活动类别数的分布情况（单位：%）

区域	生计活动类别数				
	1	2	3	4	5
HI1	4.58	19.47	35.50	37.79	2.67
HI2	1.42	17.92	31.60	45.75	3.30
MI1	2.75	21.18	34.90	37.25	3.92
MI2	0.55	21.43	47.25	27.47	3.30
SI	1.32	23.68	37.50	33.55	3.95
总体	2.35	20.51	36.88	36.88	3.39

（2）生计多样化水平

本文通过测算 Shannon-Wiener 指数（公式 5-7）分析基于收入来源数及收入水平的生计多样化水平（D_m）。为观察多样化水平指数分布及收入随之变化的趋势，将多样化水平指数划分为 4 个区间 5 个等级。由表 5-12 可知，研究区贫困农户生计多样化水平指数介于 0~1.57 之间，平均值为 0.70；多样化水平为 0 的贫困农户仅拥有 1 种生计来源，仅占总数的 2.35%（26 户）；绝大多数的多样化水平大于 0，一方面是因为研究区贫困农户兼业发展的数量较多；另一方面则是普及式的涉农补贴及扶贫相关的补助提升了整体的多样化水平。不同于收入水平与非农化程度间的相互关系，研究区贫困农户收入水平整体上随着生计多样化水平减小而上升，可理解为，当地收入水平越高的贫困农户开展生计活动更具"专一性"和"专业性"。

表5-12 生计多样化水平指数的分布情况（单位：%）

区域	生计多样化水平指数（D_m）					
	平均值	0	(0, 0.40)	[0.40, 0.80)	[0.80, 1.20)	[1.20, 1.60]
HI1	0.64	4.58	23.66	35.11	30.53	6.11
HI2	0.74	1.42	13.68	37.26	38.21	9.43
MI1	0.69	2.75	20.78	31.37	38.82	6.27
MI2	0.80	0.55	13.74	26.92	49.45	9.34
SI	0.64	1.32	30.26	31.58	28.95	7.89
总体	0.70	2.35	20.23	32.74	37.06	7.62
人均纯收入（元）	—	10 799.5	8 114.32	4 706.28	2 981.16	1 935.05

由表5-13可知，5个区域多样化水平由大到小依次为：中山经济作物主导村（MI2）＞低丘经济作物主导村（HI2）＞中山粮油作物主导村（MI1）＞低丘粮油作物主导村（HI1）和近郊城镇辐射村（SI）。具体差异特征表现为：①中山经济作物主导村的多样化水平最高，收入来源中农林收入占比远高于其他区域，这表明该区域内贫困农户从事的工作相对较多，收入来源更加分散。根据实地调查，虽然中山经济作物主导村的非农收入占比较高，但同时区域内也有部分贫困农户从事黄连、烤烟、莼菜、大黄等高收益农作物的生产经营活动。②近郊城镇辐射村和低丘粮油作物主导村的生计多样化水平最低，非农收入为主要来源且比重最高。调查发现，由于地理环境相对优越，交通条件相对较好，多数贫困农户选择外出务工，但也有部分从事水稻、玉米种植以及家畜养殖等生产活动。③低丘经济作物主导村的生计多样化水平相对较高，区域内贫困农户除了从事非农生计活动外，也有部分从事辣椒、魔芋、水稻等种植产业，此外，该区域贫困农户从事养殖业的规模相对较大。④中山粮油作物主导村的生计多样化水平处于中等水平，区域内贫困农户最主要的收入来源为非农收入，从事农业生产的主要类型为土豆、玉米、甘薯等种植产业。受地理环境及区位影响，该区域农业生产的规模总体较小，经济效益整体较低。

表5-13 不同区域生计多样化水平及收入构成情况

区域	D_m	收入水平及构成（%）					
		人均纯收入（元）	农林收入	养殖收入	非农收入	低保收入	其他收入
HI1	0.64	7 113.35	9.21	3.79	76.34	3.14	7.52

（续）

区域	D_m	收入水平及构成（%）					
		人均纯收入（元）	农林收入	养殖收入	非农收入	低保收入	其他收入
HI2	0.74	6 838.96	15.85	8.48	63.98	3.49	8.20
MI1	0.69	6 823.12	12.60	5.25	71.57	2.47	8.11
MI2	0.80	7 602.25	40.46	2.42	44.86	2.68	9.58
SI	0.64	7 168.49	8.77	4.97	76.09	2.61	7.56
总体	0.70	7 078.38	16.73	4.95	67.28	2.88	8.16

表 5-14 展示了不同生计多样化等级的收入构成及空间差异情况。5 个区域中，近郊城镇辐射村（SI）和低丘粮油作物主导村（HI1）贫困农户人均纯收入和多样化水平的关系大致呈现出负相关关系，收入水平随多样化等级提升而下降；低丘经济作物主导村（HI2）和中山粮油作物主导村（MI1）二者关系在［0，1.20）区间内为负相关，在［1.20，1.60］内呈正相关；中山经济作物主导村（MI2）贫困农户收入随多样化等级增大而反复波动。

表 5-14　不同生计多样化等级的收入构成情况

D_m区间	区域	收入水平及构成（%）					
		人均纯收入（元）	农林收入	养殖收入	非农收入	低保收入	其他收入
0	HI1	10 367.77	0.00	0.00	100.00	0.00	0.00
	HI2	10 749.65	0.00	0.00	100.00	0.00	0.00
	MI1	11 785.81	0.00	0.00	96.24	3.76	0.00
	MI2	8 313.93	0.00	0.00	100.00	0.00	0.00
	SI	12 081.17	0.00	0.00	100.00	0.00	0.00
	总体	10 918.07	0.00	0.00	98.91	1.09	0.00
(0，0.40)	HI1	8 978.73	1.22	0.24	94.31	0.00	4.23
	HI2	8 796.61	3.86	0.45	90.66	0.00	5.03
	MI1	9 445.08	1.16	0.19	93.92	0.00	4.74
	MI2	10 692.91	40.58	0.55	52.55	0.00	6.33
	SI	8 809.30	4.15	0.22	91.64	0.00	3.99
	总体	9 213.14	6.99	0.28	88.07	0.00	4.66
［0.40，0.80)	HI1	6 949.08	10.19	3.65	76.87	2.01	7.27
	HI2	6 573.15	12.37	10.43	67.86	2.38	6.97
	MI1	5 752.28	13.41	4.22	71.66	1.94	8.77
	MI2	8 589.72	44.12	1.12	45.21	1.27	8.29
	SI	7 319.08	10.10	4.52	77.75	1.02	6.62
	总体	6 852.22	17.02	4.91	68.68	1.80	7.58

（续）

D_m 区间	区域	收入水平及构成（%）					
		人均纯收入（元）	农林收入	养殖收入	非农收入	低保收入	其他收入
[0.80，1.20)	HI1	5 509.55	19.67	8.57	50.34	8.65	12.77
	HI2	6 193.60	26.06	8.89	50.12	5.10	9.84
	MI1	5 905.48	20.73	9.50	54.85	3.71	11.20
	MI2	6 476.44	40.08	3.82	42.72	2.08	11.30
	SI	5 764.98	13.85	13.78	51.45	6.29	14.63
	总体	6 000.76	25.66	8.29	49.68	4.77	11.61
[1.20，1.60]	HI1	5 356.57	22.34	15.30	27.68	15.57	19.11
	HI2	7 137.84	21.38	19.28	29.21	11.98	18.15
	MI1	7 841.62	27.34	14.52	39.61	9.37	9.16
	MI2	5 635.06	25.65	5.89	27.84	24.59	16.04
	SI	3 744.80	20.26	9.45	31.16	23.36	15.78
	总体	6 051.20	23.97	13.53	31.98	15.55	14.98

$D_m=0$ 时，贫困农户收入来源仅 1 项生计活动；除中山粮油作物主导村外的 4 个区域的收入均为非农收入；中山粮油作物主导村内有 1 户低保型[①]，其收入仅由低保构成，除此之外，其他的收入来源均为非农收入。$D_m \in (0，0.40)$ 时，贫困农户收入由 2 项或多项构成，收入来源偏向性强，集中于某一项生计活动；除中山经济作物主导村外的其他 4 个区域的收入主要为非农收入，中山经济作物主导村则包含农林收入为主和非农收入为主两类。$D_m \in [0.40，1.20)$ 时，贫困农户收入由多项构成，收入来源的分散程度相对较高，非农收入所占比重下降，农林收入和养殖收入的比重均快速上升，收入结构更加均衡。$D_m \in [1.20，1.60]$ 时，研究区贫困农户的收入表现为"散而少"的特征，具备较强的脆弱性。此时，贫困农户从事生计活动的数量虽然最多，但由此获取各类收入的重要性程度均相对较高，若失去任意一项收入，其收入水平将面临极大的生计风险。

5.3.4　生计方式多样化发展阶段及空间差异分析

根据生计多样化水平（D_m）和非农化程度（NAD）的计算结果，运用 Stata14.0 对其数据进行处理与分析，绘制研究区贫困农户生计多样化水平及非农化程度与人均纯收入的一次、二次和核密度回归拟合拟合图（图 5-8）。通过观察一次拟合直线判断线性趋势，通过观察二次拟合形成 U 形曲线的开口方向判断整体的变化趋势，通过观察核密度回归拟合曲线结合一次拟合直线、二次拟合曲线的变化趋

---

① 调查发现，该户还从事农林活动，但净收益为 0，低保补助为该户唯一的收入来源。

势，综合分析生计多样化水平及非农化程度与收入水平之间的关系，探寻生计多样化发展的整体规律。本文采用伊番科尼可夫核函数（$k=3$）和 Silverman 最优带宽进行核密度回归拟合，并在 100 个等距离网格点上进行估计。

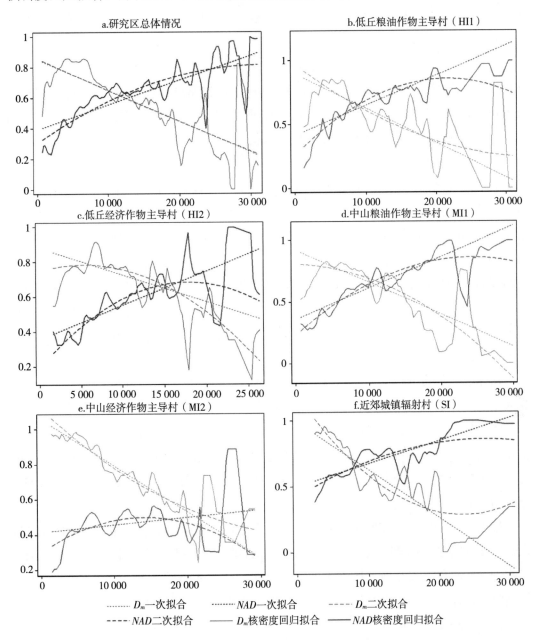

图 5-8 　 贫困农户生计多样化发展拟合

注：图 a~f 中，纵坐标为生计多样化水平、非农化程度；横坐标为家庭年人均纯收入，单位：元

（1）研究区整体情况

观察并分析图 5-8a，随着人均纯收入增加，研究区贫困农户生计多样化水平

（D_m）与人均纯收入的一次拟合图形是下降直线；二次拟合曲线是大致呈倒 U 形的曲线，开口方向向下；核密度回归拟合曲线为整体振荡下降的多峰曲线，多样化水平呈现"先上升后下降"走势，收入在越过二次拟合曲线拐点之后（人均纯收入 18 000元附近），图形振荡频率降低，振幅增大，最终向横坐标靠拢，收入最高值在生计多样化水平较小值处取得。

随着人均纯收入增加，非农化程度（NAD）与人均纯收入的一次拟合图形是上升直线；二次拟合为倒 U 形曲线，开口方向向下；核密度回归拟合为振荡上升曲线，当人均纯收入越过二次拟合曲线拐点后，核密度回归拟合曲线的振荡频率下降，振幅增大，收入最高值在非农化程度较大值处取得。

从生计多样化水平（D_m）与人均纯收入的拟合曲线变化趋势可知，随着研究区贫困农户收入增加，生计多样化水平先增大后减小；收入在低值区间内，贫困农户参与更多的生计活动将有助于快速提升收入，当生计多样化水平达到最高值时，生计活动组合 As 的复杂性程度最高，收入表现为"低而散"的特征，此时任意一项生计活动都颇具重要性；收入抵达二次拟合曲线拐点之前，贫困农户面临着对所参与生计活动的偏向性抉择，生计多样化水平逐渐降低，收入的集中程度也逐渐上升；收入越过二次拟合曲线拐点之后，曲线振幅增大，表明此时生计多样化水平变化对收入水平的影响不大，曲线最终呈振荡下降态势并向横坐标靠拢，表明多数贫困农户的收入最终步入"高而精"的状态。

从非农化程度（NAD）与人均纯收入的拟合曲线变化趋势可知，随着贫困农户收入增加，非农化程度伴随生计多样化水平下降整体呈现出上升趋势；二者曲线在人均纯收入 13 000 元附近实现首次交叉，表明在这之后非农化成为了大多数贫困农户的主要发展方向；在越过二次拟合曲线拐点之后，非农化程度曲线的振幅增大、频率降低，与多样化水平拟合曲线多次交叉，这说明高收入贫困农户中也存在部分纯农型或兼业型的群体。

根据以上分析，研究区贫困农户的生计多样化发展总体上按照Ⅲ（低多样化低收入）→Ⅱ（高多样化低收入）→Ⅰ（高多样化高收入）→Ⅳ（低多样化高收入）的阶段推进；非农化发展是研究区贫困农户生计多样化水平下降、收入提升的主要动力，但高收入群体中也存在一些以兼业型或纯农型为生计方式的农户。

（2）空间差异情况

观察图 5-8b～f，描述不同区域贫困农户生计多样化水平（D_m）及非农化程度（NAD）与人均纯收入拟合曲线的特征，并分析两种拟合曲线之间的关系及其差异。

表 5-15 展示了不同区域多样化水平（D_m）与人均纯收入的拟合曲线特征。随着人均纯收入增加，5 个区域的一次拟合为均为下降直线；区域 HI1、区域 MI2 和区

域 SI 的二次拟合为 U 形曲线，开口方向朝上，区域 HI2 和区域 MI1 的二次拟合为倒 U 形曲线，开口方向朝下；5 个区域核密度回归拟合图形均是高度整体下降的多峰曲线，曲线右侧拖尾逐渐向横坐标靠拢，其中，区域 HI1、区域 HI2 和区域 MI1 的曲线在收入水平较低时存在一个短暂的上升区间，而区域 MI2 和区域 SI 的曲线呈逐渐下降态势；5 个区域核密度回归拟合曲线在越过二次拟合曲线的拐点之后，都呈现振幅增大、振荡频率降低的趋势。

表 5 - 15　生计多样化发展阶段拟合曲线的特征描述

区域	一次拟合	二次拟合	核密度回归拟合
HI1	下降	U 形	整体振荡下降；起始段先上升后下降；二次拟合拐点后振幅增大，频率下降
HI2	下降	倒 U 形	整体振荡下降；起始段先上升后下降；二次拟合拐点后振幅增大，频率下降
MI1	下降	倒 U 形	整体振荡下降；起始段先上升后下降；二次拟合拐点后振幅增大，频率下降
MI2	下降	U 形	整体振荡下降；二次拟合拐点后末段振幅增大，频率下降
SI	下降	U 形	整体振荡下降；二次拟合拐点后末段振幅增大，频率下降

根据以上生计多样化拟合图形的描述分析，划分 5 个区域贫困农户生计多样化的发展阶段，低丘粮油作物主导村（HI1）、中山经济作物主导村（MI2）和近郊城镇辐射村（SI）为：Ⅱ（高多样化低收入）→Ⅲ（高多样化高收入）→Ⅳ（低多样化低收入）；低丘经济作物主导村（HI2）和中山粮油作物主导村（MI1）为：Ⅲ（低多样化低收入）→Ⅱ（高多样化低收入）→Ⅰ（高多样化高收入）→Ⅳ（低多样化高收入）。

表 5 - 16 描述了非农化程度（NAD）在拟合曲线中的特征。5 个区域非农化程度与收入的拟合图形总体相似，随着收入水平提升，一次拟合图形均为上升直线；二次拟合均为倒 U 形曲线；核密度回归拟合均为振荡上升曲线，在越过二次拟合拐点之后振幅增大，频率下降。但是，5 个区域生计多样化水平及非农化程度与人均纯收入的核密度回归拟合曲线的首次交叉点和末段交叉频率存在明显差异，这说明研究区贫困农户非农化发展对生计多样化的重要性不一。具体表现为：一是贫困农户生计多样化发展受到非农化发展的影响程度存在差异，从两支核密度回归拟合曲线的首次交叉点位置差异可知，收入水平越早到达首次交叉点的区域贫困农户非农化发展对提升收入水平起到的作用越大，可见，近郊城镇辐射村（SI）和低丘粮油作物主导村（HI1）受到非农化发展的影响程度相对最大，而中山经济作物主导村（MI2）受到的影响相对最小；二是高收入区间贫困农户生计方式的异质性存在差异，从两支核密度回归拟合曲线末段的交叉频率可知，交叉频率较高区域的高收入贫困农户生计方式的异质性更高，可见，相对于其他区域，经济作物主导村（MI2、HI2）内高收入的贫困农户群体生计方式除了非农型外，也有部分纯农型和兼业型，而其他 3 个区域的高收入贫困农户采取的生计方式多为非农型。

表 5－16 非农化程度在拟合曲线中的特征描述

区域	一次拟合	二次拟合	核密度回归拟合	与 D_m 核密度回归拟合曲线关系	
				首次交叉点大致位置	末段交叉频率
HI1				8 000 元	较低
HI2				15 000 元	较高
MI1	上升	倒 U 形	整体振荡上升；二次拟合拐点后振幅增大，频率下降	13 000 元	较低
MI2				22 000 元	较高
SI				8 000 元	较低

5.4 贫困农户生计方式的影响因素及空间差异分析

5.4.1 生计方式转换的影响因素分析

为了探索研究区贫困农户生计方式转换的影响因素，本文以生计方式和生计资本之间的关系作为探索途径，运用 SPSS22.0 分别构建了 2 个模型（表 5－17）。模型 I 为无序多分类 Logistic 模型，用于分析生计资本对自主型生计方式相互转换（纯农型转向兼业型、纯农型转向非农型、兼业型转向非农型）的影响。模型拟合信息中，含有自变量最终模型的似然比检验卡方值为 1 051.819，通过了 0.001 显著性检验，这说明含有自变量的最终模型和不含自变量的模型存在显著差异，表明自变量的重要性程度高，模型拟合效果较好。模型 II 为二元 Logistic 模型，用于分析生计资本对转向非自主型生计方式（非低保型转向低保型）的影响，模型预测正确值达 83.30%，另外，Hosmer-Lemeshow 检验的卡方值为 14.018，自由度（df）为 8，对应的显著性水平为 0.081，大于 0.05，接受零假设，说明模型整体拟合优度较好。

表 5－17 贫困农户生计方式转换的影响因素

解释变量	模型 I						模型 II	
	兼业型		非农型		非农型		低保型	
	B	$EXP(B)$	B	$EXP(B)$	B	$EXP(B)$	B	$EXP(B)$
截距	0.167		2.853		2.687		3.213	
N1	−0.445***	0.641	−1.353***	0.259	−0.908***	0.403	0.069	1.071
N2	0.353*	1.424	0.366	1.443	0.013	1.013	−0.152	0.859
N3	−1.395	0.248	−3.706*	0.025	−2.311*	0.099	−0.023	0.977
N4	−0.025	0.976	−0.041*	0.959	−0.017	0.983	0.005	1.005
P1	−0.011**	0.989	−0.016**	0.984	−0.005	0.995	−0.006	0.994
P2	−0.882	0.414	−1.084	0.338	−0.202	0.817	0.485	1.623
P3	−0.101	0.904	−0.175	0.839	−0.074	0.928	0.410	1.507
P4	1.845	6.327	0.026	1.026	−1.819*	0.162	−1.151	0.316

（续）

解释变量	模型Ⅰ						模型Ⅱ	
	兼业型		非农型		非农型		低保型	
	B	$EXP（B）$	B	$EXP（B）$	B	$EXP（B）$	B	$EXP（B）$
$H1$	0.384	1.469	−0.606	0.545	−0.991***	0.371	−0.996***	0.369
$H2$	−1.217	0.296	−3.938***	0.019	−2.721***	0.066	1.377***	3.963
$H3$	0.524	1.689	−0.187	0.829	−0.712	0.491	−2.452**	0.086
$H4$	−0.469	0.626	−0.664	0.515	−0.195	0.823	−1.694***	0.184
$F1$	0.000**	1.000	0.000***	1.000	0.000***	1.000	0.000	1.000
$F2$	−2.685***	0.068	−3.774***	0.023	−1.089**	0.337	−0.607	0.545
$F3$	1.687***	5.403	2.343***	10.412	1.064***	2.898	−0.601**	0.548
$F4$	−0.026	0.974	−0.019	0.981	0.007	1.007	0.643***	1.902
$S1$	−0.513	0.599	−1.568***	0.208	−1.055***	0.348	−0.689***	0.502
$S2$	0.235	1.265	0.211	1.235	−0.024	0.976	0.040	1.041
$S3$	0.517	1.676	−0.752*	0.471	−1.269***	0.281	0.121	1.128
$S4$	3.122***	22.692	3.522***	33.852	1.932***	6.903	−1.845***	0.158
参考类型	纯农型		纯农型		兼业型		非低保型	

注：*** 表示 0.01 水平上显著，** 表示 0.05 水平上显著，* 表示 0.10 水平上显著。

（1）纯农型向兼业型转换的影响因素

由表 5-17 可知，贫困农户从纯农型转向兼业型生计方式受到了自然资本、物质资本、金融资本和社会资本等相关因素的影响。主要结论有：

1）拥有耕地"数量"越多的贫困农户选择兼业的可能性越小，而拥有耕地"质量"越好的贫困农户选择兼业的可能性越大。自然资本中，$N1$（人均耕地面积）和$N2$（人均可灌溉面积）分别在 0.01 和 0.10 水平上显著影响，$N1$ 起到反向制约作用，$N2$ 起到正向推动作用。在其他解释变量不变的情况下，$N1$、$N2$ 每增加一个单位时，生计方式由纯农型转向兼业型的概率分别为 $e^{-0.445}$ 和 $e^{0.353}$，即纯农型的贫困农户选择兼业型生计方式的发生概率分别缩减 64.1% 和扩大 1.424 倍。

2）人均住房面积越大，贫困农户由纯农转向兼业的可能性越小。物质资本中，$P1$（人均住房面积）起到反向制约作用。在其他解释变量不变的情况下，$P1$ 每增加一个单位时，纯农型贫困农户选择兼业型生计方式的发生概率将缩减 98.9%。

3）申请小额信用贷款的纯农型贫困农户转为兼业型可能性低，教育负担越重的纯农型农户转向兼业型的可能性越大。金融资本中，$F1$（家庭年纯收入）、$F2$（小额信用贷款）、$F3$（教育负担）为显著影响因素。在其他解释变量不变的情况下，$F1$、$F2$、$F3$ 每增加一个单位时，纯农型贫困农户选择兼业型生计方式的概率将分别扩大 1.000 倍、缩减 6.8% 和扩大 5.403 倍。

4）对外联系频度越高的贫困农户兼业化发展的可能性越大。社会资本中，S4（对外联系频度）为显著的正向影响因素。在其他解释变量不变的情况下，S4每增加一个单位时，纯农型贫困农户选择兼业型生计方式的概率将扩大22.692倍。

（2）纯农型向非农型转换的影响因素

从纯农型转向非农型，贫困农户受到了来自5类生计资本中共计11项因素的影响。主要结论有：

1）拥有自然资源数量越多的纯农型贫困农户转向非农的可能性越低。自然资本中，N1（人均耕地面积）、N3（人均林果地面积）、N4（人均林地面积）均起到了反向制约作用。其他解释变量不变时，N1、N3、N4每增加一个单位时，纯农型贫困农户向非农型转换的概率分别缩减25.9%、2.5%和95.9%。

2）人均住房面积越大，纯农型贫困农户转向非农的可能性越小。物质资本中，P1（人均住房面积）起到了反向制约作用。在其他解释变量不变的情况下，P1每增加一个单位时，纯农型贫困农户选择非农型生计方式的发生概率缩减98.4%。

3）实际参与劳动的疾病劳动力或高龄劳动力多从事于农业活动而非非农业活动。人力资本中，H2（非名义劳动力比重）起到了反向制约作用。其他解释变量不变时，H2每增减一个单位时，纯农型贫困农户转向非农型的发生概率缩减1.9%。

4）申请了小额信用贷款的纯农型转为非农型的可能性低，而家中在读学生就读阶段越高的贫困农户则更愿意选择非农就业。金融资本中，F2（小额信用贷款）起到反向制约作用，而F3（教育负担）起到正向推动作用。其他解释变量不变时，F2、F3每增加一个单位时，纯农型贫困农户转向非农型的概率分别缩减2.3%和扩大10.412倍。

5）纯农型贫困农户加入专业合作社后转为非农型的可能性低，对外联系频度越高的纯农型转为非农型的可能性越高。社会资本中，S1（加入专业合作社）起到反向制约作用，S4（对外联系频度）起到正向促进作用。其他解释变量不变时，S1、S4每增加一个单位时，纯农型贫困农户转向非农型的概率将分别缩减20.8%和扩大33.852倍。

（3）兼业型向非农型转换的影响因素

从兼业型转向非农型，贫困农户受到了来自5类生计资本中共计10项因素的影响。主要的结论有：

1）自然资源数量越多的兼业型贫困农户放弃农业生产的可能性越低。自然资本中，N1（人均耕地面积）、N3（人均林果地面积）均起到了制约作用。其他解释变量不变时，N1、N3每增加一个单位时，兼业型贫困农户转向非农型的发生概率将分别缩减40.3%和9.9%。

2）入户路质量越好的兼业型贫困农户彻底转向非农就业的可能性越低。物质资本中，P4（入户路质量）起到了制约作用。其他解释变量不变的情况下，P4 每增加一个单位，兼业型贫困农户转向非农型的发生概率将缩减 16.2%。

3）名义劳动力数量越充足的贫困农户兼顾农业和非农业生产的可能性越高，疾病劳动力和高龄劳动力越多的农户彻底转为非农型的可能性越低。人力资本中，H1（名义劳动力比重）、H2（非名义劳动力比重）都起到了反向限制作用。其他解释变量不变时，H1、H2 每增加一个单位时，兼业型贫困农户向非农型转换的概率将分别缩减 37.1% 和 6.6%。

4）申请小额信用贷款的兼业型贫困农户彻底转为非农就业的可能性低，而教育负担增大将促使兼业型贫困农户放弃农业生产彻底转为非农就业。金融资本中，F2（小额信用贷款）起到反向制约作用，F3（教育负担）起到正向促进作用。其他解释变量不变的情况下，F2、F3 每增加一个单位时，兼业型贫困农户转向非农型的发生概率将分别缩减 33.7% 和扩大 2.898 倍。

5）加入专业合作社或接受技能培训的兼业型贫困农户放弃农业生产的可能性低，而对外联系频度越高的兼业型贫困农户转为非农型的可能性越高。社会资本中，S1（加入专业合作社）、S3（接受扶贫技能培训）起到了反向限制作用，S4（对外联系频度）起到了正向促进作用。其他解释变量不变的情况下，S1、S3、S4 每增加一个单位时，兼业型贫困农户转向非农型的发生概率将分别缩减 34.8%、28.1% 和扩大 6.903 倍。

（4）非低保型向低保型转换的影响因素

从模型Ⅱ的回归结果可知，贫困农户从非低保型转向低保型，成为"兜底"救助的对象，主要受到了来自人力资本、金融资本和社会资本共计 8 项因素的影响。主要的结论有：

1）家庭劳动力数量越少、劳动力质量越低的贫困农户成为低保型的可能性越大。人力资本的 4 个构成指标均是显著影响因素，H1（名义劳动力比重）、H3（劳动力文化程度）、H4（劳动力健康程度）起到反向限制作用，H2（非名义劳动力比重）起到正向促进作用。当其他解释变量不变的情况下，H1、H3、H4 每增加一个单位时，非低保型贫困农户成为低保型的转换概率将分别缩减 36.9%、8.6%、18.4%，H2 每增加一个单位时，转换概率将扩大 3.963 倍。

2）识别低保对象时，医疗负担越重的贫困农户成为低保救助对象的可能性越大，而教育负担越重的贫困农户成为低保型的可能性越低。金融资本中，F3（教育负担）起到反向限制作用，F4（医疗负担）起到正向促进作用。其他解释变量不变时，F3、F4 每增加一个单位时，成为低保型贫困农户的概率将分别缩减 54.8% 和扩大 1.902

倍。然而在实际情况中，教育负担越高的贫困农户也有可能会被识别为低保贫困户，但教育负担并非主要参考标准。

3）加入专业合作社或对外联系频度较高的贫困农户成为低保救助对象的可能性较低。社会资本中，S1（加入专业合作社）、S4（对外联系频度）可侧面反映贫困农户参与生计活动的能力，在该类转换中均起到负向限制作用。其他解释变量不变的情况下，S1、S4 每增加一个单位时，成为低保型贫困农户的概率将分别缩减 50.2% 和 15.8%。

5.4.2 生计方式影响因素的空间差异分析

为了掌握生计方式影响因素在空间层面的作用差异，采用 SPSS22.0 构建二元 Logistic 的各区域分样本回归模型，在验证上文生计方式转换影响因素分析结果的同时，挖掘各影响因素在不同区域上表现的差异情况，模型中变量进入方法选择为"向前：LR"，并通过 Hosmer-Lemeshow 检验和预测正确值来评价模型的拟合效果。

（1）纯农型影响因素的空间差异情况

表 5-18 展示了不同区域纯农型生计方式选择二元 Logistic 回归结果，从各模型的 H-L 检验结果可知，HI2 和 SI 模型的拟合效果相对较差，模型的结果可信度不高，故此处仅分析 HI1、MI1 和 MI2 的估计结果。

从回归结果可知：①N1（人均耕地面积）在低丘粮油作物主导村（HI1）和中山经济作物主导村（MI2）中起到显著的正向促进作用，而身处经济作物主导村的贫困农户受此影响更为明显。②S4（对外联系频度）在低丘粮油作物主导村（HI1）和中山粮油作物主导村（MI1）内均表现出负向作用，受地形条件影响，低丘粮油作物主导村内贫困农户外出务工或非农兼职更为便利，区域内对外联系频度越大的贫困农户更容易获取外出非农就业的信息或机会，保持纯农型的可能性不高。

表 5-18 纯农型生计方式选择的影响因素空间差异

项目	HI1	HI2	MI1	MI2	SI
	N1	S4	H1	N1	P1
	(0.770/2.160)	(−4.075/0.017)	(−1.868/0.154)	(0.838/2.313)	(1.167/3.211)
	H2		F3	P1	F3
最终进入模型的自变量 (B/EXP（B）)	(2.432/11.383)		(−1.591/0.204)	(0.041/1.042)	(5.308/201.946)
	F3		F4	F3	S4
	(−1.176/0.308)		(3.164/23.668)	(4.013/55.312)	(−979.634/0.000)
	S4		S4	S4	
	(−3.742/0.024)		(−1.876/0.153)	(−3.107/0.045)	

（续）

项目	HI1	HI2	MI1	MI2	SI
截距	−2.766	2.080	2.838	−3.099	−26.733 1
H-L 检验：卡方值	13.164	399.368	7.515	9.358	0.000
自由度	8	8	8	8	8
显著性	0.106	0.000	0.482	0.313	1.000
预测正确值（%）	95.802	98.113	94.118	94.505	100.000

（2）兼业型影响因素的空间差异情况

由表 5-19 可知，根据各区域回归模型的 H-L 检验和预测准确值，5 个区域的回归模型拟合效果整体较好。

表 5-19 兼业型生计方式选择的影响因素空间差异

项目	HI1	HI2	MI1	MI2	SI
	$P1$	$N1$	$H1$	$P3$	$S1$
	(0.110/1.011)	(0.491/1.634)	(0.440/1.552)	(0.826/2.284)	(1.234/3.435)
	$H1$	$N4$	$F4$	$P4$	$S3$
	(0.693/2.000)	(−0.238/0.788)	(0.767/2.153)	(4.133/62.365)	(1.862/6.439)
最终进入模型	$S3$	$H1$	$S1$	$F3$	$S4$
的自变量	(0.952/2.591)	(0.634/1.884)	(0.694/2.002)	(−0.887/0.412)	(−3.490/0.030)
(B/EXP (B))	$S4$	$F2$	$S3$	$S3$	
	(−4.398/0.012)	(−1.613/0.199)	(1.355/3.878)	(0.975/2.651)	
		$S1$	$S4$		
		(1.017/2.764)	(−3.474/0.031)		
		$S3$			
		(1.044/2.841)			
截距	−0.661	−1.767	−0.130	−3.164	−0.086
H-L 检验：卡方值	6.434	6.814	13.379	4.295	5.130
自由度	8	8	8	8	8
显著性	0.599	0.557	0.099	0.830	0.744
预测正确值（%）	68.702	75.943	75.686	65.934	76.974

从回归结果可知：①$H1$（名义劳动力比重）在低丘粮油作物主导村（HI1）、低丘经济作物主导村（HI2）和中山粮油作物主导村（MI1）内均起到正向作用，相对而言，身处低山丘陵区的贫困农户在拥有充裕劳动力的情况下更易成为兼业型。②$S1$（加入专业合作社）在低丘经济作物主导村（HI2）、中山粮油作物主导村（MI1）和近郊城镇辐射村（SI）内均表现出正向影响，$S3$（接受扶贫技能培训）在 5

个区域均表现为正向影响。结合前文生计方式转换的影响因素分析，加入专业合作社或接受扶贫技能培训对于贫困农户选择兼业型为生计方式均起到正向影响，其动力机制在于加入专业合作社和接受技能扶贫技能培训有助提升农业生产的收益水平，可以有效限制其实现彻底非农化，对那些身处非农化程度较高的城镇辐射村或粮油作物主导村内的贫困农户影响更为明显。③S4（对外联系频度）在低丘粮油作物主导村（HI1）、中山粮油作物主导村（MI1）和近郊城镇辐射村（SI）内均起反向作用。提升对外联系频度可有效促进贫困农户实现非农化发展，因此，对外联系频度越高的贫困农户兼顾农业生产的可能性则越低，身处高非农化程度区域内的贫困农户受此影响更为明显。

（3）非农型影响因素的空间差异情况

表5-20展示了非农型生计方式影响因素在空间上的差异情况，H-L检验和预测准确值表明了5个区域的估计模型拟合效果整体较好。

表5-20　非农型生计方式选择的影响因素空间差异

项目	HI1	HI2	MI1	MI2	SI
	N1 (−1.036/0.355)	N1 (−2.411/0.090)	N1 (−0.805/0.447)	N1 (−1.062/0.346)	N4 (−0.253/0.777)
	H1 (−0.422/0.656)	H1 (−2.977/0.051)	P4 (−4.017/0.018)	P4 (−4.642/0.010)	S1 (−1.529/0.217)
	F3 (1.582/4.865)	H2 (−5.898/0.003)	H2 (−2.913/0.054)	F1 (0.000/1.000)	S3 (−2.389/0.092)
最终进入模型的自变量（B/EXP（B））	S3 (−1.273/0.280)	F1 (0.000/1.000)	F3 (1.097/2.995)	S3 (−1.361/0.256)	S4 (2.565/13.000)
	S4 (4.011/55.202)	S1 (−1.291/0.275)	S1 (−1.284/0.277)	S4 (3.011/20.308)	
		S3 (−1.387/0.250)	S3 (−1.992/0.136)		
		S4 (2.982/19.727)	S4 (3.677/39.528)		
截距	−0.838	3.134	1.584	−2.247	−0.881
H-L检验：卡方值	14.175	11.971	9.755	4.497	6.120
自由度	8	8	8	8	8
显著性	0.077	0.153	0.283	0.810	0.634
预测正确值（%）	82.061	91.509	88.235	92.857	82.895

从回归结果可知：①N1（人均耕地面积）、N4（人均林地面积）在各区域均表

现为反向制约作用，表明土地资源数量越多的贫困农户放弃农业生产而彻底非农化的可能性越小，相对而言，身处经济作物主导村的贫困农户受此影响更为明显。②P4（入户路质量）在区域中山村（MI1、MI2）上起到反向作用。从生计方式转换的动力机制来看，入户路质越好的贫困农户彻底放弃农业生产转为非农型的可能性越小，对出行条件相对较差的中山村影响更为明显。③H1（名义劳动力比重）、H2（非名义劳动力比重）均起到反向制约作用。劳动力数量越充足的贫困农户成为兼业型的可能性越大，相对而言，身处低山丘陵区的贫困农户受此影响更为明显。疾病劳动力和高龄劳动力则更容易从事农业生产活动，经济作物主导村受此影响更为明显。④F3（教育负担）在区域粮油粮油作物主导村（HI1、MI1）起到正向促进作用。对于从事粮油种植的贫困农户而言，他们通过农业生产获取高收入的可能性较小，教育负担成为促进该区域贫困农户非农化就业的重要动力。⑤S1（加入专业合作社）和S3（接受扶贫技能培训）在各个区域均起到反向作用。加入专业合作社或接受扶贫技能培训的贫困农户保留农业生产活动的可能性更大，身处经济作物主导村的贫困农户受此影响更加明显。⑥S4（对外联系频度）均起到正向作用，对于非农化程度高的区域影响更加明显。

(4) 低保型影响因素的空间差异情况

表 5-21 展示了低保型生计方式的影响因素及空间差异情况，从 H-L 检验和预测准确值可知，低保型生计方式影响因素回归模型的拟合效果均整体较好。

表 5-21　低保型生计方式选择的影响因素空间差异

项目	HI1	HI2	MI1	MI2	SI
最终进入模型的自变量（B/EXP（B））	$H1$ $(-0.719/0.487)$	$H1$ $(-0.976/0.377)$	$H1$ $(-1.694/0.184)$	$H1$ $(-0.905/0.404)$	$H1$ $(-1.346/0.260)$
	$H4$ $(-1.775/0.169)$	$H2$ $(2.144/8.534)$	$F4$ $(1.446/4.246)$	$H4$ $(-3.370/0.034)$	$S4$ $(-1.882/0.152)$
	$S4$ $(-1.556/0.211)$	$H4$ $(-2.672/0.069)$			
		$F4$ $(1.203/3.330)$			
截距	0.838	2.128	-2.058	2.619	1.673
H-L 检验：卡方值	6.089	12.986	7.705	10.418	4.599
自由度	8	8	7	6	8
显著性	0.637	0.112	0.359	0.108	0.799
预测正确值（%）	84.733	83.491	84.706	84.615	87.500

从回归结果可知，人力资本是低保型生计方式的直接决定因素，主要表现在劳动

力的数量和劳动力健康状况方面。其中，$H1$（名义劳动力比重）、$H4$（劳动力健康程度）均表现出负向制约作用，$H2$（非名义劳动力比重）表现为正向推动作用。此外，与劳动力健康水平相关联，$F4$（医疗负担）也在部分区域呈现为正相关。分析发现，由于人力资本具备高度个体性，人力资本相关的影响因素并无明显的区域差异。

5.5　本章小结

本章旨在分析贫困农户生计的"过程性"特征，本章开展了贫困农户生计方式的空间差异和影响因素两个主要内容的研究，分别从非农化程度、多样化水平及多样化发展阶段分析了生计方式特征及其空间差异情况，运用二元和多项式 Logistic 回归模型解析了不同生计方式的影响因素及其空间差异情况。主要结论如下：

（1）生计方式非农化程度及空间差异分析表明，研究区贫困农户非农化程度总体较高，非农化程度（NAD）达 58.59%，非农化程度超过 50% 的贫困农户占到了样本总量的 62.18%，而非农化程度为 0 的仅占 10.82%，非农化程度越高的贫困农户收入水平整体越高；空间差异分析表明，非农化程度由大到小依次为：近郊城镇辐射村（SI）＞低丘粮油作物主导村（HI1）＞中山粮油作物主导村（MI1）＞低丘经济作物主导村（HI2）＞中山经济作物主导村（MI2），空间差异与县域城镇经济辐射、农村产业水平与结构和空间连通性等因素存在一定关联。

（2）生计方式多样化水平、生计多样化发展阶段及空间差异分析表明，研究区贫困农户生计多样水平（D_m）介于 0~1.57 之间，平均水平为 0.70，与非农化程度水平较高的结论共同印证了当地贫困农户整体兼业水平较高；空间差异分析表明，生计多样化水平由大到小依次为：中山经济作物主导村（MI2）＞低丘经济作物主导村（HI2）＞中山粮油作物主导村＞低丘粮油作物主导村（HI1）和近郊城镇辐射村（SI）；根据多样化水平和收入的变化趋势，研究区贫困农户的生计多样化发展总体是按照 Ⅲ→Ⅱ→Ⅰ→Ⅳ 的阶段推进，不同区域生计多样化发展存在的差异体现在两个方面：一方面是贫困农户生计多样化发展受到非农化影响程度大小的差异，另一方面是高收入区间贫困农户生计方式异质性存在的差异。

（3）生计方式影响因素及空间差异分析表明，除了受区域背景因素的影响之外，贫困农户生计方式主要取决于自身拥有的生计资本结构。自然资本中，耕地数量正向促进从事农业生产，在农业收益水平较高的经济作物主导村作用更为明显；人力资本中，劳动力数量越充足，贫困农户生计兼业化发展的可能性越大，高龄劳动力、疾病劳动力主要从事农业活动；金融资本中，教育负担对非农化就业起到推动作用，在非农化程度高的地区影响更为明显；社会资本中，加入专业合作社或接受扶贫技能培训的贫困农户从事纯农业活动的可能性更高，在经济作物主导村的作用更为明显，对外联系频度越高的贫困农户非农化发展的可能性越大，在非农化程度高的地区作用更为明显；低保型贫困农户除受到直接决定因素即劳动力数量与质量的影响外，还受到医疗负担、对外联系频度等间接因素的影响。

第 6 章
贫困农户生计效率的空间差异与影响因素研究

"能力匮乏"贫困观点认为，贫困的本质是贫困人口缺乏创造收入和获取机会的能力。在主流的多维贫困测度研究中，"能力"通常被视为获取足够营养、基本医疗、基本住房、基本教育、就业服务、社会保障等一系列社会公共福利的机会（吴胜泽，2012；张庆红，2017；周常春等，2017）。这类研究中，"能力"的衡量形式具备高度替代性特征，即以功能性指标替代表征相应的能力，某种程度上，该研究视角是对"物质匮乏"观点的一种升华，更加重视对无形资源和权利保障的表达。在农户生计层面，现有可持续生计框架对生计资本的表述已能较好地诠释农户维持生存与谋求发展需要的各类无形资源，部分学者也采用上述研究类似的替代形式测度了农户的生计能力（陈伟娜等，2013；赵锋和邓阳，2015；丁士军等，2016）。本文基于对"可行能力"内涵的认识发现，对农户"可行能力"的衡量匹配经济学范畴的效率主题研究。在已有农户层面的效率相关问题的研究中，一些学者也已注意到农户生产效率与贫困之间存在的联系，认为不同原因造成的生产效率损失是引发贫困发生的重要因素（邹薇和方迎风，2012；吴传俭，2016；辜胜阻等，2016；杨婷婷，2016）。然而，已有成果尚无与生计方式相匹配的效率测度研究。因此，本文尝试提出"生计效率"概念，以分析手段形式引入可持续生计框架，用于从生计资本转换能力的层面表征贫困农户的"可行能力"，可为贫困问题和农户生计研究提供研究思路。

本章将视角聚焦于"可行能力匮乏"贫困层面，结合贫困农户生计方式的性质及特征，从不同角度挖掘生计效率的内涵，测度并分析生计效率及其空间差异情况，并探索生计效率的影响因素。本章对贫困与农户生计相关研究具有理论及视角创新，可为揭示农户生计"过程性"贫困及其致贫机制提供参考。

6.1 研究思路

本章包括贫困农户生计效率空间差异分析和影响因素探索两个主要内容（图 6-1）。

研究的思路为：首先，在本文构建的可持续生计拓展框架的基础上，进一步解析不同生计方式的生计效率内涵，为生计效率测度及影响因素分析的指标体系构建与方法选择提供支撑；随后，通过采用 DEA 模型测度不同类型生计方式的生计效率，分析生计效率在农户层面的差异特征，运用聚类分析和探索性空间分析方法刻画生计效率的空间差异；然后，运用 Tobit 模型对不同类型生计效率影响因素进行假设检验分析，从农户层面解析内在动力机制；最后，结合空间贫困理论，运用 GWR 模型探索生计效率在空间层面与地理空间要素的关联机制。

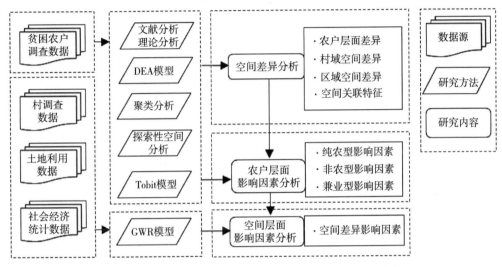

图 6-1　贫困农户生计效率的空间差异与影响因素研究框架

6.2　研究方法

6.2.1　贫困农户生计效率理论框架及测算方法

(1) 生计效率测算的理论框架

根据本文第 2 章构建的可持续生计拓展框架，农户开展一次生计活动始于生计资本，终于生计结果，在开展生计活动时，生计资本将以生计活动所需生产资料作为投入要素，生计结果作为产出要素。对生计效率的测算，主要是基于微观经济学的全要素生产率理论，根据生计活动的投入要素和产出要素估计效率前沿，通过实际效率与前沿效率的比值来确定生计效率。基于本文第 4 章构建的生计资本框架，生计资本作为投入要素，可以分为直接投入和间接投入两种类型，直接投入部分即生计活动中须直接参与的生产资料，如劳动力、土地等；间接投入部分被视为开展生产活动的辅助性生产资料，如土地质量、劳动力质量和获取信息技术的机会等，辅助性生产资料虽不直接参与生产，但对生计活动起到至关重要的影响。

生计方式决定了生计资本的参与和组织形式、与外部环境的交换方式和获取生计结果的类型，因此，测算生计效率应建立在生计方式的基础上。在测算生计效率之前，需要根据生计方式的性质明确测算所需的投入与产出要素（图6-2）。从生计方

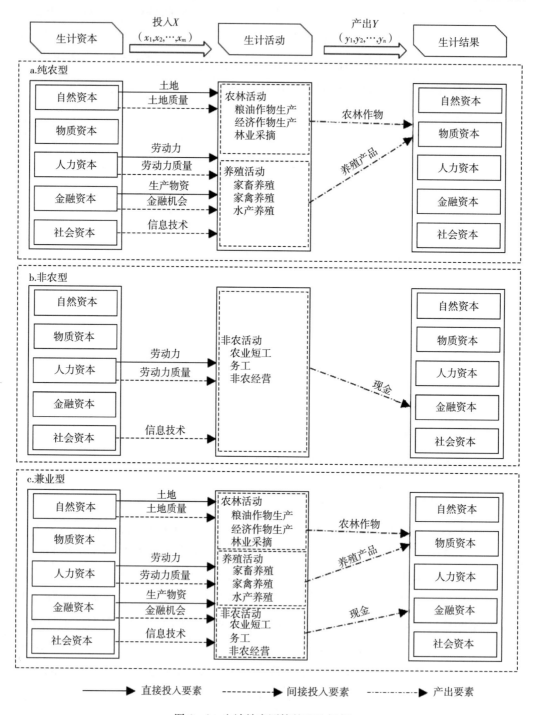

图6-2 生计效率测算的理论框架

式分类来看：①纯农型生计方式主要包含农林和养殖等生产经营活动，这类生产活动的投入要素主要来源于自然资本、人力资本以及金融资本，产出要素主要为农林作物和养殖产品等，可归纳为物质资本；②非农型生计方式主要为外出从事第二、三产业下的务工活动，其投入要素源于人力资本，产出要素多为务工现金收入，可归纳为金融资本；③兼业型生计方式既包含农林、养殖生产经营活动，也包含外出务工活动，投入要素来源于自然资本、人力资本、金融资本，产出要素既有农林作物、养殖产品，也有务工现金收入，可分别归纳为物质资本和金融资本。

（2）生计效率的测算方法

关于效率的计算方法主要分为以 SFA 为代表的参数方法和以 DEA 为代表的非参数方法。SFA 方法在本质上是一种使用极大似然法估计的参数估计方法，需要事先对效率前沿设定一种方程形式（表述投入与产出的关系），在操作过程中预先设定的生产函数和误差项的概率分布都可能会出现与现实不符的情况，同时生产函数一经确定，其各种导出参数就具备一定的特殊性（郭明伟，2010）。DEA 方法则无须为构造效率前沿预先假定一种方程形式，通过采用局部逼近的方法构造前沿生产函数模型，具备处理多投入、多产出的能力，使用风险相对更低，在避免主观因素、简化算法等方面具备显著的优越性（李双杰和范超，2009）。这种特性恰好适用于本文测度贫困农户的生计效率。使用 DEA 方法估算效率时既可采用投入导向型（input-orientated）模型，也可采用产出导向型（output-orientated）模型。由于农户开展生计活动是一个追逐生计结果的逐利行为，即将现有的生产资料、家庭劳动力等投入至生计活动以最大可能扩大产出，而非在给定的产出水平条件下最大程度降低投入，因此，本文选择产出导向型模型估计技术前沿。

假设贫困农户在规模报酬可变的前提下开展生计活动，生计活动技术集合 $T = \{(Y, X) : X$ 用于生产 $Y\}$，投入向量 $X = (x_1, x_2, \cdots, x_m)$ 由 m 种投入要素构成，产出向量 $Y = (y_1, y_2, \cdots, y_n)$ 由 n 种产出要素构成。模型的表达式为：

$$TE_0(X, Y) = \max \{\phi : \phi Y \in \{Y : X \text{ 用于生产 } Y\}\}^{-1}$$

$$s.t.$$

$$\phi Y_0 \leqslant Y\lambda$$

$$X_0 \geqslant X\lambda \tag{6-1}$$

$$\lambda \geqslant 0$$

$$\sum \lambda = 1$$

式中，TE_0 代表各类型贫困农户生计的技术效率；ϕ 为常量；λ 为向量常量。通常技术效率 TE_0 在 0～1 之间（$0 \leqslant TE_0 \leqslant 1$），$TE_0 = 1$ 时，表示贫困农户技术效率有效，处在技术前沿；$TE_0<1$ 时，表示贫困农户缺乏技术效率。

通过比较规模报酬不变条件下的技术效率 TE（X，Y：CRS）与规模报酬可变条件下的技术效率 TE（X，Y：VRS），可以得到规模效率，其计算公式为：

$$SE(X，Y)=\frac{TE(X，Y：CRS)}{TE(X，Y：VRS)} \tag{6-2}$$

在完成农户层面生计效率计算的基础上，通过按比求和的方法计算空间层面的生计效率。计算公式为：

$$TE_{areai}=P_{Ai} \cdot \overline{TE}_{Ai}+P_{NAi} \cdot \overline{TE}_{NAi}+P_{NAAi} \cdot \overline{TE}_{NAAi} \tag{6-3}$$

式中，TE_{areai} 为区域 i 的贫困农户生计效率；P_{Ai}、P_{NAi}、P_{NAAi} 分别为区域 i 纯农型、非农型、兼业型贫困农户所占比重；$\overline{TE}_{Ai}$、$\overline{TE}_{NAi}$ 和 $\overline{TE}_{NAAi}$ 为区域 i 纯农型、非农型和兼业型贫困农户生计效率的平均值。

（3）低保救助水平测算方法

关于低保救助评估的计算方法主要有农村低保救助力度系数、消费替代率、农村生活救助系数等（王增文，2010；李春根和夏珺，2015）。由于实地抽样调查未统计贫困农户消费支出情况，故本文采用低保救助力度系数测算低保救助水平，其计算公式为：

$$\delta=\frac{L_p}{I_p} \tag{6-4}$$

式中，δ 为低保贫困户的低保救助水平；L_p 为家庭人均低保收入；I_p 为家庭人均纯收入。本文在计算低保救助水平基础上，探索低保贫困户的低保救助水平与其生计资本和生计效率之间的关系。

6.2.2　贫困农户生计效率影响因素的估计方法

（1）影响因素理论分析与变量选择

近年来，许多专家学者围绕农户生产效率的影响因素主题尝试了不同层面、不同角度的研究。一些研究证实，农户生产效率受到农户自身层面因素影响外，还受到区域层面多种因素的影响（谢东梅，2009；扎卡芮，2014）。因此，本文将从农户层面和空间层面分别研究贫困农户生计效率的影响因素[①]。

农户层面，生计结果是由生计方式和生计资本共同决定的，由此设想，贫困农户的生计效率受到了其生计方式特征和生计资本特征的共同影响。从性质上看，生计方式特征反映了贫困农户自身主观决策因素，生计资本特征则反映了其自身客观条件因

[①] 生计效率空间层面的影响因素研究旨在探索生计效率与区域经济、社会与资源环境因素之间的关系，具体研究思路与方法在第4章已有表述，本章不再赘述。

素。因此，农户层面生计效率影响因素的解释变量将从以上两个方面归纳，具体指标选择将在参考相关研究和依据样本特征的基础上进行（表 6-1）。

表 6-1　贫困农户生计效率的理论影响因素

变量类型及变量名	变量赋值（单位）	纯农型		非农型		兼业型		预期
		均值	标准差	均值	标准差	均值	标准差	
被解释变量								
生计效率	软件所测值（TE）	0.625	0.268	0.36	0.125	0.604	0.214	
生计方式特征变量								
种植收入比重	种植收入/（种植收入＋养殖收入）	0.770	0.274	—	—	—	—	±
是否种植经济作物	0＝否；1＝是	0.373	0.486	—	—	—	—	＋
外出务工地点	1＝石柱县内；2＝石柱县外；3＝重庆市外	—	—	2.144	0.947	—	—	±
非农业收入比重	非农业收入/（农业纯收入＋非农业收入）	—	—	—	—	0.661	0.226	±
多样化水平	第 5 章测算值	—	—	—	—	0.887	0.264	±
兼职劳动力比重	兼职劳动力/实际劳动力	—	—	—	—	0.222	0.358	±
自然资本特征变量								
劳均耕地面积	耕地面积（亩*）/务农人口	4.237	2.863	—	—	4.206	3.101	±
劳均耕地面积平方	劳均耕地面积²（亩²）	26.158	39.430	—	—	27.289	55.649	±
耕地灌溉比重	可灌溉面积/耕地面积	0.388	0.390	—	—	0.374	0.333	＋
人力资本特征变量								
名义劳动力比重		0.432	0.306	1.997	0.953	0.516	0.254	＋
非名义劳动力比重	参照表 4-2 赋值	0.511	0.481	0.066	0.217	0.179	0.306	—
实际劳动力文化程度		0.331	0.215	0.353	0.132	0.323	0.108	＋
实际劳动力健康程度		0.845	0.192	0.927	0.148	0.897	0.147	＋
金融资本特征变量								
是否申请小额信用贷款	参照表 4-2 赋值	0.220	0.416	0.022	0.147	0.105	0.307	＋
社会资本特征变量								
是否加入专业合作社		0.475	0.501	—	—	0.444	0.497	＋
是否接受扶贫技能培训	参照表 4-2 赋值	0.585	0.495	0.229	0.421	0.538	0.499	＋
对外联系频度		14.236	25.803	26.593	11.322	19.709	8.901	＋

注：数据来自贫困农户调查数据。

1）生计方式特征变量选择　对于纯农型生计方式，农业产业结构事关收入水平，

---

* 1亩≈667m²。——编者注

是影响生计效率的重要因素。在一些研究中，如种植业比重及种植作物类型被证实是影响农业生产效率的重要因素（梁流涛等，2016；李博等，2016）。因此，本文选取种植收入比重和是否种植经济作物两个指标表征纯农型生计方式特征，考察其对生计效率的影响作用。

对于非农型生计方式，农村劳动力非农转移一般分为向当地流动、向省内城镇流动和省际流动（李琴和宋月萍，2009）。众所周知，农户非农转移的主要目的为获取更多的非农就业机会和更高的非农收入，针对本文的研究区而言，研究区的非农经济水平相对落后，外出务工农户省际流动占比较高。鉴于此，本文设想非农型贫困农户的外出务工地点可能对其生计效率存在影响，因此将外出务工地点将作为表征非农型生计方式特征的变量引入模型，分析其对生计效率的影响作用。

对于兼业型生计方式，非农化和多样化是农户兼业的最主要表现。梳理发现，现有研究主要集中在非农化对农业生产效率的影响，而对非农化影响作用的认识存在不同观点，一些学者认为非农转移导致农村劳动力"老年化、女性化"会不可避免地对农业生产效率造成负面影响（苏昕和刘昊龙，2017；韩雅清等，2018）；一些学者则认为非农就业可增加农户收入和拓宽信息来源渠道，在一定程度内可以弥补其带来的负面影响，有利于提升农业生产效率（李静，2013；钱龙，2017）。本文中，兼业型贫困农户的实际劳动力可分为非农全职就业和非农兼职就业两种类型，非农全职型农户的农业和非农业生产在其家庭内部均为独立部门，类似于纯农型与非农型的并集；而兼职就业劳动力既从事农业生产也外出参与非农经济活动，这种两栖就业的形式是否会对生计效率起到显著影响需进一步验证。因此，本文选取兼职劳动力比重、非农业收入比重和多样化水平表征兼业型生计方式的特征。

2）生计资本特征变量选择　由图 6-2 可知，作为间接投入要素的生计资本在贫困农户生计活动中是影响生计效率的客观条件因素。具体变量将依据本文第 4 章构建的生计资本指标体系进行选择。结合前文可知，生计资本特征变量主要来源于自然资本、人力资本、金融资本和社会资本。

自然资本中，耕地是最基本的农业生产要素，耕地的利用状态如灌溉水平、化肥施用量、复种指数以及农业机械动力等必然会对种植业产生一定程度的影响（杨朔，2011）。因此，本文选取耕地灌溉比重表征耕地利用条件，分析其对纯农型和兼业型生计效率的影响作用，另外还将选取劳均耕地面积和劳均耕地面积平方共同验证贫困农户对耕地的利用是否存在规模经营效应或适度规模经营效应。

人力资本中，劳动力是生计活动的承载主体，对生计效率有直接影响。在相关研究中，人力资本通常被归纳至农户家庭特征因素，一般认为农户劳动力年龄高、受教育年限少会削弱其生产能力，将导致效率降低（高欣和张安录，2017）。本文选取人力资本的名义劳动力比重、非名义劳动力比重、实际劳动力文化程度和实际劳动力健康程度 4 项指标表征贫困农户的人力资本特征,分析其对三类生计效率的影响作用。

金融资本中,除去农户依靠自身生产经营活动储备的资金之外,以贷款形式从外界获取资金对农业生产效率具有正向促进作用(张晓红,2012),主要体现在,通过贷款获取资金有助于扩大生产规模提升收益水平。对于贫困农户而言,获取小额信用贷款投入农业生产中也是个体层面摆脱"低水平均衡陷阱"的一种尝试。因此,本文选取是否申请小额信用贷款指标用于表征金融资本特征,验证其对生计效率是否具备促进作用。

社会资本中,社会网络是农户获取的信息、技术、资金渠道,社会资本充足理论上有利于提升农户生产效率(苏小松和何广文,2013;李博伟等,2016)。本文选择是否加入专业合作社、是否接受扶贫技能培训和对外联系频度表征社会资本特征。

(2)影响因素分析方法

为了在评价系统效率的同时挖掘效率的影响因素及其影响程度,在 DEA 方法的基础上衍生出了一种名为"两步法"(two-stage method)的分析方法。该方法第一步即采用 DEA 完成决策单元效率值的测算,第二部则将效率值作为因变量,以相关的影响因素为自变量建立回归模型,由自变量的显著性水平和回归系数判断对效率值的影响方向和影响程度。由于所测算的贫困农户生计效率值属于截断数据,其值介于 0 和 1 之间,因此第二步中回归方程的因变量被限制于此区间。此时,若仍采用最小二乘法(OLS)对其进行分析,会因出现异质或异等数据不满足模型基本假设条件的情形而造成分析结果出现较大偏差(杨朔,2011)。瑞典经济学家 Tobin 在 1958 年提出的 Tobit 回归模型(又称截取回归模型)可以有效解决上述问题,该模型适用于因变量是受限因变量这一情形,如因变量为切割值或片段值,运用极大似然概念既可分析连续型数值变量也可以分析虚拟变量。作为经典的"两步法"分析方法,DEA-Tobit 两步法的应用在近年来已趋于成熟,并运用至诸多领域(杨文举,2015;戚焦耳等,2015;蒋岱位等,2017)。

标准 Tobit 模型如下:

$$Y_i^* = X_i\beta + \varepsilon_i$$
$$Y_i = Y_i^* \qquad\qquad 如果\ Y_i^* > 0 \qquad\qquad (6-5)$$
$$Y_i = 0 \qquad\qquad 如果\ Y_i^* \leqslant 0$$

式中,Y_i 为观察所得的因变量;Y_i^* 为对应的潜变量;X_i 为包括截距项在内的自变量向量;β 为相关系数向量;ε_i 为独立的且 $\varepsilon_i \sim N(0, \sigma^2)$。本文在构建 Tobit 模型时,以贫困农户生计效率作为被解释变量,其值为 DEA 所测效率值,取值区间为[0,1];以生计效率的理论影响因素作为解释变量。

6.3 贫困农户生计效率测度及空间差异分析

6.3.1 生计效率指标体系构建

本文构建 DEA 模型将以样本贫困农户为决策单元（DMU），并基于本文构建的生计资本指标体系选取投入和产出的指标。在操作过程中，由于农业生产中投入的种子、农药、化肥、机械、灌溉等生产资料以及产出获取的农林作物和养殖产品的类型和数量均难以同一口径统计，为便于量化分析，需要对这类投入、产出指标进行货币化处理。

根据前文分析，构建生计效率的投入与产出指标体系（表 6-2）：①纯农型。根据实地调查，研究区内纯农型贫困农户从事的农业生产经营活动以种植业和养殖业为主①，故纯农型生计效率测度主要围绕种植业、养殖业开展。纯农型的投入指标中，选取实际经营耕地面积表征贫困农户拥有可用于种植生产的土地资源量，此处需要注意的是，有别于其他研究重点关注实际播种面积，本文选择耕地资源拥有量更加侧重于反映贫困农户对生计资源的利用情况，以体现其"生计资本转换能力"；选取务农人数表征实际参与农业生产经营活动的劳动力数量；选取农林生产支出表征农林生产经营中种子、农药、化肥、薄膜、机械、雇工等相关生产资料的投入情况；选取养殖生产支出表征养殖生产经营中仔畜、禽苗、饲料、药品、雇工等相关生产资料的投入情况。纯农型的产出指标中，选取农林生产收入表征农林生产中粮油作物、经济作物的收入情况；选取养殖生产收入表征牲畜、家禽等养殖产品的收获情况。②非农型。非农型贫困农户从事非农业活动以外出从事第二、三产业工作为主，故选取务工人数和务工时间作为投入指标分别表征实际参与非农就业的劳动力数量和外出非农就业时间，选取务工收入表征非农就业获取的薪酬收入情况。③兼业型。兼业型贫困农户既从事农业生产也从事非农就业活动，因此投入和产出的指标为纯农型和非农型的并集，各投入产出指标性质与上述类似，故此处不再赘述。

表 6-2　生计效率测算的指标体系

目标层	准则层	指标层（单位）	均值	标准差
纯农型生计效率（TE_A）	投入指标（X_A）			
	土地投入	实际经营耕地面积（亩/户）	7.151	4.959
	劳动力投入	务农人数（人/户）	1.771	0.602
	生产资料投入	农林生产支出（元/户）	3 477.529	7 128.038
		养殖生产支出（元/户）	1 827.897	3 782.491

---

① 样本贫困农户中有 7 户种植了果树、苗木，尚未形成收益；有 4 户从事了采摘活动，收益均相对较低，此处计算已扣除。

（续）

目标层	准则层		指标层（单位）	均值	标准差
纯农型生计效率 （TE_A）	产出指标（Y_A）	农林作物产出	农林生产收入（元/户）	12 994.19	19 108.51
		养殖产品产出	养殖生产收入（元/户）	4 073.185	8 769.265
非农型生计效率 （TE_{NA}）	投入指标（X_{NA}）	劳动力投入	务工人数（人/户）	1.777	0.755
		劳动时间投入	务工时间（天/户）	535.768	254.506
	产出指标（Y_{NA}）	工资获取	务工收入（元/户）	28 085.042	16 160.970
兼业型生计效率 （TE_{NAA}）	投入指标（X_{NAA}）	土地投入	实际经营耕地面积（亩/户）	5.784	3.821
		劳动力投入	实际劳动人数（人/户）	2.428	0.835
		生产资料投入	农林生产支出（元/户）	1 688.492	2 630.189
			养殖生产支出（元/户）	1 410.691	3 733.376
		劳动时间投入	务工时间（天/户）	312.077	197.476
	产出指标（Y_{NAA}）	农林作物产出	农林生产收入（元/户）	7 442.653	8 797.421
		养殖产品产出	养殖生产收入（元/户）	3 193.367	7 672.518
		工资获取	务工收入（元/户）	16 415.430	12 485.304

注：数据来自贫困农户调查数据。

6.3.2　生计效率的测度及分析

（1）农户层面生计效率的差异情况

在 MaxDEA 软件的支持下，构建基于产出导向型的规模报酬可变模型（DEA-BCC 模型），分别对 118 户纯农型、319 户非农型和 626 户兼业型贫困农户的生计效率进行了测算，结果如表 6-3 和图 6-3 所示。从变异系数来看，各类型贫困农户生计效率的综合效率（TE）和规模效率（SE）表现出较大的异质性，离散程度由大到小依次为：纯农型、兼业型、非农型。

从 kernel 核密度估计图来看，三类贫困农户的生计效率分布总体符合截尾分布特征。从 3 支曲线形态可以看出，非农型的曲线波峰更加陡峭，兼业型其次，纯农型相对扁平，表明非农型贫困农户生计效率的集中程度高于兼业型，而纯农型的分化程度最大；其中，非农型贫困农户的生计效率主要集中分布于中低水平区间内。

表 6-3　研究区贫困农户生计效率测度的描述性统计

类型		最大值	最小值	平均值	标准差	变异系数	规模报酬阶段（户）		
							递增	递减	不变
纯农型	TE	1	0.057	0.625	0.268	0.428			
	PE	1	0.071	0.740	0.252	0.340	61	11	46
	SE	1	0.333	0.846	0.213	0.251			

（续）

类型		最大值	最小值	平均值	标准差	变异系数	规模报酬阶段（户）		
							递增	递减	不变
非农型	TE	1	0.036	0.360	0.125	0.348			
	PE	1	0.088	0.431	0.153	0.354	65	180	74
	SE	1	0.216	0.851	0.140	0.164			
兼业型	TE	1	0.138	0.604	0.214	0.354			
	PE	1	0.146	0.663	0.218	0.329	283	264	79
	SE	1	0.261	0.921	0.122	0.132			

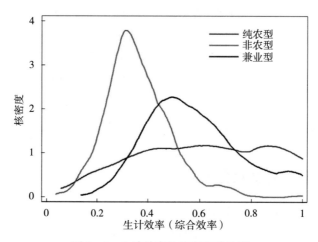

图 6-3　生计效率的核密度估计图

（2）纯农型生计效率测算结果

纯农型贫困农户的综合生计效率为 0.625，其中，纯技术效率值为 0.740，规模效率为 0.846，说明纯农型贫困农户还有 37.5％的效率提升空间。从规模报酬阶段来看，超过半数（51.69％）的纯农型贫困农户处在规模报酬递增阶段，其生产规模较小。分析发现，人均农业纯收入低于 3 000 元的纯农型农户占比达到 47.46％[①]，侧面印证研究区近半数纯农型贫困农户表现为"自产自销"的状态，通过自主劳动获取现金收入的可能性较小，不利于积累与提升生计资本。

由表 6-4 可知，纯农型贫困农户的生计效率随着其种植收入比重增大呈现出下降趋势，纯技术效率和规模效率与综合效率的趋势基本保持一致。可见，对于大多数纯农型贫困农户而言，单纯发展种植业并不利于其生计效率的提升，适度发展非种植业有助于形成产业链，提升生计活动的效益。从是否种植经济作物的角度来看，种植了经济作物的贫困农户的生计效率为 0.731，高于未种植经济作物的贫困

---

① 《石柱县 2016 年统计公报》：石柱县 2016 年农村居民恩格尔系数为 42.9％，人均食品消费约为 3 392 元。

农户。种植经济作物一方面提升了纯技术效率，另一方面有助于促进规模经济效应。

表6-4 纯农型生计效率与农业产业结构

农业产业结构		样本数（户）	综合效率（TE）	纯技术效率（PE）	规模效率（SE）
种植收入比重（%）	[0, 33.33]	10	0.820	0.869	0.942
	(33.33, 66.67]	29	0.697	0.797	0.89
	(66.67, 100]	79	0.574	0.703	0.817
是否种植经济作物	是	44	0.731	0.813	0.908
	否	74	0.563	0.696	0.809

（3）非农型生计效率测算结果

非农型贫困农户的综合生计效率普遍偏低，平均值为0.360，纯技术效率为0.431，规模效率为0.851，非农型贫困农户仍有64%的效率提升空间。从规模报酬阶段来看，超过半数（56.42%）非农型贫困农户处在规模报酬递减阶段，可见，研究区非农生计活动的规模总体较大，此时依靠增加非农劳动力和非农就业时间的投入对提升收入的效果不再明显，需从提升劳动力素质和改善就业环境方面入手。

由表6-5可知，在石柱县内务工的生计效率远低于石柱县外重庆市内和重庆市外，石柱县内务工的综合生计效率为0.307，而石柱县外重庆市内和重庆市外的效率值分别为0.387和0.389。纯技术效率的变化趋势与之一致，可见非农型生计效率的差异主要由其纯技术效率决定，主要体现在劳动能力的差异上。

表6-5 非农型生计效率与外出务工地点

外出务工地点	样本数（户）	综合效率（TE）	纯技术效率（PE）	规模效率（SE）
石柱县内	123	0.307	0.366	0.864
石柱县外重庆市内	27	0.387	0.466	0.856
重庆市外	169	0.389	0.470	0.839

（4）兼业型生计效率测算结果

兼业型贫困农户的综合生计效率为0.604，纯技术效率为0.663，规模效率为0.921，兼业型贫困农户有39.6%的效率提升空间。从规模报酬阶段来看，处于规模报酬递增和递减阶段的贫困农户数量接近。

由表6-6可知，兼业型贫困农户中，以非农业收入为主的贫困农户的生计效率为0.597，低于以农业收入为主的贫困农户（0.621），可能原因是收入非农化一定程度上造成了土地资源浪费，从而降低了整体的生计效率。另外，兼职贫困农户的综合生计效率略大于非兼职贫困农户，其中纯技术效率的趋势与之一致，而规模效率相反，表明兼职就业利于从技术进步角度提升生计效率，而全职就业在生产规模上更胜一筹。

表6-6　兼业型生计效率与收入结构

收入结构与兼职		样本数（户）	综合效率（TE）	纯技术效率（PE）	规模效率（SE）
非农业收入比重（%）	(0，50)	202	0.621	0.697	0.903
	[50，100)	424	0.597	0.648	0.929
是否兼职就业	是	200	0.619	0.745	0.855
	否	426	0.602	0.639	0.952

（5）低保救助水平测算结果

统计发现，研究区低保贫困户的家庭年人均纯收入为5 776.00元，人均低保收入为1 469.42元，低保救助水平平均值为25.44%。其中，纯农型、非农型和兼业型低保贫困户的低保救助水平分别为37.45%、26.17%和22.00%。对比低保贫困户和非低保贫困户，低保贫困农户的生计效率明显低于非低保贫困户，生计资本也明显低于后者（表6-7）。

表6-7　低保救助水平与生计效率、生计资本

是否低保贫困户	类型	样本数（户）	低保救助水平（δ，%）	综合效率（TE）	纯技术效率（PE）	规模效率（SE）	生计资本
低保贫困户	纯农型	38	37.45	0.492	0.677	0.739	1.761
	非农型	54	26.17	0.260	0.304	0.885	1.774
	兼业型	86	22.00	0.504	0.591	0.872	1.981
非低保贫困户	纯农型	80	—	0.688	0.770	0.897	2.123
	非农型	265	—	0.380	0.457	0.844	2.044
	兼业型	540	—	0.620	0.675	0.929	2.223

采用线性拟合方法分析低保救助水平与生计资本、生计效率的关系（图6-4），低保救助水平与生计资本、生计效率均呈现负向相关关系，即随着贫困农户生计资本和生计效率提高，其低保救助水平随之降低，这表明贫困农户的贫困程度越深，其接受低保救助的力度越大。低保救助水平与生计资本线性拟合的拟优合度（R^2）为0.326，高于与各类生计效率的线性拟合，由此可见，对低保贫困户的救助更多地参考了其生计资本的状况，主要是由于生计资本在表征贫困状态时更加"显性"，而生计效率相对"隐性"。

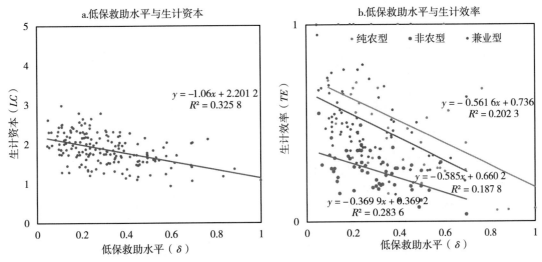

图 6-4　低保救助水平与生计资本、生计效率的关系

6.3.3　生计效率空间差异分析

(1) 村域层面空间差异分析

在计算各类型生计效率的基础上，采用公式 6-4 计算得到村域层面的贫困农户生计效率值，运用 K-means 聚类方法将其划分为 3 个等级，并进行空间展示（图 6-5）。图 6-5a 展示了村域层面贫困农户生计效率聚类情况，66 个抽样村生计效率的空间差异情况类似于生计资本，也表现为"大分散、小集中"态势。从划分等级的分布情况来看，抽样村贫困农户生计效率等级划分以中等为主，该等级遍布全县各方位；较高等级主要分布在全县东部及东南部地区；较低等级则主要集中分布于大风堡南侧片区。

图 6-5b～d 分别展示了纯农型、非农型和兼业型生计效率的聚类情况。总体来看，由于兼业型是研究区内贫困农户最主要的生计方式类型，村域层面的生计效率聚类与兼业型情况整体相似。纯农型生计效率主要以中等和较高为主，较高等级在黄水地区分布相对集中，主要有大风堡村、金花村、双塘村等，该片区均处在海拔 1 000m以上，是石柱县黄连、莼菜的主要种植区，贫困农户从事经济作物种植的比重相对较高；非农型生计效率主要以中等和较低为主，较高等级主要有都会村、红井社区、鱼龙村等，这些村具有一个相似的特征，即村内农户倾向于"抱团"外出，务工地点相对统一，互助水平较高；兼业型生计效率主要以中等和较低为主，较高等级在全县东部七曜山山区相对集中，主要有莲花村、坪坝村、卧龙村等，贫困农户从事特色作物种植比重较大，非农兼职比重也相对较高。

在上文各类型贫困农户生计效率测度与聚类分析结果的基础上，将抽样村划分为

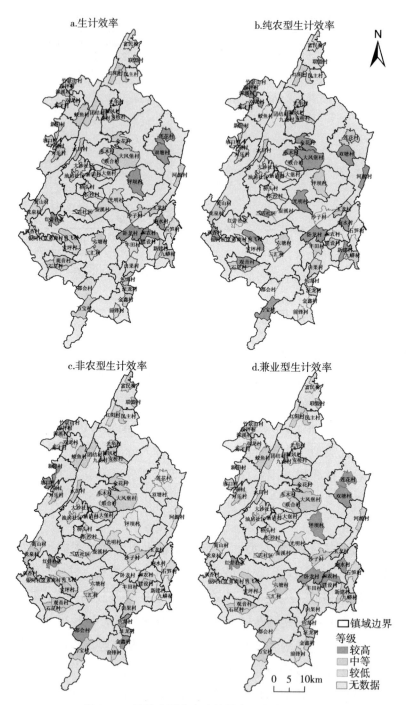

图6-5 村域贫困农户生计效率聚类分析结果

生计效率均衡合理型、单一滞后型、多种滞后型和全面滞后型4种类型。分析划分结果（表6-8、图6-6），66个抽样村中有24个村被划入均衡合理型，占比36.36%；39个村被划入单一滞后型，占比59.09%；仅2个村为多种滞后型；1个村为全面滞后型（大沙村），该村贫困农户的各类生计效率均表现为较低水平。

表6-8　村域层面贫困农户生计效率的组合类型统计

生计效率组合类型	村（社区）	占比（%）
均衡合理型	竹景山村、团结村、秀才村、皎鱼村、雄风村、新阳村、莲花村、金花村、双塘村、万乐村、东木村、坪坝村、油房村、龙泉村、沙子村、红井社区、响水村、卧龙村、黄鹿村、石星村、鱼龙村、汪龙村、金鑫村、万宝村	36.36
单一滞后型	联盟村、红阳村、民主村、南坪村、深溪村、双龙村、光华村、安桥村、九龙村、坡口村、万强村、水田村、大风堡村、联合村、河源村、大堡村、新田村、桥头村、光明村、黄山村、蚕溪村、玉龙村、三店村、石笋村、双香村、勇飞村、和农村、六塘村、银河村、丰田村、建设村、宝坪村、新建村、三汇村、观音村、九蟒村、白果村、都会村、前锋村	59.09
多种滞后型	富民村、长沙村	3.03
全面滞后型	大沙村	1.52

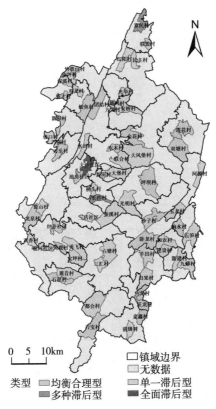

图6-6　村域层面贫困农户生计效率组合类型分布图

（2）区域层面空间差异分析

表6-9和图6-7展示了贫困农户生计效率在区域层面的差异情况，生计效率由大到小依次为：中山经济作物主导村（MI2）＞低丘经济作物主导村（HI2）＞近郊城镇辐射村（SI）＞低丘粮油作物主导村（HI1）＞中山经济作物主导村（MI1），全

县平均水平介于低丘经济作物主导村（HI2）和近郊城镇辐射村（SI）之间。从生计效率角度来看，中山粮油作物主导村（MI1）贫困程度最深，这与生计资本视角的分析结论一致，生计资本存量不足加之生计资本转换能力偏低导致该区域贫困农户总体陷入了贫困恶性循环。

从不同类型生计效率的区域差异来看，纯农型生计效率在经济作物主导村（MI2、HI2）相对较高，主要得益于成熟的特色产业发展环境，种植经济作物在提高单产收益的同时，也促使一些具备条件的贫困农户扩大了生产规模；非农型生计效率在近郊城镇辐射村（SI）靠后的主要原因是区域内贫困农户倾向于县内就近务工，而受制于宏观非农经济水平，县域内务工单位时间收入水平相对较低；兼业型生计效率在中山村经济作物主导村（MI2）最高，除发展黄连、烤烟、莼菜等特色产业外，一些贫困农户还以兼职形式在县域内短期务工，扩大了收入来源，充分发挥了所拥有生计资本的功效。由此可见，各类型生计效率空间差异特征虽有所差别，但整体均与产业发展水平密切关联。

表6-9 区域层面贫困农户生计效率

区域	纯农型生计效率 （TE_A）	非农型生计效率 （TE_{NA}）	兼业型生计效率 （TE_{NAA}）	综合生计效率 （TE_{area}）
HI1	0.514	0.369	0.600	0.547
HI2	0.671	0.372	0.590	0.608
MI1	0.544	0.364	0.569	0.537
MI2	0.703	0.335	0.649	0.675
SI	0.698	0.344	0.639	0.554
平均水平	0.625	0.360	0.604	0.582

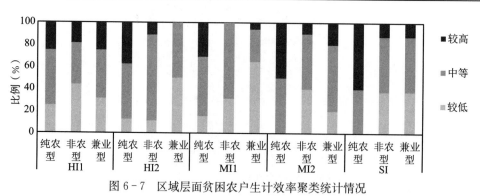

图6-7 区域层面贫困农户生计效率聚类统计情况

（3）空间关联特征分析

1）全局空间自相关分析 借助 GeoDa 软件，通过计算研究区贫困农户生计效率的 Global Moran's I，探索生计效率是否存在空间关联特征。Global Moran's I 指数为 0.189，正态统计量 Z 值为 1.980，通过显著性检验，置信度为 95%。说明研究区贫困农户生计效率在空间分布上存在正相关性。

2）局部空间自相关分析　运用 ArcGIS10.2 计算局域关联指数 Getis-Ord Gi^*，分析贫困农户生计效率的局部空间自相关情况。由图 6-8 可知，生计效率的热点与冷点比较集中，热点区域主要分布在县域东部的枫木镇莲花村、双塘村以及金铃乡、金竹乡、沙子镇片区的响水村、和农村、卧龙村和沙子村，多数属于中山经济作物主导村（MI2）；冷点区域分布与生计资本的情况类似，集中于三益乡、中益乡、三河镇及桥头镇片区，是石柱县的深度贫困地区。

由以上分析可知，研究区贫困农户生计效率存在空间集聚特征，其属性值具有空间非平稳性。因此，生计效率空间差异的影响因素需在结合空间贫困理论的基础上采用 GWR 模型分析。

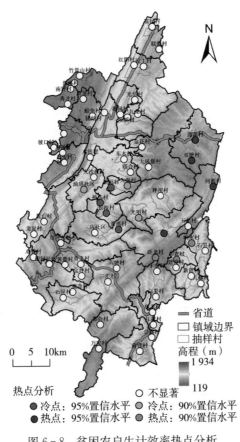

图 6-8　贫困农户生计效率热点分析

6.4　基于农户层面的贫困农户生计效率的影响因素分析

6.4.1　纯农型生计效率的影响因素

本文运用 Stata14.0 软件构建 Tobit 模型检验并分析纯农型生计效率在农户层面

的影响因素。首先，将生计资本特征变量作为控制变量引入基础模型 1；其次，分别将种植收入比重变量和是否种植经济作物变量引入模型 2 和模型 3，并将两个变量同时引入模型 4，分析两个变量对生计效率的直接影响；最后，借鉴董维维等（2012）的 HLM 方法，在中心化处理种植收入比重和是否种植经济作物的数据后形成交互项，将两个变量及其交互项引入模型 5，分析两个变量对生计效率的交互影响作用。估计结果见表 6 - 10。

表 6 - 10　纯农型生计效率的影响因素 Tobit 估计结果

解释变量	模型 1	模型 2	模型 3	模型 4	模型 5
种植收入比重		-0.173**		-0.211***	-0.294***
		(-2.50)		(-4.06)	(-4.70)
是否种植经济作物			0.103**	0.129***	0.115**
			(2.76)	(3.60)	(-2.70)
种植收入比重×是否种植经济作物					0.443**
					(2.23)
劳均耕地面积	-0.034*	-0.021*	-0.035*	-0.013*	-0.015*
	(-1.81)	(-1.79)	(-1.88)	(-1.92)	(-1.85)
劳均耕地面积平方	0.003*	0.002*	0.003*	0.001*	0.002*
	(1.72)	(1.82)	(1.84)	(1.98)	(1.92)
耕地灌溉比重	0.003	0.002	0.003	0.003	0.003
	(0.39)	(0.33)	(0.45)	(0.43)	(0.38)
名义劳动力比重	0.261***	0.288***	0.196**	0.163**	0.132*
	(3.42)	(3.87)	(2.34)	(2.08)	(1.69)
非名义劳动力比重	0.046	0.045	0.048	0.047	0.039
	(0.94)	(0.95)	(0.99)	(1.04)	(0.88)
实际劳动力文化程度	0.066	0.007	0.097	0.028	0.017
	(0.61)	(0.06)	(0.90)	(0.27)	(0.17)
实际劳动力健康程度	0.251***	0.230**	0.229**	0.164*	0.143*
	(-2.73)	(-2.57)	(-2.49)	(-1.89)	(-1.67)
是否申请小额信用贷款	0.087*	0.067	0.076	0.028	0.024
	(1.75)	(1.38)	(1.55)	(0.59)	(0.52)
是否加入专业合作社	0.083**	0.071*	0.080**	0.054**	0.047
	(2.12)	(1.85)	(2.06)	(2.17)	(1.29)
是否接受技能培训	0.258***	0.258***	0.248***	0.236***	0.234***
	(6.92)	(7.16)	(6.63)	(6.79)	(6.87)
对外联系频度	0.078	0.092	0.101	0.121	0.087
	(0.60)	(0.70)	(0.55)	(0.66)	(0.25)

(续)

解释变量	模型1	模型2	模型3	模型4	模型5
_cons	0.203**	0.367***	0.194**	0.479***	0.577***
	(2.00)	(3.10)	(1.92)	(4.07)	(4.68)
LR chi^2	109.02	115.060	112.09	127.63	132.36
Prob>chi^2	0.000	0.000	0.000	0.000	0.000
Pseudo R^2	1.464	1.545	1.541	1.714	1.777
Log likelihood	17.270	20.287	18.805	26.572	28.940
Obs	118	118	118	118	118

注：*、**、***分别表示在0.1、0.05、0.01水平上显著；括号内为t值。

（1）生计方式特征的影响

1）种植收入比重　在模型2和模型4中，种植收入比重的回归系数均显著为负，且较为稳健。这表明，对于研究区多数纯农型贫困农户而言，种植收入比重越高，其生计效率越低，可能的原因是单纯从事传统种植业在一定程度上会约束整体农业投入与产出水平。相关研究认为，种植业比重下降、牧渔业比重上升是农村产业结构从低收入弹性产业向高收入弹性产业动态升级的过程，有利于提升农业生产效率（成德宁和李燕，2016）。实地调查数据表明，研究区以种植业为主（种植收入比重≥50%）的纯农型贫困农户劳均生产投入为1 378元，劳均农业纯收入为2 973元，而以养殖业为主（种植收入比重＜50%）的劳均生产投入为2 157元，劳均农业纯收入为4 221元，其通过建立循环生产模式扩大生产规模，利于提升整体效益。

2）是否种植经济作物　在模型3和模型4中，是否种植经济作物的回归系数为正，且较为稳健，说明种植经济作物能促进提升纯农型生计效率。结合实地调查，研究区经济作物主要有黄连（亩均纯收入7 000～21 000元）、烤烟（亩均纯收入3 500～4 500元）、莼菜（亩均纯收入4 000～8 000元）、辣椒（亩均纯收入2 000～6 500元）等特色作物，不难发现，这类作物的亩均产出远高于粮油作物。实地调查数据表明，未种植经济作物的贫困农户劳均生产投入为1 112元，劳均农业纯收入为2 164元，而种植了经济作物的劳均生产投入为2 654元，劳均农业纯收入为6 320元，均高于前者。以上分析表明，种植经济作物在技术进步和促成规模效益两个角度对提升纯农型生计效率均起到了促进作用。

3）交互项　模型5中，种植收入比重与是否种植经济作物交互项的回归系数为正，且在5%水平上显著，说明以种植经济作物为主要产业的生产结构对提升纯农型生计效率起到正向作用。主要原因是以种植经济作物为主的生产结构能有效改变传统种植业的低收入弹性特征，起到积极的调节效应。然而，这种生产结构与方式除受到自然资源禀赋的约束外，还受贫困农户自身人力资本的限制，对劳动力能力要求较高。根据实地调查数据，研究区以种植经济作物为主要产业的纯农型贫困农户（种植收入比重≥50%∩是否种植经济作物：是）的人力资本平均值为0.445，远高于其他纯农型贫困农户（0.291），且多位于经济作物主导村。

（2）生计资本特征的影响

1）自然资本　劳均耕地面积对纯农型生计效率起到稳健的负向影响，劳均耕地面积平方具有稳健的正向影响，均在10%的水平上显著。由此可见，劳均耕地面积与纯农型生计效率之间存在U形曲线关系，说明纯农型生计效率随劳均耕地面积增加先下降后上升，这与杨万江和李琪（2016）的结论一致。分析可知，对于纯农型贫困农户而言，小规模种植的生计效率优势来自精耕细作，但在一定范围内会随着劳均耕地面积增加而逐渐弱化；当劳均耕地面积上升至某个区间内时，种植生产的规模效应逐渐形成，从而促使生计效率实现转折并呈上升趋势。此外，耕地灌溉比重的作用不显著，与理论预期不符的原因可能是，一方面研究区气候湿润且雨量充沛，另一方面境内一些特色经济作物如黄连、辣椒等对灌溉的要求总体不高。

2）人力资本　名义劳动力比重起到显著的正向影响，说明贫困农户名义劳动力比重越高，名义劳动力"赡老抚幼"的压力越小，在农业生产活动中将更加从容和专注，有利于提升其生计效率。劳动力健康程度起到显著的正向作用，说明农业生产对劳动力的健康水平要求较高，具备较高的健康水平有利于提升其农业生产能力。此外，非名义劳动力比重和实际劳动力文化程度在模型中均不显著，与理论预期不符。可能的原因是，研究区及全国其他地区均存在农业生产老龄化的趋势，而健康的老龄劳动力因具备丰富的农业生产经验在农业生产中并不逊色于壮年劳动力；对于多数贫困农户而言，传统的农业生产更加倚仗其健康水平，而对文化程度的要求总体不高。

3）金融资本　申请小额信用贷款对纯农型生计效率的影响不显著，与理论预期不符。一方面，由于投入产出存在时滞效应，部分贫困农户将贷款投入至农业生产对生计效率的提升作用尚未体现；另一方面，个别贫困农户可能将贷款用于其他方面开支，并未投入生产。

4）社会资本　是否接受技能培训对纯农型生计效率起到稳健的正向作用，表明纯农型贫困农户接受技能培训有利于提升其农业生产技术水平，对提升生计效率具有正向影响。是否加入专业合作社对纯农型生计效率起到了显著的正向影响，但其作用并不稳健，可能的原因是虽然加入专业合作可以达到提高农业技术水平和扩展农业市场渠道的效果，但该作用在部分农户中受到了负面因素的抵消。结合前文分析，对外联系频度不显著的原因可能是贫困农户对外联系过程中涉及的农业生产内容较少。

6.4.2　非农型生计效率的影响因素

在构建非农型生计效率影响因素分析模型时，首先将非农型生计资本特征变量作为控制变量引入基础模型 6，随后将外出务工地点设置为哑变量（以石柱县内为参照组）引入模型 7。结果见表 6-11。

表 6-11　非农型生计效率的影响因素 Tobit 估计结果

解释变量	模型 6		模型 7	
	回归系数	t 值	回归系数	t 值
外出务工地点			参照组：石柱县内	
石柱县外			0.049**	2.23
重庆市外			0.076***	6.25
名义劳动力比重	0.022***	3.18	0.016**	2.38
非名义劳动力比重	−0.001	−0.03	−0.008	−0.25
实际劳动力文化程度	0.455***	9.83	0.445***	9.98
实际劳动力健康程度	0.120***	2.67	0.126***	2.98
是否申请小额信用贷款	0.042	1.04	0.040	1.06
是否接受扶贫技能培训	0.001	0.09	0.006	0.44
对外联系频度	0.014***	3.86	0.044***	5.06
_cons	0.096**	2.07	0.078*	1.76
LR chi^2	116.06		152.93	
Prob>chi^2	0.000		0.000	
Pseudo R^2	−0.280		−0.369	
Log likelihood	265.259		283.696	
Obs	319		319	

注：*、**、***分别表示在 0.1、0.05 和 0.01 水平上显著。

（1）生计方式特征的影响

在模型 7 中，石柱县外和重庆市外的回归系数均显著为正，表明非农型贫困农户在石柱县外或重庆市外务工更有助于提升其生计效率。分析发现，外出务工地点对非农型生计效率的影响主要体现在技术进步角度。一方面从区域社会经济发展角度看，石柱县非农经济水平相对落后，县内务工的收入水平总体低于石柱县外或重庆市外，实地调查数据显示，重庆市外、石柱县外和石柱县内务工的非农型贫困农户月工资收入平均值分别为 2 267 元、2 138 元和 1 727 元；另一方面从自身角度看，到石柱县外或重庆市外务工的劳动力具有较高水平的人力资本和社会资本存量，具备更强的非农就业能力，生计资本计算结果显示，务工地点在重庆市外和石柱县外的非农型贫困农户的人力资本与社会资本的求和值分别为 0.988、0.961，均高于石柱县内（0.859）。

（2）生计资本特征的影响

1）人力资本　名义劳动力比重起到显著正向影响作用，表明劳动力数量越充足的家庭从事非农活动获得更高生计效率的可能性越大，这与纯农型生计效率影响因素的分析结论一致。实际劳动力文化程度和实际劳动力健康程度起正向影响，均在0.01水平上显著，符合理论预期。与纯农型不同的是，非农型生计效率除受健康水平影响外，文化程度也对其起到正向影响，主要原因是非农经济活动具有一定的文化门槛，文化程度越高的贫困农户往往就业选择面越大，收入水平越高。根据实地调查数据，研究区文化程度较高（文化程度≥0.6，相当于高中及以上水平）的非农型贫困农户的月收入达到2 614元，高于其他非农型贫困农户的月收入（1 969元）。此外，非名义劳动力比重的影响作用不显著，与理论预期不符，其原因是现实中非名义劳动力通常不具备外出务工的能力，从事非农活动的概率极低。

2）金融资本　是否申请小额信用贷款的影响作用不显著。分析发现，研究区非农型贫困农户申请小额信用贷款的积极性低于其他两类，仅有7户（2.19%）申请，且主要用于非生产性支出，不能有效提升其生计效率。

3）社会资本　对外联系频度起到了显著正向影响，表明贫困农户对外联络频率越高将更有助于掌握非农就业信息、获取就业机会，对生计效率的正向促进作用越明显；是否接受扶贫技能培训的影响作用不显著，与理论预期不符的原因主要是研究区扶贫技能培训对外出贫困农户的覆盖率较低，且培训内容更多地偏向农业生产。

6.4.3　兼业型生计效率的影响因素

根据第5章分析可知，生计方式特征变量中的非农业收入比重与多样化水平非独立变量呈"此消彼长"趋势，因此兼业型生计效率影响因素分析模型不应同时纳入上述两个变量。模型构建步骤为：首先，将生计资本特征变量作为控制变量引入基础模型8；随后，分别将兼职劳动力比重、非农业收入比重和多样化水平引入模型9、模型10和模型11；然后，将兼职劳动力比重和非农业收入比重引入模型12，将兼职劳动力比重和多样化水平引入模型13；最后，将兼职劳动力比重与非农业收入比重及其交互项引入模型14，将兼职劳动力比重与多样化水平及其交互项引入模型15。估计结果见表6-12。

表6-12　兼业型生计效率的影响因素 Tobit 估计结果

解释变量	模型8	模型9	模型10	模型11	模型12	模型13	模型14	模型15
兼职劳动力比重		0.029*			0.015*	0.044***	0.069**	0.047*
		(1.74)			(1.87)	(2.62)	(2.29)	(1.82)

（续）

解释变量	模型 8	模型 9	模型 10	模型 11	模型 12	模型 13	模型 14	模型 15
非农业收入比重			−0.106***		−0.093**		−0.136**	
			(−2.63)		(−2.15)		(−2.19)	
多样化水平				−0.151***		−0.166***		−0.202***
				(−4.60)		(−5.01)		(−5.10)
兼职劳动力比重×非农业收入比重							−0.136	
							(−0.86)	
兼职劳动力比重×多样化水平								0.097*
								(1.66)
劳均耕地面积	−0.017***	−0.016***	−0.019***	−0.015***	−0.018***	−0.014***	−0.018***	−0.014***
	(−3.29)	(−3.13)	(−3.70)	(−3.06)	(−3.52)	(−2.80)	(−3.47)	(−2.83)
劳均耕地面积平方	0.001***	0.001***	0.001***	0.001***	0.001***	0.001***	0.001***	0.001***
	(2.74)	(2.70)	(3.06)	(2.70)	(2.99)	(2.63)	(2.92)	(2.68)
耕地灌溉比重	0.007	0.009	0.007	0.010	0.008	0.013	0.008	0.015
	(0.37)	(0.45)	(0.37)	(0.54)	(0.41)	(0.68)	(0.43)	(0.81)
名义劳动力比重	0.134	0.116	0.144	0.132	0.133	0.105	0.141	0.102
	(0.98)	(1.13)	(1.22)	(0.99)	(0.87)	(1.33)	(1.04)	(1.28)
非名义劳动力比重	−0.084**	−0.072*	−0.096**	−0.068*	−0.088**	−0.049**	−0.100**	−0.049**
	(−2.22)	(−1.89)	(−2.53)	(−1.83)	(−2.27)	(−2.30)	(−2.55)	(−2.29)
实际劳动力文化程度	0.805***	0.827***	0.851***	0.705***	0.856***	0.727***	0.836***	0.720***
	(10.67)	(10.83)	(11.03)	(9.11)	(11.07)	(9.39)	(10.78)	(9.30)
实际劳动力健康程度	0.131**	0.146***	0.146***	0.083	0.152***	0.100*	0.150***	0.109**
	(2.43)	(2.68)	(2.70)	(1.53)	(2.79)	(1.85)	(2.76)	(2.01)
是否申请小额信用贷款	0.122***	0.120***	0.100***	0.142***	0.101***	0.140***	0.104***	0.143***
	(4.85)	(4.76)	(3.74)	(5.62)	(3.80)	(5.58)	(3.91)	(5.69)
是否加入专业合作社	0.060***	0.058***	0.052***	0.063***	0.052***	0.062***	0.049***	0.061***
	(3.9)	(3.82)	(3.37)	(4.19)	(3.39)	(4.1)	(3.14)	(4.07)
是否接受扶贫技能培训	0.051***	0.049***	0.047***	0.053***	0.047***	0.051***	0.046***	0.051***
	(3.37)	(3.27)	(3.1)	(3.54)	(3.08)	(3.42)	(3.05)	(3.45)
对外联系频度	0.013**	0.019***	0.022***	0.051	0.021***	0.052	0.012***	0.052
	(2.46)	(2.58)	(3.39)	(1.85)	(3.28)	(0.86)	(3.23)	(0.87)
_cons	0.268***	0.225***	0.307***	0.488***	0.279***	0.445***	0.263***	0.469***
	(4.08)	(3.21)	(4.58)	(6.07)	(3.76)	(5.46)	(3.54)	(5.68)
LR chi²	247.19	250.21	254.08	268.08	254.83	274.89	259.62	277.64
Prob>chi²	0.000	0.000	0.000	0.000	0.000	0.000	0.000	0.000
Pseudo R^2	5.665	5.734	5.823	6.144	5.84	6.300	5.949	6.363

（续）

解释变量	模型 8	模型 9	模型 10	模型 11	模型 12	模型 13	模型 14	模型 15
Log likelihood	101.776	103.29	105.223	112.222	105.597	115.629	107.993	117.003
Obs	626	626	626	626	626	626	626	626

注：*、**、***分别表示在 0.1、0.05、0.01 水平上显著；括号内为 t 值。

（1）生计方式特征的影响

1）兼职劳动力比重　由模型 9 及模型 12 至模型 15 的回归结果可知，兼职劳动力比重的回归系数均显著为正，且作用稳健，说明兼职就业行为有利于提升兼业型生计效率。根据实地调查数据，研究区具有兼职就业劳动力的兼业型贫困农户的名义劳动力比重为 43%，非名义劳动力比重为 22%，而其他兼业贫困农户的名义劳动力比重为 55%，非名义劳动力比重为 16%，可见兼职就业行为主要发生在人力资本相对偏低的家庭，这种"农忙务农、农闲务工"的两栖就业行为可充分发挥劳动力的价值，做到"人尽其用"，有利于提升生计效率。

2）非农业收入比重　模型 10、12 和 14 的结果表明，非农业收入比重对兼业型生计效率起到了稳健的负向作用，赵建梅等（2013）也得出了类似的结论。通常情况下，以农业收入为主的兼业农户通过自主安排生产投入，更易实现最优生产规模，对土地资源的利用水平相对更高；而随着非农业收入比重上升，农业生产规模逐渐被削减，将导致土地利用效率降低。由此可见，对于兼业型贫困农户而言，非农业收入比重上升造成生计效率降低的原因可能在于土地资源的低效利用。众所周知，土地流转是减少土地资源浪费、提升利用水平的最佳路径，是实现自然资本向金融资本的有效途径。然而，样本贫困农户中土地流转转出户仅80 户，主要为非农型和兼业型（74 户），且多位于经济作物主导村（MI2、HI2），可见区域缺乏特色产业支撑是贫困农户非农化发展过程中造成生计效率降低的间接因素。

3）多样化水平　模型 11、13 和 15 中，多样化水平变量的回归系数均在 0.01 水平上显著为负，且作用稳健，表明生计多样化对兼业型生计效率起负向影响，该结论性质与赵建梅等（2013）的研究相反。分析可知，农户通过拓展收入渠道可降低单一生产经营情况下的收入风险，利于稳定收入和提高生产要素的积累水平，实现生产的规模效率。然而，本文第 5 章贫困农户生计多样化发展阶段研究表明，研究区贫困农户生计多样化水平提升仅在低收入区间内对增加收入起正向促进作用，而收入增加总体上是一个生计专业化的过程。可见，生计多样化对兼业型贫困生计效率的负面影响源自生计资本的分散性及低水平投入引发的低产出效应。

4）交互项　模型 14 表明，兼职劳动力比重和非农业收入比重的交互项对生计效率起负向影响，但未通过显著性检验；模型 15 中，兼职劳动力比重和多样化水平交互项的回归系数在 0.1 水平上显著为正。由此可知，兼职就业无法有效调节兼业型贫困农户收入结构非农化引发的负面影响，而可改善其收入多样化带来的负面作用。具体体现为，在收入结构非农化的过程，兼业型贫困农户通过兼职就业挖掘人力资本潜力可以在一定程度上保障其农业生产规模，但无法根本缓解非农化造成的土地资源浪费及低效利用现象；而在生计多样化过程中，兼职就业对人力资本的挖掘总体能够弥补其他生计资本分散性、低水平投入带来低产出的效应。

（2）生计资本特征的影响

1）自然资本　劳均耕地面积和其平方项分别对兼业型生计效率起到显著的负向和正向影响，类似于对纯农型生计效率的作用，依然为 U 形曲线关系。根据实地调查，处于 U 形曲线右支（即劳均耕地面积大且生计效率高）的兼业型贫困农户的农业生产主要以经济作物为主，且多数分布于经济作物主导村（HI2、MI2）。由此可见，对于多数兼业型或纯农型贫困农户而言，生计效率低并非因为缺乏土地资源，其根本原因为自然资本与其他生计资本不匹配、不协调，造成了"物不能尽其用"的局面；此外，区域产业发展环境不成熟也是重要的背景因素。

2）人力资本　非名义劳动力比重起到稳健的显著负向影响，实际劳动力健康程度和实际劳动力文化程度均起到显著正向影响，而名义劳动力比重的影响作用不显著。与纯农型和非农型不同的是，兼业型生计效率受到了非名义劳动力比重的显著影响，究其原因，研究区兼业型贫困农户中"老年务农、壮年务工"的分工结构所占比重较大，实际参与劳动的非名义劳动力往往是其人力资本的薄弱环节，相较而言会对生计效率有一定的限制作用。与纯农型和非农型类似的是，健康程度和文化程度均起到了显著正向影响，进一步证实了人力资本是贫困农户能否提升生计效率的基础性因素。

3）金融资本　是否接受小额信用贷款产生了稳健的正向影响，且在 0.01 水平上显著。根据调查数据，兼业型贫困农户中接受了小额信用贷款的共 66 户，户均农业纯收入达到了 18 706 元，规模效率达到了 0.967，高于其他兼业型贫困农户（户均农业纯收入 6 158 元，规模效率为 0.916）。可见，兼业型贫困农户在获取非农现金收入的基础上再申请小额信用贷款用于农业生产，可有效促成规模效应。

4）社会资本　有别于纯农型，加入专业合作社对兼业型的影响更为稳健。一些研究已证实加入专业合作社能够积极调节非农就业给农业生产带来的负面影响（苏昕和刘昊龙，2017；韩雅清等，2018），这表明加入专业合作社和非农就业两个因素交互在兼业型贫困农户中形成了良性互动，对生计效率的正向影响就更加显著。与非农型有别的是，对外联系频度对兼业型的影响不够稳健，再次侧面证实了前文推断，贫困农户对外联系与农业生产要素的关联度不高，仅对非农生产具有促进作用。

6.4.4 农户层面生计效率影响因素分析的启示

上述分析结果证实了先前的理论设想，贫困农户开展生计活动的生计效率受到了来自其自身的主观决策因素和客观条件因素的共同作用。本文基于这部分的实证分析有以下几点认识：

（1）贫困农户对生产结构和生产形式安排的合理性是主观决定性因素

针对全体样本而言，纯农型贫困农户通过发展养殖等其他非种植业延伸产业链或种植特色经济作物可以提升生计效率；非农型贫困农户通过选择合适的务工地点可以获取更多机会与收益；兼业型贫困农户收入非农化会造成土地资源浪费；生计多样化一定范围内可增加收入，但因限制专业化不利于提升效率；兼职就业行为通过挖掘劳动力潜力可以提升效率，且可积极调节生计多样化带来的负面影响。

（2）自然资本的利用水平是限制性因素

研究区贫困农户的土地资源存在浪费和低效利用现象，但在人力资本和社会资本的保障下及特色产业的配套下，可改善其利用水平并形成规模效应。

（3）人力资本的质量与潜力是基础性因素

人力资本特征变量对各类生计效率的影响虽存在显著性水平上的差异，但对其作用的认识可以达成毋庸置疑的共识，即在劳动力数量不变的情况下，提升劳动力质量、挖掘劳动力潜力是提升生计效率的根本途径。

（4）金融资本与社会资本的可获取性是保障性因素

小额信用贷款对农业生产的促进作用得到了部分证实，贫困农户在自身现金收入的基础上以及其他资本配套下，获取小额信用贷款用于农业生产可有效促成农业生产的规模效应；加入专业合作社、接受扶贫技能培训以及增加对外联系频度等社会资本对不同类型生计活动影响作用的显著性水平存在差异，但不可否认的是，社会资本可获取性是提升生计效率的保障性因素。

总之，上述各类因素形式上虽相互独立，但存在千丝万缕的相互关联。贫困农户开展生计活动时，由自身主观决策、客观条件以及所处区域环境背景等因素共同作用引发"物未尽其用""人未尽其用"的局面是造成生计效率低的主要原因。由此可推断，其本质是贫困农户自身生计资本不足或生计资本组成要素不协调，对区域环境不适应、不匹配所致。

6.5　基于空间层面的贫困农户生计效率的影响因素分析

6.5.1　影响因素变量筛选与检验

运用 SPSS22.0 软件，以村域贫困农户生计效率为因变量，15 项影响因素为解释变量，通过计算 Pearson 相关系数检验因变量与解释变量的相关性，并根据解释变量的 VIF 诊断影响因素之间是否存在多重共线性（表 6-13）。

表 6-13　生计效率与影响因素的相关性及变量间多重共线性检验

解释变量	相关性分析		指标共线性		
	Pearson 系数	相关性判断	容忍度	VIF	多重共线性诊断
人均纯收入（PI）	−0.001	不显著	0.557	1.794	不存在共线性
农作物播种强度（CSI）	0.394**	显著中等程度相关	0.771	1.298	不存在共线性
农村路网密度（RD）	0.102	不显著	0.494	2.026	不存在共线性
区位水平（LL）	−0.122	不显著	0.536	1.866	不存在共线性
人口密度（PD）	−0.136	不显著	0.608	1.646	不存在共线性
城镇化水平（UL）	0.184	不显著	0.778	1.285	不存在共线性
少数民族比重（PM）	0.090	不显著	0.765	1.307	不存在共线性
外出务工人口比重（PMW）	0.614**	显著强相关	0.758	1.320	不存在共线性
"三留守"人口比重（PHS）	−0.085	不显著	0.563	1.777	不存在共线性
地势起伏度（RA）	−0.107	不显著	0.618	1.619	不存在共线性
人均耕地面积（$PCLA$）	0.112	不显著	0.566	1.766	不存在共线性
耕地破碎度（FCL）	−0.486**	显著中等程度相关	0.740	1.351	不存在共线性
水土流失面积比重（PSE）	−0.226	不显著	0.787	1.270	不存在共线性
户均耕作半径（ATR）	−0.273*	显著弱相关	0.566	1.767	不存在共线性
坡度 25°以上耕地面积比重（PSL）	−0.065	不显著	0.798	1.253	不存在共线性

注：1. 因变量为贫困农户生计资本；2. ** 表示 0.01 水平上显著，* 表示 0.05 水平上显著；3. 根据相关系数得分，分为极强相关（0.8, 1]、强相关（0.6, 0.8]、中等程度相关（0.4, 0.6]、弱相关（0.2, 0.4]、极弱相关 [0, 2]；4. 参照 ArcGIS 对多重共线性的判断，$VIF > 7.5$ 时，指标数据可能存在多重共线性。

从表 6-13 可以看出，15 个解释变量中与村域贫困农户生计效率存在显著相关性的有农作物播种强度、外出务工人口比重、耕地破碎度和户均耕作半径，其中农作物播种强度、外出务工人口比重和耕地破碎度在 0.01 水平上显著，户均耕作半径在 0.05 水平上显著。15 个解释变量的 VIF 均小于 7.5，不存在多重共线性。

6.5.2　空间差异影响因素回归分析

（1）GWR 模型分析结果

引入上述 4 个显著相关的解释变量，运用 ArcGIS10.2 构建贫困农户生计效率空间差异影响因素的 GWR 分析模型。模型的诊断参数见表 6-14，从模型的拟合度情况来看，R^2 和 R_{adj}^2 的值分别为 0.509 和 0.443；模型的 AICc 为 −156.678；模型的残差平方和为 0.277。另外，标准化残差的全局 Moran'I 为 −0.022，$Z=0.077$，表明标准化残差在空间分布上是随机分布的。上述诊断信息说明 GWR 模型对贫困农户生计效率空间差异影响因素的估计效果较好。

表 6-15 展示了 GWR 模型得出的研究区空间单元回归系数的描述性统计。从 P 值可以看出，引入的解释变量中，农作物播种强度和外出务工人口比重在 0.01 水平上显著，耕地破碎度在 0.05 水平上显著。

表 6-14　GWR 模型的诊断参数

模型	Residual Squares	Sigma	AICc	R^2	R_{adj}^2
GWR 模型	0.277	0.069	−156.678	0.509	0.443

表 6-15　GWR 模型的估计结果

解释变量	回归系数	t 值	最小值	下四分位数	中位数	上四分位数	最大值	P 值
农作物播种强度（CSI）	0.153***	3.101	0.133	0.144	0.153	0.167	0.182	0.003
外出务工人口比重（PMW）	0.709***	4.503	0.689	0.706	0.721	0.731	0.750	0.000
耕地破碎度（FCL）	−6.997**	−2.193	−7.824	−7.369	−7.087	−6.774	−6.561	0.032
户均耕作半径（ATR）	−0.003	−0.092	−0.024	−0.013	−0.002	0.006	0.015	0.927
常数项	0.234***	2.721	0.214	0.224	0.237	0.252	0.270	0.009

注：*** 表示 0.01 水平上显著，** 表示 0.05 水平上显著，* 表示 0.10 水平上显著。

（2）影响因素及空间差异分析

图 6-9 和表 6-16 展示了由 GWR 模型得出的显著影响因素在空间上的分布及区域上的差异情况。

农作物播种强度的回归系数均为正数，介于 0.133～0.182 之间，说明农作物播种强度对村域贫困农户生计效率起正向影响。农作物播种强度可反映区域土地资源利用强度，除了受土地肥力、水分、热量、土壤质地等客观因素外，还受到农户自身的劳力以及主管决策因素的影响，其值较小时区域内可能存在土地资源浪费或低效利用的现象，不利于贫困农户提升生计效率。从回归系数分布情况看，农作物播种强度影响力较大值主要分布在全县东南部，并向西北部递减；从区域差异看，回归系数在区域层面由大到小依次为 MI2、HI2、MI1、HI1、SI，可见，经济作物主导村受到农作物播种强度的影响大于粮油作物主导村，中山村高于低丘村。

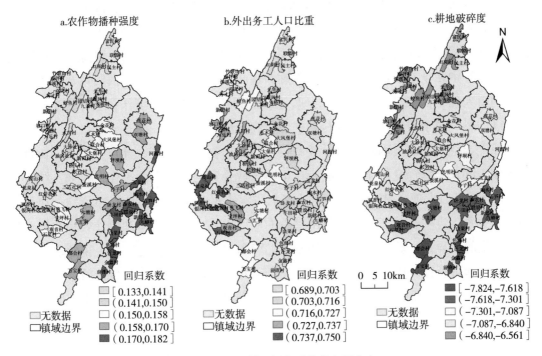

图 6-9　GWR 模型回归系数的空间分布

表 6-16　GWR 模型回归系数的区域差异情况

区域	农作物播种强度	外出务工人口比重	耕地破碎度
HI1	0.148	0.722	−6.931
HI2	0.158	0.721	−7.154
MI1	0.154	0.717	−7.067
MI2	0.167	0.709	−7.271
SI	0.145	0.737	−7.100

　　外出务工人口比重的回归系数均为正数，介于 0.689～0.750 之间，说明外出务工人口比重对村域贫困农户生计效率起正向影响。农户外出务工是近年来农村社会经济发展过程中的必经历程，其积极作用体现在促进农民增收、提升技术水平、增加社会资本等方面。外出农户资金和信息技术的反哺作用可有效推动原籍地社会经济发展（吴天龙，2015），这样的"带动效应"对提升村内贫困农户的生计效率也具备积极的作用。从回归系数分布情况看，外出务工人口比重影响力较大值主要分布在西南部县城周边区域；从区域差异看，回归系数在区域层面由大到小依次为 SI、HI1、HI2、MI1、MI2，可见非农化程度较高的区域受此影响相对更大。

　　耕地破碎度的回归系数均为负数，介于 −7.824～−6.561 之间，表明耕地破碎度对村域贫困农户生计效率起负向作用。耕地作为农民的基本生产资料，耕地破碎度大，耕地分布零散、不规整，不利于机械投入和规模经营，从而限制农户生产经效益，影响农民收入。在韦燕飞等（2017）和童新华等（2018）的研究中，耕地破碎被证实与贫困程度存在一定的空间耦合关系。从回归系数分布情况看，耕地破碎度影响力较大值集中在全县南部村域，向北部逐渐递减；从区域差异看，回归系数由大到小绝对值由大到小依次是 MI2、HI2、SI、MI1、HI1，可见，经济作物主导村受到耕地破碎度的影响高于粮油作物主导村，中山村高于低丘村。

综上，空间层面贫困农户生计效率仅受到农作物播种强度、外出务工人口比重和耕地破碎度 3 个解释变的显著影响，在不同区域受到的影响力大小存在差异。结合第 4 章的分析可以发现，贫困农户的生计资本和生计效率与所处的地理环境均存在显著的互动关系，进一步验证了空间贫困理论的应用实践。生计资本和生计效率空间差异影响因素的差异性，验证了基于"物质匮乏"和"可行能力匮乏"两个视角贫困测度的必要性和可行性。因此，研究有必要在论证农户层面生计资本和生计效率内生关系的基础上，进一步探索两者的空间关系，以此更加全面地透视研究区贫困空间格局和特征。

6.6 本章小结

本章旨在从"可行能力匮乏"视角审视区域贫困特征。本章开展了关于贫困农户生计效率测度、空间差异及影响因素等方面的研究，在解析生计效率内涵的基础上，测算了不同类型的生计效率，通过聚类分析和探索性空间分析等方法刻画了空间差异特征和空间关联格局，并分别从农户和空间两个层面探索了生计效率的影响因素。本章在农户生计和贫困问题研究的视角与理论层面具备一定的创新性，可为相关研究提供理论与技术参考。主要结论如下：

（1）贫困农户生计效率测度与分析表明，纯农型贫困农户的综合生计效率为0.625，近半数纯农型贫困农户开展农业生产经营活动表现为"自产自销"的状态，不利于对生计资本的积累；非农型贫困农户的综合生计效率为 0.360，非农生计活动的规模总体较大，需从提升非农劳动力素质或改善就业环境等方面入手提升生计效率；兼业型贫困农户的综合生计效率为 0.604，兼职就业利于从技术进步角度提升生计效率，而全职就业在生产规模上更胜一筹；低保救助水平平均值为 25.44%，与生计资本、生计效率均呈负向相关关系。

（2）贫困农户生计效率空间差异分析中，村域层面分析表明，生计效率的空间差异情况类似于生计资本，也表现为"大分散、小集中"的分布态势，抽样村生计效率以单一类型滞后型为主；区域层面分析表明，贫困农户生计效率由大到小依次为：中山经济作物主导村（MI2）＞低丘经济作物主导村（HI2）＞近郊城镇辐射村(SI)＞低丘粮油作物主导村（HI1）＞中山粮油作物主导村（MI1）；空间关联特征分析表明，生计效率在空间分布上存在一定的空间自相关性，热点区域主要集中于县域东部中山经济作物主导村。

（3）农户层面影响因素分析表明，贫困农户开展生计活动的主观决策、客观条件以及所处区域环境背景等因素共同作用促成"物未尽其用""人未尽其用"的局面是造成生计效率低的主要原因，其本质是贫困农户自身生计资本不足或生计资本组成要素不协调，对区域环境不适应、不匹配所致。空间层面影响因素分析表明，生计效率空间差异受到农作物播种强度、外出务工人口比重和耕地破碎度 3 个解释变量的显著影响，不同空间单元受到的影响作用大小存在差异。对比生计资本空间差异的影响因素发现，生计资本和生计效率空间差异影响因素存在差异性，验证了空间贫困理论的实践价值；研究有必要进一步探索生计资本和生计效率的空间关系，以此更加深入地透视区域贫困空间格局和特征。

第 7 章
贫困农户生计效率与生计资本的空间关系及优化调控

传统反贫困工作过度强调物质资源投入对消除贫困的作用，忽略了贫困主体的主观能动性及其在社会活动中的主体地位，必然会造成贫困主体发展的内在张力不足，导致减贫速度减缓，脱贫效果不稳定（段世江和石春玲，2005）。精准扶贫工作开展以来，在重点解决贫困农户"两不愁、三保障"问题的基础上，通过施行"产业扶贫""项目扶贫"等措施培育区域经济产业和改善基础设施水平，以此提升贫困主体的自主脱贫能力，成为扶贫工作的主要目标导向（虞崇胜等，2016）。从农户生计视角认知，提高贫困人口的谋生能力，帮助扶贫对象建成可持续生计，是促进贫困农户形成自主脱贫能力的决定性因素（何仁伟等，2017）。受到已有可持续生计框架的影响，绝大多数关于贫困治理的可持续生计研究集中于生计资本和生计策略方面，主要落脚于查探贫困农户生计资本的薄弱环节与生计策略的约束性特征，缺乏对其可行能力的关注。受此启发，本文引入"生计效率"用于衡量贫困农户的可行能力，延伸了可持续生计的内涵，拓展了可持续生计框架。在拓展框架下，生计资本和生计效率分别被用于测度贫困的"物质匮乏"与"可行能力匮乏"两种状态，两者任一维度的缺失都可能导致不同类型的贫困。因此，综合上述两种贫困状态，分析生计资本和生计效率的关系可作为可持续生计视角下系统性探讨贫困问题的全新途径。

本章将视角聚焦于贫困农户的"自主脱贫能力"层面，结合生计资本和生计效率内在关联机制，通过分析两者空间关系，切入贫困农户的自主脱贫能力评价，提出针对性的优化方案，并探讨优化调控措施。本章研究是基于地理学对贫困研究的系统化尝试，具备一定的跨学科、综合性的理论与视角创新，研究范式可以为系统性认知贫困提供方法论借鉴，研究结果可为研究区及类似区域提供反贫困实践支撑。

7.1 研究思路

本章在第 4 章和第 6 章研究结果的基础上，开展贫困农户生计效率与生计资本空间关系及优化研究（图 7-1）。研究思路如下：首先，结合前文分析，采用耦合协调度模型及灰色关联模型从贫困农户层面对生计效率与生计资本的互动关系进行推断检验，并对两者互动机制内容进行解构；随后，在空间层面将生计效率与生计资本视为独立系统，运用空间错位分析方法，分析两者的空间关系，从空间层面评价贫困农户的自主脱贫能力，并选取不同类型典型村域进行分析；最后，依据评价结果，确定综合性的反贫困优化方案，明确各村域重点贫困短板和优化方向，并探讨优化调控措施。

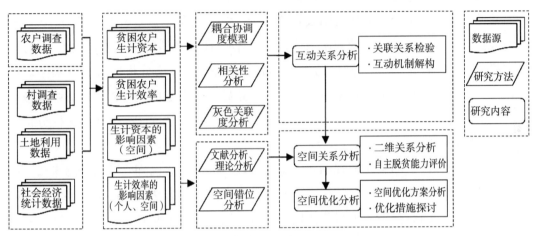

图 7-1　贫困农户生计效率与生计资本的空间关系及优化调控框架

7.2　研究方法

7.2.1　贫困农户生计效率与生计资本互动关系分析方法

（1）生计资本协调度测算方法

从可持续科学出发，系统的可持续性不仅取决于系统各组成部分的量值水平，而且与各组成部分间的耦合协调状态密切相关，农户生计的可持续性不仅要求生计资本尽量充裕，也需要生计资本之间有着良好的耦合协调状态（吴孔森等，2016）。结合第 6 章农户层面生计效率影响因素研究结论，生计资本可作为贫困农户开展生计活动的自身客观条件因素影响生计效率，生计资本之间的不协调性是造成生计效率低的重要原因。本文将采用耦合协调度模型来量化生计资本组成要素的耦合协调状态。耦合度是指系统相互作用、相互影响的程度，不分利弊；耦合协调度是指系统相互作用中良性耦合程度的大小，体现了系统间协调状况的好坏程度（李静怡，2014）。将自然资本、物质资本、人力资本、金融资本和社会资本共同引入模型，测度生计资本耦合协调度，计算公式如下：

$$C = \left\{ \frac{\prod_{i=1}^{5} LC_i}{\left[\sum_{i=1}^{5} LC_i \right]^5} \right\}^{\frac{1}{5}} \qquad (7-1)$$

$$D = \sqrt{C \cdot LC} \qquad (7-2)$$

式中，C 为生计资本耦合度；D 为生计资本耦合协调度；LC_i 为各类生计资本的测算值；LC 为生计资本总量，数据来源于本文第 4 章的测算结果。

（2）生计效率与生计资本的互动关系检验方法

常见的相互关系分析方法有图表相关分析、协方差及协方差矩阵、相关系数、相关性分析、回归分析等。生计效率与生计资本本身具备强烈的相互依存关系，因此，本文将采用实用性强且易于操作的 Pearson 相关性分析方法分析两者相互关系。同时，为了避免不同类型生计效率由于样本数量差异可能造成的统计误差而影响对数据分析结果的内在机制解读，本文还将采用灰色关联分析方法对 Pearson 相关性分析的结果进行印证分析。

灰色系统理论由邓聚龙教授创立，是一种以"部分信息已知，部分信息未知"的"小样本""贫信息"不确定性系统为研究对象的方法，该方法的核心思想在于对反映各因素变化特性的数据序列进行几何比较，若曲线或几何形状越接近说明关联程度越大，反之则越小（邓聚龙，2007）。该方法的优势在于对样本容量无明确要求，可用于分析无规律数据之间的关系（吴石英，2017）。灰色关联系数的计算公式如下：

$$\alpha_i(k) = \frac{\min_i \min_k \Delta_i(k) + \rho \max_i \max_k \Delta_i(k)}{\Delta_i(k) + \rho \max_i \max_k \Delta_i(k)} \qquad (7-3)$$

式中，$\Delta_i(k) = |X_0(k) - X_i(k)|$ 为指标 k 的绝对差；ρ 为分辨系数，在 0～1 范围内取值，通常取值为 0.5，ρ 值越小，关联系数的分辨能力越强。在计算关联系数的基础上，通过求取关联系数的平均值得到比较序列与参考序列的关联度（V_i），即：

$$V_i = \frac{1}{n} \sum_{k=1}^{n} \alpha_i(k) \qquad (7-4)$$

关联度（V_i）的大小反映了比较序列与参考序列的关系密切程度，关联度越大，比较序列对参考序列的变化更具重要性。

7.2.2 贫困农户生计效率与生计资本空间关系分析方法

贫困农户生计效率与生计资本两者在农户层面存在密切联系，在空间上又可被视为两个相互独立的要素。基于广义"物质匮乏"和"可行能力匮乏"视角，探索两者空间非均衡关系是对系统性解读区域贫困空间格局的有益尝试。

(1) 空间错位分析方法

空间错位分析是一种通过计算两个相互联系要素几何重心的分离程度来衡量要素空间关系的方法，作为地理学常见的空间分析手段，最初用于分析劳动力空间配置问题，分析居住与就业空间不匹配现象，后来被拓展到旅游发展机遇与资源承载能力、经济发展与环境污染等问题的研究中（宋金平等，2007；李名升等，2013；裴星星等，2014）。

运用二维组合矩阵可以从宏观上掌握空间属性之间的错位情况。矩阵的数学表现形式为二维数表，在分析贫困农户生计效率与生计资本的空间错位现象时，可将其转换为由村域层面生计效率与生计资本构成的相位图。具体操作方法为，依据第 4 章和第 6 章聚类分析结果，以横轴（X）表示贫困农户生计资本，纵轴（Y）表示贫困农户生计效率，构建二维矩阵获取不同的错位组合类型（图 7-2）。

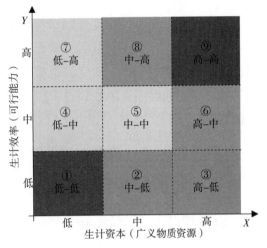

图 7-2　贫困农户生计效率与生计资本的二维矩阵

(2) 贫困农户自主脱贫能力的内涵与评判方法

关于贫困人口自主脱贫能力的研究数量较少，主要集中于理论政策研究、制度建议等方面（虞崇胜等，2016；李鹏，2017），而具体的量化评价研究十分缺乏。一般认为，贫困人口具备自主脱贫能力，指其在一定时期内依靠外界与自身现有的资源，通过自主开展生产经营活动能够有效提升收入，改善贫困现状，最终实现稳定脱贫。基于上述认识，本文认为：贫困农户拥有充足的"物质资源"基础，具备足够的"可行能力"，是形成自主脱贫能力的基本前提，两者任一维度缺失出现的非均衡状态均会阻碍自主脱贫能力形成。

因此，作为上述两种必要条件的具体表征，通过分析生计效率和生计资本的二维关系现状恰能作为评判贫困农户自主脱贫能力的可行途径，两者量化等级和组合的均衡程度共同决定了自主脱贫能力大小。当贫困农户的生计效率和生计资本呈现为双料缺失的状态时，贫困农户生计则处在恶性循环的贫困陷阱中，实现自主脱贫的能力极低；当生计资本充足而生计效率滞后时，贫困农户通过开展生计活动不能实现对生计资本的有效积累与改善，反而还存在恶化风险，实现自主脱贫的能力较低；当生计效率高而生计资本滞后时，贫困农户生计资本处在一种低水平的优化改进的状态，短期内有效改善生计资本的可能性不高，实现自主脱贫的能力相对较低，但总体优于上述两种状态。

结合上文分析，依据二维组合矩阵中9种组合类型得出二维视角下的区域贫困空间格局，可对区域层面贫困农户自主脱贫能力等级进行综合评判（表7-1）。9种组合类型中，划分至⑤、⑥、⑧、⑨4种类型抽样村的贫困农户生计效率与生计资本处于中、高水平，两者均衡程度较高，在现行条件不变的情况下，当地贫困农户具备较强的自主脱贫能力，属于可接受区间，其中，类型⑨（高生计资本-高生计效率）最强，类型⑧、⑥次之，类型⑤再次之。其余5种类型均属于不可接受区间，除类型①以外的组合均表现出不同程度空间错位现象，两者均衡程度较低，现行条件不变的情况下，当地贫困农户自主脱贫能力较弱，类型①（低生计资本-低生计效率）的自主脱贫能力最弱，类型②、③次之，类型④、⑦再次之。

另外，对空间层面贫困农户自主脱贫能力评价可以为当地贫困治理提供明确的优化导向。

表7-1 贫困农户自主脱贫能力评判方法

区间	自主脱贫能力等级	组合类型
可接受	高	⑨（高-高）
	较高	⑧（中-高）、⑥（高-中）
	次高	⑤（中-中）
不可接受	次低	⑦（低-高）、④（低-中）
	较低	③（高-低）、②（中-低）
	低	①（低-低）

7.3 贫困农户生计效率与生计资本的互动关系分析

7.3.1 生计效率与生计资本的关联关系检验

（1）生计资本耦合协调度测度

按照公式7-2计算，研究区贫困农户生计资本的耦合协调度水平总体较低，其值为0.465。各类型贫困农户的生计资本耦合协调度介于0.4~0.5之间，最高的是兼业型，其值为0.483；最低的是非农型，其值为0.426（图7-3）。从生计资本耦合协调度的变异系数来看，不同类型贫困农户间还存在着不同程度差异，非农型贫困农户之间生计资本耦合协调度的差异水平最高，而兼业型差异最小。这说明，研究区不同类型贫困农户的生计资本存在一定的属性分异的现象，导致五大生计资本总体失调，这种不合理结构的最大弊端在于会阻碍生计资本的相互转换，无形之间造成优势资源的价值损失。

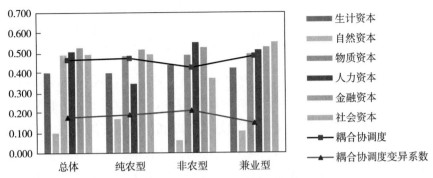

图 7-3　贫困农户生计资本结构的耦合协调度

（2）相关性与灰色关联度分析

从 Pearson 相关性系数来看，贫困农户生计效率与生计资本、生计资本耦合协调度均存在显著的正相关性。从系数值来看，各类型贫困农户生计效率与生计资本总量的相关性强于与生计资本耦合协调度的相关性。而从灰色关联度分析结果来看，贫困农户生计效率与生计资本及生计资本耦合协调度的灰色关联度均介于 0.7~0.8 之间，处于较高水平（表 7-2）。然而，有别于相关性分析结果，纯农型和兼业型贫困农户的生计效率与生计资本耦合协调度的灰色关联度高于与生计资本总量的。总的来说，以上分析验证了第 6 章农户层面生计效率影响因素的推断分析，即在贫困农户个体层面，生计效率与生计资本存在紧密的关联关系，具体表现为与生计资本总量及生计资本耦合协调度正相关。

表 7-2　贫困农户生计效率与生计资本及生计资本耦合协调度的相关性

检验方法	贫困农户类型	相关系数	
		生计资本总量	生计资本耦合协调度
相关性分析	纯农型	0.503**	0.230*
	非农型	0.317**	0.145**
	兼业型	0.413**	0.178**
灰色关联度分析	纯农型	0.706	0.744
	非农型	0.787	0.768
	兼业型	0.743	0.776

注：** 表示 0.01 水平上显著，* 表示 0.05 水平上显著。

可见，本文引入生计效率视角拔高了基于生计资本的贫困内涵。就贫困农户自身而言，除生计资本总体匮乏致贫以外，个别生计资本的匮乏造成生计资本无法形成有效的耦合协调机制，导致生计效率较低，从而无法充分发挥优势资本的基本功能，造成 "物未尽其用" "人未尽其用" 的局面，也是引发贫困的重要原因。

7.3.2 生计效率与生计资本的互动机制解构

生计效率与生计资本作为审视贫困的不同视角，形式上虽相互独立，实则存在密切的内在联系。贫困农户个体层面，生计效率与生计资本的关联关系体现在与生计资本总量以及其耦合协调度正相关，但就全局而言，两者之间还存在复杂的互动关系（图7-4）。若将生计活动视为生计资本转换的过程，那么生计活动的起始端与终端均可以生计资本的形式展现，生计效率则是从资源利用的角度测算基于不同生计方式的生计资本转换效率来反映贫困农户的可行能力。结合前文分析，可持续生计框架在系统性模拟生计活动时，框架由许多变量构成，各变量表征的要素均可互为因果，彼此作为内生变量发挥交互影响作用，且这种影响作用具备一定的传导性，同时内部要素变量会受到区域背景因素构成外生变量的影响。生计效率也不例外，受到了生计资本总量及其结构协调性水平、生计方式决策合理性、区域背景等因素的影响。值得注意的是，框架任一环节突变都将引发连锁性反应，故生计效率与生计资本的互动始终贯穿于整个生计活动。

从生计效率与生计资本的相互作用机制来看，生计效率高意味着贫困农户具备较强的可行能力，生计资本在转换过程中得到提升、改善的可能性较高，具备较强的可持续性；而生计效率低则意味着贫困农户的可行能力弱，生计资本在转换过程中存在停滞不前甚至恶化的风险，可持续性水平低。

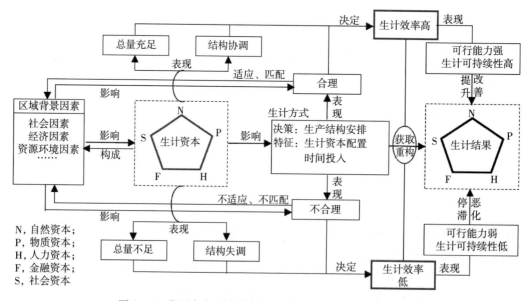

图7-4 贫困农户生计效率与生计资本的互动机制示意图

7.4　贫困农户生计效率与生计资本的空间关系分析

7.4.1　二维组合矩阵分析及空间层面自主脱贫能力评价

依据第 4 章和第 6 章的聚类分析结果，以贫困农户的生计资本为 X 轴，生计效率为 Y 轴构建二维矩阵，形成 9 种组合类型（表 7-3）。从二维矩阵分析结果可知，66 个抽样村在 9 种类型中均有分布，生计效率与生计资本表现为同步状态的共有 31 个村，其中双料缺失型（"双低型"：类型①）有 12 个村，占比 18.18%；而属于错位状态的共 35 个村，其中单一滞后型（"跛足型"：类型②、③、④、⑦）共 24 个村，占比为 36.36%。

表 7-3　贫困农户生计效率与生计资本二维矩阵组合结果

二维组合类型	村（社区）	比例（%）
①低-低	黄山村、蚕溪村、三店社区、新田村、白果村、丰田村、双香村、光明村、石笋村、三汇村、龙泉村、前锋村	18.18
②中-低	桥头村、长沙村、大堡村、九龙村、安桥村、宝坪村、万强村、南坪村、银河社区、富民村、大沙社区、都会村	18.18
③高-低	光华村、建设村	3.03
④低-中	沙子村、新建村、坡口村、新阳村、水田村、汪龙村、秀才村、深溪村、六塘村	13.64
⑤中-中	黄鹿村、双龙村、竹景山村、九蟒村、联盟村、联合村、东木村、鱼龙村、金花村、河源村、玉龙村、红阳村、民主村、油房社区、万宝村、金鑫村	24.24
⑥高-中	石星村、观音村、万乐村、蛟鱼村、团结村、大风堡村、勇飞村	10.61
⑦低-高	莲花村	1.52
⑧中-高	双塘村、卧龙村、坪坝村、红井社区	6.06
⑨高-高	雄风村、响水村、和农村	4.55

注：数据源于第 4 章和第 6 章的计算结果。

根据二维组合矩阵分析结果，对空间层面贫困农户的自主脱贫能力进行评价（表 7-4、图 7-5）。村域层面贫困农户自主脱贫能力在 6 个等级中均有分布，分布最多的为次高等，达 16 个村，分布最少的为高等，仅 3 个村；整体大致呈现为右偏态分布，即分布密度的高峰偏向于等级偏低一侧。贫困农户自主脱贫能力等级为不可接受型（36 个村）的抽样村数量略多于可接受型的（30 个村）。

从空间分布上看，贫困农户自主脱贫能力各等级总体分布较为分散，在部分区域表现为"小集中"的态势。可接受型等级在全县中部大风堡以北村域、东南部金竹片区以及东北部方斗山王场片区相对集中；而不可接受型等级在全县中部大风堡南侧三益中益片区分布最为集中。从区域层面看，贫困农户自主脱贫能力存在显著的区域差异，等级为可接受型的占比由高到低依次为：中山经济作物主导村（MI2）和低丘经济作物主导村（HI2）＞近郊城镇辐射村（SI）＞低丘粮油作物主导村（HI1）＞中山粮油作物主导村（MI1），其中拥有较好产业基础的经济作物主导村（HI2、MI2）的情形明显优于粮食作物主导村（HI1、MI1），由此可见，村域层面能否发展特色产业并有效覆盖贫困农户是影响其自主脱贫能力形成的关键性因素。

表7-4 村域层面贫困农户自主脱贫能力等级分布（单位：%）

区域	不可接受				可接受			
	低	较低	次低	小计	次高	较高	高	小计
HI1	18.75	18.75	18.75	56.25	37.50	6.25	0.00	43.75
HI2	10.00	10.00	20.00	40.00	20.00	30.00	10.00	60.00
MI1	35.29	29.41	11.76	76.47	17.65	5.88	0.00	23.53
MI2	6.67	13.33	20.00	40.00	20.00	26.67	13.33	60.00
SI	12.50	37.50	0.00	50.00	25.00	25.00	0.00	50.00
总体	18.18	21.21	15.15	54.55	24.24	16.67	4.55	45.45

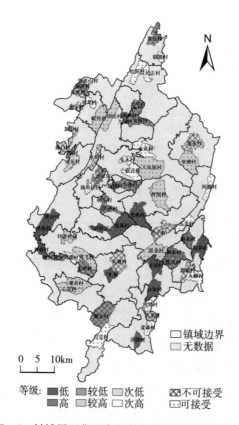

图7-5 村域层面贫困农户自主脱贫能力等级分布图

7.4.2　典型村域分析

(1) 莲花村: 生计资本滞后型

莲花村系枫木镇下辖行政村, 辖区面积 23.02km² 。该村坐落于石柱县东部七曜山山区, 距县政府 87km。2016 年, 全村共有 751 户、2 037 人, 其中农业人口 1 565人, 农民人均纯收入为 8 764 元。莲花村属于中山经济作物主导村 (MI2), 海拔1 125～1 766m, 村内主导产业为经济作物种植, 主要有黄连和莼菜等作物种植, 养殖业以牛和山羊养殖为主, 其他产业还有中华蜜蜂养殖等。截至 2016 年底, 该村建档立卡贫困农户累计 59 户、219 人, 其中低保贫困户共 9 户、24 人, 已实现脱贫 34户、122 人。

作为典型的生计资本滞后型, 莲花村贫困农户生计效率较高但生计资本总量匮乏, 村内贫困农户自主脱贫能力等级为次低。该村贫困农户生计资本测算值为2.024, 排名第 47 位, 处于较低水平; 生计效率测算值为 0.750, 排名第 3 位, 处于较高水平, 这主要得益于贫困农户具有相对协调的生计资本结构和对产业环境的适应性。从生计资本结构来看, 物质资本和人力资本处于较低水平, 自然资本、金融资本和社会资本处于中等水平。具体分析, 生计资本总体水平低主要表现在该村贫困农户居住条件水平相对较差和劳动力健康程度相对较低两个方面。村内贫困农户人均住房面积为 31.90m² , 住房主要以木结构和土坏结构为主, 卫生厕所覆盖率为 61.11%;村内贫困农户中健康劳动力比重为 68.18%, 低于全县平均水平。从生计资本和生计效率的空间主导影响因素来看, 该村主要受到村域层面“三留守”人口比重、地势起伏度、人均耕地面积和农作物播种强度等因素的影响。

作为生计资本滞后型的典型, 较高的生计效率使得当地贫困农户的生计具备一定可持续性, 但贫困农户短期内依靠自身有效改善生计资本的可能性不大。对于该类型村域, 优化重点应在生计资本总量改善上, 在解决贫困人口“两不愁、三保障”的基础上, 实施针对个体与空间层面的薄弱环节的改善措施。

(2) 光华村: 生计效率滞后型

光华村为王家乡下辖行政村, 辖区面积 6.91km² 。该村位于石柱县北部方斗山东侧, 距县政府 67km。2016 年全村共 449 户、1 566 人, 其中农业人口 1 356 人, 农民人均纯收入 8 920 元。光华村属中山粮油作物主导村 (MI1), 海拔 739～1 261m, 地形起伏较大, 村内主导产业为粮油作物种植, 主要有玉米、水稻和辣椒等, 养殖业主要为山羊、猪和牛。截至 2016 年底, 该村建档立卡贫困农户累计 41 户、145 人, 其中低保贫困户共 6 户、19 人, 已实现脱贫 25 户、92 人。

作为典型的生计效率滞后型, 光华村贫困农户的生计资本总量充裕但生计效率水平较低，自主脱贫能力等级为较低。生计资本方面，该村贫困农户生计资本测算值为 2.580，在 66 个抽样村中排名第 10 位，其中自然资本、物质资本、金融资本、社会资本均处在较高水平，而人力资本相对偏低，得分仅 0.360，排名第 47 位，主要体现在非名义劳动力比重高以及劳动力健康程度偏低两个方面，非名义劳动力比重达到 34.36%，远高于全县平均水平（14.90%）；健康的劳动力比重仅占 62.01%。劳动力"高龄化、疾病化"导致贫困农户生产能力低，面对外部环境约束的决策适应能力不高，在生计活动中无法充分发挥自身优势，从而限制其可行能力，造成生计效率较低（得分 0.486，排名 48 位）。从生计资本和生计效率的空间主导影响因素来看，该村主要受到村域层面"三留守"人口比重、地势起伏度和人均耕地面积等因素的影响。

对于这类生计效率滞后型的村域，现行条件下，贫困农户的生计资本存在停滞不前甚至恶化的风险。优化重点应落脚在如何提升生计效率之上，个体层面应优先补齐生计资本短板，鼓励贫困农户适当转型生计方式；区域层面，可考虑发展梯次性的农村产业，改善产业环境水平，同时推动贫困农户开展土地流转、土地出租，实现资本向资产的转换，充分发挥优势资源价值；另外，对于因重病、高龄而丧失基本劳动能力的贫困农户，还应以低保兜底保障其基本生活。

（3）光明村：双料缺失型

光明村属中益乡下辖行政村，辖区面积 25km²。该村位于石柱县中部大风堡南侧，距县政府 43km。2016 年全村共 358 户、1 256 人，其中农业人口 1 168 人，农民人均纯收入 6 000 元。光明村属中山粮油作物主导村（MI1），海拔 828～1 806m，地形起伏大，村内主导产业为粮油作物种植，主要有水稻和玉米种植，养殖产业以猪和山羊养殖为主，其他产业包含山药种植、中华蜜蜂养殖等。截至 2016 年底，该村建档立卡贫困人口累计 66 户、243 人，其中低保贫困户共 35 户、116 人，已实现脱贫 40 户、141 人。

作为典型的双料缺失型，光明村贫困农户自主脱贫能力等级为低等。一方面，该村贫困农户生计资本总量极度匮乏，生计资本得分为 1.703，在 66 个抽样村中排名 65，其中自然资本相对充裕，但物质资本、人力资本、金融资本和社会资本均为较低水平。具体表现为：劳动力健康程度和文化程度较低，劳动力身体健康状态较好的贫困农户比重仅 56.25%，学历为小学及以下的劳动力比重高达 70%；居住条件较差，木结构和土坯结构住房比重达到 75%，卫生厕所普及率仅 62.50%，截至 2016 年底，个别危房尚未完成改造；医疗负担较重，申请小额信用贷款数量较少；距村主干道距离较远，平均距离为 2.65km，接受过扶贫技能培训的贫困农户比重仅 31.25%。另一方面，生计效率水平也表现为较低水平，得分为 0.419，排名 52。由于该村地处山区且相对偏远，受到资源环境多维因素制约，长期以来村内经济产业欠发展，表现出"空心化"趋势。同时受到自身生计资本劣势的影响，当地贫困农户农业和非农业收益水平均相对不高，人均农业纯收入为 1 563 元，人均非农业收入为 3 258 元，均低于全县平均水平。

双料缺失型村域的贫困农户极易陷入"积贫积弱"的恶性循环。对于该类型的村域，应采取全方位的反贫困方案，既要提升生计资本也需提升生计效率。优化方向为，在个体层面重点解决贫困农户的"两不愁、三保障"问题，提升其各类生计资本；在村域层面建设长效稳定的农村产业，突破恶性循环的关键在于扩大长效产业的覆盖面，可考虑整合各类扶贫资金及资源，引入龙头企业，因地制宜培育具备梯次性特征的产业体系，尽可能全面覆盖贫困农户，对贫困农户实施"带动式"帮扶，提升其自主脱贫能力；同时用好农村低保政策，保障特困群体的基本生存需求。

7.5　贫困农户生计效率与生计资本的空间优化调控方案

7.5.1　优化调控目标

在 2020 年全面建成小康社会的宏观目标背景下，有效治理贫困，确保贫困人口脱贫稳定性，是精准扶贫工作的首要任务，而利用有限扶贫资源实现治贫效益最大化则是精准扶贫工作开展的合理性和科学性前提。本文基于 SL 拓展框架实现了从不同视角对区域贫困格局的审视，探明了不同视角下贫困短板与致贫因素，同时在生计效率与生计资本互动关系检验分析的基础上，通过空间关系分析切入了贫困农户自主脱贫能力评价，评价结果正可为空间优化调控提供目标导向，为制定和实施类别差异化、程度差异化的扶贫措施提供科学的参考依据。

结合上文分析，提升贫困农户自主脱贫能力，有效消除贫困，促进区域协调发展的分解目标有以下四点，目标 1：提升贫困农户生计资本总量；目标 2：提升生计资本结构协调性水平；目标 3：优化调整贫困农户生产结构，提升生计方式适宜性水平；目标 4：改善基础设施，建立特色产业体系，营造良好生计外部环境。

7.5.2　优化调控思路

以前文自主脱贫能力评价结果为依据，将自主脱贫能力等级为不可接受的 36 个村域作为重点优化区域，分别对应为双料缺失、生计效率滞后和生计资本滞后三种类型村域。根据三种类型村域的具体特征，明确致贫的自身短板因素和区域限制性因素，并提出具有针对性的主导优化方案。

具体操作思路如下：在双料缺失型村域内，采取全方位的反贫困方案，主导工作有目标 1 至目标 4；在生计效率滞后型村域内，采取生计效率提升型方案，主导工作有目标 2 至目标 4；在生计资本滞后型内，采取生计资本改善型方案，以目标 1 和目标 4 作为主导。

7.5.3 优化调控方案

根据生计资本聚类分析结果，得到各村的生计资本短板；根据生计资本、生计效率空间影响因素分析结果得出各村的空间主导限制性影响因素。在重点优化分区的基础上，按照"缺啥补啥"原则，为各类型村域优化实施分类指导、重点突破指明具体优化方向，制定"瞄准性"解决措施（表7-5）。

表7-5 空间优化调控方案

类型	村域	所属区域	重点优化方向		主导分解目标
			生计资本短板	生计资本、生计效率的空间主导影响因素	
双料缺失型	黄山村	HI1	N、H、F	*RD、PCLA、PMW、FCL*	目标1、目标2、目标3、目标4
	蚕溪村	MI1	N、P	*LL*	
	三店社区	HI1	N、P、H、F	*LL、PMW*	
	新田村	HI1	N、H、F	*LL*	
	白果村	MI1	N、P、F、S	*RD、CSI、FCL*	
	丰田村	MI2	P、H	*LL、CSI、FCL*	
	双香村	SI	P、H	*RD、PMW*	
	光明村	MI1	P、H、F、S	*LL、CSI*	
	石笋村	MI1	P、S	*LL、CSI、FCL*	
	三汇村	MI1	H、P、H、F、S	*RD、CSI、FCL*	
	龙泉村	MI1	N、S	*RD、PMW*	
	前锋村	HI2	N、P、H、F	*RD、CSI、FCL*	
生计效率滞后型	桥头村	HI1	N	*LL、PMW*	目标2、目标3、目标4
	长沙村	MI1	S	*LL、PMW*	
	大堡村	MI1	P	*LL*	
	九龙村	MI1	S	*PHS、RA、PCLA*	
	安桥村	MI1	H、S	*PHS、RA、PCLA*	
	宝坪村	SI	N	*RD、PMW、FCL*	
	万强村	HI1	N、F	*PHS、RA、PCLA、PMW*	
	南坪村	SI	N	*PHS、RA、PCLA*	
	银河社区	SI	N、H	*RD、PMW*	
	富民村	HI1	F	*PHS、RA、PCLA*	
	大沙社区	HI2	N、F	*LL、RA、PMW*	
	都会村	MI2	H、F	*RD、CSI、FCL*	
	光华村	MI1	H	*PHS、RA、PCLA*	
	建设村	MI2	S	*LL、CSI、FCL*	

（续）

类型	村域	所属区域	重点优化方向		主导分解目标
			生计资本短板	生计资本、生计效率的空间主导影响因素	
生计资本滞后型	沙子村	MI2	N、F	*LL、CSI*	目标1、目标4
	新建村	MI1	H	*LL、CSI、FCL*	
	坡口村	HI1	N、H、F	*PHS、RA、PCLA、PMW*	
	新阳村	HI1	N、H	*PHS、RA、PCLA、PMW*	
	水田村	MI1	F、S	*PHS、RA、PCLA、PMW*	
	汪龙村	HI1	N、P、F	*RD、CSI、FCL*	
	秀才村	HI2	N、H、F	*PHS、RA、PCLA*	
	深溪村	HI2	H、F	*PHS、RA、PCLA*	
	六塘村	MI2	P、H	*RD、CSI、FCL*	
	莲花村	MI2	N、H	*PHS、RA、PCLA、CSI*	

注：1.N、P、H、F、S分别代表自然资本、物质资本、人力资本、金融资本、社会资本；2.*RD*，农村路网密度；*PCLA*，人均耕地面积；*PMW*，外出务工人口比重；*FCL*，耕地破碎度；*LL*，区位水平；*CSI*，农作物播种强度；*RA*，地势起伏度；*PHS*，"三留守"人口比重。

7.6 改善贫困农户生计的调控措施

结合前文确定四个优化分解目标，分别探讨提升生计资本总量与结构协调性、提升生计方式适宜性和改善生计外部环境的措施。

7.6.1 瞄准生计资本短板，提升生计资本总量，改善结构协调性水平

（1）自然资本：加快农地提质增效，盘活农村土地资源

根据实地调查数据，全体样本贫困农户的人均耕地面积为 1.57 亩，略高于 2016 年全县平均水平（1.54 亩），拥有的自然资本数量总体较为充足。由于研究区多数村域地处山区，地形起伏大，"坡耕"甚至"壁耕"的现象普遍存在，加之较大的耕地破碎度，导致耕地利用效益总体不高。受到所处地资源禀赋的约束，贫困农户的自然资本难以通过增加数量实现提升，需重点从提升质量和改善利用水平角度加以提升。

质量提升方面，结合土地整治工程，针对不同村域特征，因地制宜采取不同整治方案。对于低丘村（区域 HI1 和 HI2），可通过整合农村扶贫与土地整治资金实施农用地整治工程，改造"农田水路网"，达到改善土地质量和提升配套设施条件的目的；对于中山村（区域 MI1 和 MI2），则要采取生态型的整治方案，对较小坡度的耕地有序实施"坡改梯"工程，兴建蓄水池、排灌沟渠等设施，在提升耕地质量的同时也要防范生态风险，对较大坡度的耕地实施退耕还林工程，重点覆盖因人力资本较低而造

成耕地低水平利用或摆荒的贫困农户，以生态补偿给予其转移性支付替代发挥原有自然资本的生产功能；对于近郊城镇辐射村（区域 SI），由于具备明显的区位优势，城乡互动程度相对较高，应结合乡村发展规划，实施多种类型的整治模式，如休闲农业配套模式和乡村旅游配套模式。

利用水平提升方面，可从市场和制度两个角度进一步挖掘自然资本的功能价值。充分发挥农业经济部门、农民专业合作社与龙头企业的"带动效应"，加大对贫困农户的农产品流通与农业信息服务的覆盖力度，合理引导、鼓励有条件的贫困农户发展商品化率较高的经济作物产业，提升土地产出水平。此外，配合农村土地制度改革，提升自然资本的社会适应能力。针对贫困农户中较多存在的因其他生计资本不足而造成自然资本低效利用的现象，应采取激励性政策引导开展土地流转、土地出租和土地入股，达到盘活土地资源，增加就业岗位，提升现金收入的目的。

（2）物质资本：发挥政策叠加效应，强化配套设施改善力度

在本文生计资本框架内，贫困农户物质资本匮乏主要体现在房屋不安全、居住配套条件差等方面。住房安全性是贫困农户能否脱贫的重要衡量标准之一，在精准扶贫工作中，政府对改善贫困农户住房的政策与资金支持力度空前，通过实行危房改造、易地扶贫搬迁、生态移民搬迁等政策措施可有效解决绝大多数贫困农户的住房安全问题。

研究区地处中山村村域（区域 MI1 和 MI2）的贫困农户物质资本相对偏低，主要表现为木结构和土坯结构房屋比重较高，以及卫生厕所和入户道路等条件相对较差。提升该区域贫困农户的物质资本除关注住房安全问题外，还应加强改善配套居住条件，对于居住偏远且生产生活环境较差的贫困农户，可采取"小集中"的方式施行易地搬迁。在实际操作过程中，应重点关注低保贫困户、五保贫困户等特困群体的物质资本改造能力，资金支持力度应有所倾斜。实地调查发现，一些地处山区的贫困农户的住房极具土家民族特色，独特的吊脚楼风貌具备一定的旅游资源开发潜力，此类条件的村域可以发展乡村旅游为契机，引入社会资金，在充分保护人文景观的同时，对贫困农户居住房屋进行结构加固及配套条件改善。

此外，重庆市探索创新的"地票"① 政策也可运用至扶贫攻坚中。一些实现易地搬迁或危房改造的贫困农户由于补助有限极易陷入债务危机，存在返贫风险。对于这种情况，"地票交易"政策具备较强的可行性和必要性，通过复垦贫困农户易地搬迁或危房改造后的闲置宅基地产生建设用地指标，指标交易给予贫困农户一定数量的现

---

① 地票：建设用地挂钩指标的俗称，指农户或农村集体经济组织将闲置的农村建设用地（宅基地及其附属设施用地、乡镇企业用地、农村公共设施用地等）复垦为耕地，经由土地管理部门验收合格后发放等量面积的建设用地的指标凭证。

金补贴可减轻其债务压力，有助于防范返贫风险。为了防范可能产生的社会风险，"地票"政策实施应在充分尊重贫困农户意愿的基础上，遵循"愿复则复，能复尽复"的原则进行。

（3）人力资本：健全保障机制，提升农村教育和医疗水平

人是生计活动的承载主体，人力资本在某种程度上是生计活动的核心。研究区贫困农户人力资本匮乏主要表现在家庭名义劳动力不足、劳动力"老龄化、疾病化"及文化程度不高等方面，人力资本匮乏严重制约贫困农户的生计效率，改善人力资本的重要性不言而喻。精准扶贫工作在改善贫困农户人力资本方面的措施主要有教育补助、医疗补助和扶贫技能培训等。

教育扶贫方面，应注重"短期与长远""资金补助与思想充实"的两个相结合。短期内通过扩大实用技能培训的覆盖面，快速提升成年劳动力的从业能力，针对研究区外出务工贫困农户接受技能培训比重不高的现象，可考虑建立跨地区的职业培训联动机制，也可采取短信、微信推送的形式开展。长远来看，需充分改善山区学校的基础设施与师资水平，加大对贫困农户接受基础教育的保障力度和接受高等教育的支持力度，阻断贫困的代际传递。除了提供教育资金补助以外，还需充分提升贫困农户思想认识水平，通过发挥扶贫责任主体以及社会机构的思想教育作用以戏剧下乡、科普下乡等多种形式传播社会正能量，消除"等靠要"的不良思想，切实树立贫困农户脱贫的主观能动意识。

医疗扶贫方面，应建立全面的医疗卫生保障机制，扭转贫困农户"小病不治、大病难医"的现象。研究区已对贫困农户实行了农村合作医疗全覆盖，建立了大病救助机制，但医疗救助体制仍存在一定盲区，部分门诊治疗及药物费用无法报销的现象需进一步改善。同时可开展医疗卫生下乡活动，采取家庭医生签约的形式，对贫困农户实施定期体检与预诊。

（4）金融资本：转变群众观念，积极发挥金融扶贫优势

金融资本很大程度上决定了生计的"活性"，一方面决定了农户开展生计活动的投入能力，另一方面也关系着对其他生计资本的改造能力。对贫困农户金融资本改善，可从资金"开源"与"节流"两个角度进行。

贫困农户获取现金主要有自主生产经营收入、务工收入、涉农补贴收入、困难补助及贷款等渠道。实地调查发现，受到传统思想观念及缺乏清晰发展思路的影响，样本贫困农户申请小额信用贷款的积极性不高，比重仅占到9%。针对此现象，应合理引导贫困农户扩大生产规模，调整农业生产结构，增强农业生产的现金收入能力，同时鼓励贫困农户外出务工，拓宽现金收入渠道，对具备一定能力和条件的贫困农户，在帮助制定科学生产经营发展计划的基础上，鼓励其申请小额信用贷款以扩大生产规

模，提升农业生产效益。

贫困农户最大的资金负担主要源于子女教育负担和医疗负担，这也是最主要的致贫原因，样本贫困农户因学致贫和因病致贫的比重高达75%。实地调查发现，贫困农户的基础教育负担在现行教育补助政策下已能充分缓解，而高等教育负担尚不能做到全面补助，应鼓励这类贫困农户积极申请国家助学贷款，通过多重政策叠加的方式尽可能缓解其教育负担；对因病致贫的贫困农户，应适度延长现行医疗救助政策的保障期，防范因病返贫的风险；对特困群体，还应发挥农村最低生活保障制度的兜底效用。

（5）社会资本：构建农村新型社会网络，提升群众社会参与能力

作为无形的生计资源，社会资本虽不产生直接的经济效益，但良好的社会资本有利于提升自然资本及人力资本的产出效益。贫困农户缺乏足够的社会资本存量，必然限制他们的社会行动能力，甚至进一步恶化其境况，而改善贫困农户社会资本的关键在于提升他们的社会融入度和参与度。

应着力构建多元化、新型的社会关系网络，为贫困农户建立桥梁式社会资本。充分利用亲缘、同乡、同学等关系，打造外出务工、经商、从政、从教的区域性能人网络，为贫困农户外出务工、返乡创业搭建关系纽带；依托定期宣讲、报纸杂志、广播电视和通信网络等多种媒介，建立类型差异化的信息获取平台，为贫困农户提供技术、就业、教育、医疗等分门别类的信息服务；鼓励帮扶责任人与贫困农户建立稳定的联系机制，保障贫困农户拥有稳定的信息帮扶渠道，提升其针对关键事物的决策和适应能力。

应发挥社会机构和农村基层组织的融合作用，为贫困农户建立链接式社会资本。广泛邀请贫困农户参与扶贫工程规划、实施与监督的全过程，及时公开扶贫信息，听取贫困农户的需求与意见，增进政府、企业与贫困农户的沟通、了解与互信；鼓励当地龙头企业与农民专业合作社发挥公益属性，提升贫困农户专业技术水平，增加贫困农户从事专业生产的能力与机遇；在农村基层组织的主导下建立村级宣传议事平台，鼓励发扬传统美德，摒弃迷信、懒惰等陋习，培养村民自信、自我管理、自力更生的信念，同时增进村民之间的互助互信，增强内部的凝聚力。

7.6.2 优化安排生产结构和生产形式，提升生计方式的适宜性水平

贫困农户对生产结构和生产形式的安排是其生计方式特征的具体表现，是影响生计效率的主观决定性因素，受其计资本结构以及外部环境的影响不可避免会存在较大的异质性。根据样本总体规律，提升贫困农户生计方式适宜性水平需在结合其自身特征的前提下，从以下几个方面切入。

(1) 鼓励全职或兼职形式的非农转移，提高群众收入水平

中国长期的城乡二元发展宏观格局促成了农业生产部门处在弱势地位的现状，传统小农经营方式效益低下，严重影响农民生计状况，而非农转移是广大农户提升收入水平最便捷的途径。研究结果表明，非农化发展在贫困农户收入提升过程中起到了决定性作用。因此，在缺少开展较高收益农业生产的条件和机会时，贫困农户应优先考虑外出非农就业，对于人力资本和自然资本存量较高的贫困农户，可以兼职形式进行，充分挖掘劳动力潜能，实现效益最大化。在引导贫困农户非农化发展的过程中，政府层面需要充分发挥调控职能，一是建立多层次的劳动力就业服务体系，搭建就业供需信息平台，引导贫困农户有序进入合适的就业岗位；二是强化非农转移技能培训，提升贫困人口的从业能力；三是保障贫困农户的合法权益，降低外出务工的风险成本，提高非农转移的稳定性。

(2) 扩大农业生产规模，构建循环产业体系

研究区近半数纯农型贫困农户农业生产规模较小，表现为"自产自销"的状态，不利于生计资本积累，阻碍自主脱贫能力建设。贫困农户生计资本匮乏加之农地经营规模的分散与细碎化造成农业生产规模经营效益差，是制约农业生产和阻碍农户增收的重要因素。应采取针对性措施，在完善配套条件的前提下，可通过鼓励贫困农户适度扩大农业生产规模加以改善，同时注重培育循环产业体系，降低成本提高收益。具体的措施有：一是通过补贴发放种苗、农药、化肥、农机具、仔畜等生产资料的形式激励贫困农户自主扩大农业生产规模；二是通过制定村级农业发展规划营造土地置换与归并的便利条件以促进小组合作经营，扶持建立区域性的"种＋养""林＋养""种＋林＋养"等多种循环产业体系，打破各自为战的小农经营局面，促进农户间互助合作，达到提升资源的转换与利用效率和增加经济效益的目的。

(3) 推动特色产业发展，促进农产品商品化

研究结果表明，贫困农户种植经济作物具有相对较高的单产收益以及商品化便利程度，有利于从技术进步和促成规模效益两个角度提升其生计效率。在扶贫工作中，应依托所在地的资源环境优势，大力推动贫困农户发展特色产业并实现农产品商品化，以促进农业生产增收。结合已有优势产业布局特点，在低山村（HI1、HI2）推广贫困农户种植辣椒、莼菜等经济作物和发展特色养殖产业；在中山村（MI1、MI2）鼓励贫困农户种植黄连、烤烟等特色经济作物和发展经济林、苗木等特色林业经济；依托全县"康养"路线的特色旅游战略规划，促进贫困农户从事土家风情民宿、山区纳凉避暑等特色乡村旅游的相关产业。在这个过程中，政府层面需做好以下几点保障工作：一是培育具备层次性的特色产业体系，促进片区性的合作经营，为特色产业发展提供市场保障；二是做好技术保障，通过下沉技术服务资源，提高贫困农户的特色

产业技术入门能力；三是做好资金保障，为具备条件的贫困农户提供产业资金支持或担保贷款，助力突破产业发展的资金瓶颈。

7.6.3 保障对落后地区的持续支持，营造良好的生计外部环境

区域性贫困治理是一项"点面结合"的系统性工程，提升贫困农户生计质量离不开良好生计外部环境的支撑。精准扶贫主要以解决贫困人口的"两不愁、三保障"问题为核心任务而开展工作，实施以来为全国广大贫困地区带来了难得的发展机遇，空前的支持力度使得贫困农户的生计外部环境有了很大程度的改善。从长远角度来看，改善落后地区困难群众的生计外部环境有利于确保脱贫的稳定性和长效性，也是提升区域核心竞争力和实现可持续发展的关键环节，应与农村社会经济发展实现互通联动。这是一项系统性工程，需保障对落后地区的持续支持，做到层次开展，有序推进。从贫困治理视角来看，主要有以下三点：

（1）加强基础设施与生态环境改善，营造良好的生产生活环境

改善农村基础设施旨在优化农村居民的生产生活条件，是优化贫困农户生计外部环境的首要任务。全面整合农村扶贫、国土整治、农业综合开发、小型水利工程和环境保护等专项资金，按项目需求紧迫程度有序推进，对重点优化区的基础设施进行全面改善：①优化重点村尤其是中山村（MI1、MI2）的道路交通体系，提升出村入组公路质量，保障资源进村、产品出村的运输便利；优化村内道路布局，合理新增便民生产生活道，保障村民生产生活出行便利。②因地制宜，实施"土地归并""坡改梯""移土培肥"和"退耕还林"等不同模式的农地整治，增加耕地面积的同时也提高耕地质量，以提升土地利用效益；新建蓄水池、排灌沟渠等水利设施，保障农耕旱涝保收。③改善偏远山区村落的电力设施，为新兴产业的生产用电提供保障；改善网络和手机通信设施，为电商发展和居民通信提供保障。④改善农村教育和医疗硬件条件和软件水平，力争贫困农户能够就近接受基础教育和基本医疗服务。⑤加大农村的生态环境修护力度，重点治理山区水土流失与石漠化，设立重点生态保护区，改善农村卫生环境水平，营造良好的村容村貌。

（2）健全产业运转体系，营造良好的经济发展环境

贫困农户的自主脱贫能力与脱贫稳定性建立在具备稳定、长效的经济产业的基础上。为贫困农户营造良好的经济发展环境，需依靠政府主导，鼓励社会参与，从前期规划布局到后期服务保障健全经济产业的运转体系：①将扶贫工作与乡村振兴战略衔接，按照"短期追求效益，长期追求稳定"的思路，依托村域资源环境优势，为重点优化区制定长短结合的产业发展规划。②按照"一村一品"思路，实现片区合作经营，以求区域协调发展，强化中山村（MI1、MI2）的黄连、烤烟以及低丘区（HI1、

HI2) 的辣椒、莼菜等优势产业，就近培育生产配套的后期加工、运输、销售层次产业体系。③通过减免税收或资金补助的形式强化对龙头企业和专业合作社的支持力度，引导其以土地流转、土地租赁等经营方式在重点优化区建立生产基地，以入股经营、订单经营等多种形式吸纳村内贫困农户劳动力并与之建立专业技术与生产利益链接机制。④主导建立统一的技术培训和就业信息的中介服务平台，重点覆盖贫困地区、贫困农户，为其转移就业提供免费的专业技术培训指导和就业中介服务。

(3) 优化贫困治理与农村管理服务体制，营造良好的社会运行环境

除了经济水平落后外，社会环境羸弱也是农村贫困地区的主要特征，其根本因素是缺乏有力的政策保障制度和基层组织管理服务能力偏弱两个方面。因此，改善贫困地区社会运行环境的重点在于体制优化：①建立稳定的反贫困体制，为贫困治理提供制度保障。扶贫工作取得重大成效的原因在于政府层面的顶层设计，长远来看，农村贫困治理需要进一步制度化，尤其是在后精准扶贫时期的农村相对贫困治理，应以实现扶贫队伍专业化、扶贫职能明确化为目标，建立综合性反贫困的触发响应机制。②全面完善农村社会保障制度，发挥社保体制的反贫困效用。完善农村医疗保障制度，在农村地区建立全面覆盖的医疗保险体系，最大限度地发挥医疗保险的反贫困作用；完善农村养老保险制度，通过多方筹资、法德并治，扭转贫困地区的养老观念，确保农村老年群体老有所依、老有所养；健全农村最低生活保障制度，针对区域发展特征，制定差异化的保障标准，建立健全的监管监督机制。③分类建立农村灾害应对及保险机制，增强农户生计对灾害冲击的应对能力。重点建立灾害预警机制，提升农村居民备灾抗灾意识；建立农村自然灾害减产的保险体制，兜底农业生产效益；建立农房保险体制，分摊农房因地质灾害、火灾等受损的风险。④提升农村基层组织的管理与服务能力。农村基层队伍是直接面对群众的政策执行者，其管理与服务能力直接关系着政策的落实效果。应充分改善贫困地区基层组织管理与服务能力，优化村干部的年龄结构、学历结构和专业结构，挖掘本地乡贤、能人参与基层治理并建立与群众的有效互动机制，为营造良好的社会运行环境提供基层队伍保障。

7.7　本章小结

本章旨在从"自主脱贫能力"视角考察区域贫困特征并明确优化方向。本章开展了贫困农户生计效率与生计资本的空间关系及优化研究，采用相关性分析和灰色关联度分析检验及解析了生计效率与生计资本的互动机制；采用空间错位方法分析二维关系并切入了自主脱贫能力评价，基于评价结果划分了不同类型的重点优化区，明确了重点优化目标和优化方向，并探讨了优化调控措施。主要结论如下：

（1）通过分析贫困农户生计效率与生计资本的互动关系进一步验证了第 6 章关于两者关系的推断，就贫困农户个体而言，除了生计资本总体匮乏致贫以外，个别生计资本的匮乏造成生计资本无法形成有效的耦合协调机制，导致生计效率较低，无法充分发挥优势资本的基本功能，也是引发贫困的重要原因。生计效率高意味着贫困农户具备较强的可行能力，生计资本在转换过程中得到提升、改善的可能性较高，具备较强的可持续性；而生计效率低则意味着贫困农户的可行能力弱，生计资本在转换过程中存在停滞不前甚至恶化的风险，可持续性水平低。

（2）从两者空间错位关系切入自主脱贫能力评价，从空间分布上看，各等级总体分布较为分散，可接受型等级在全县中部大风堡以北村域、东南部金竹片区以及东北部方斗山王场片区相对集中，而不可接受型等级在全县中部大风堡南侧三益中益片区分布最为集中。从区域层面看，自主脱贫能力等级为可接受型的占比由高到低依次为：中山经济作物主导村（MI2）和低丘经济作物主导村（HI2）＞近郊城镇辐射村（SI）＞低丘粮油作物主导村（HI1）＞中山粮油作物主导村（MI1），由此可知，村域层面能否发展特色产业并有效覆盖贫困农户是影响其自主脱贫能力形成的关键性因素。

（3）以自主脱贫能力等级为不可接受型的村域作为重点优化区，对应划分为双料缺失、生计效率滞后和生计资本滞后三种类型村域，明确了各类型村域需重点完成分解目标和各村贫困农户的生计资本短板和区域限制性因素。最后分别从提升生计资本总量和结构协调性水平、提升生计方式适宜性水平和营造良好的生计外部环境三个方面探讨了优化调控措施。

第 8 章

研究结论与展望

8.1 研究的结论

本文在总结国内外贫困研究理论、贫困测度、生计理论及可持续生计系列问题研究的基础上，基于可持续生计框架的工具属性，引入生计效率概念，构建了可持续生计拓展框架（SL 拓展框架），将拓展框架的各组成要素作为审视不同贫困内涵的视角，以石柱县的精准扶贫建档立卡贫困农户为研究对象，利用抽样调查数据，开展了贫困农户生计空间差异与影响因素研究。首先，针对山区县域及贫困农户特征构建了贫困农户生计资本测算指标体系，测算并分析了生计资本的空间差异及其影响因素；随后，分别从非农化、生计多样化及多样化发展阶段刻画了贫困农户生计方式特征及其空间差异，揭示了生计方式的影响因素及其空间差异；然后，在深入解析生计效率内涵的基础上，完成了生计效率测度及其空间差异分析，并从农户和空间层面揭示了影响因素；最后，在生计效率和生计资本研究的基础上，完成了两者互动机制检验及内容解构，分析了两者空间关系，评价了自主脱贫能力，据此制定空间优化调控方案并探讨了相应的优化调控措施。主要研究结论如下：

（1）生计资本研究表明，研究区贫困农户生计资本的差异与收入水平和医疗负担存在相关性，在空间上呈现出"大分散、小集中"的分布态势，空间差异与区域环境背景因素存在一定耦合性。

贫困农户生计资本总体上与收入水平呈正相关关系，与医疗负担呈负相关关系，而与住房情况和教育负担无明显相关性。生计资本在村域层面以单一资本缺乏型和多种资本缺乏型为主，空间上表现为"大分散、小集中"的分布态势，且存在一定的空间集聚特征，热点区域主要集分布于交通干线附近，冷点区域则多分布于远离交通干线的山区。在区域层面：近郊城镇辐射村（SI）＞低丘经济作物主导村（HI2）＞中山经济作物主导村（MI2）＞低丘粮油作物主导村（HI1）＞中山粮油作物主导村

（MI1），缺乏产业支撑的中山粮油作物村贫困农户生计资本存量最低。生计资本空间差异的主导因素有农村路网密度、区位水平、"三留守"人口比重、地势起伏度和人均耕地面积，不同空间单元受到的影响力大小不尽相同。

（2）生计方式研究表明，研究区贫困农户生计方式的非农化程度整体较高，空间差异与县域城镇经济辐射、农村产业水平与结构和空间连通性存在一定关联，非农化发展有利于提升收入，但需要贫困农户具备较高的人力资本和非农型社会资本。

兼业型是石柱县贫困农户最主要的生计方式，比重达58.90%。全体贫困农户的非农化程度达到58.59%，非农化程度为0的贫困农户仅占到样本总量的10.82%，非农化程度越高的贫困农户收入水平整体越高；非农化程度在近郊城镇辐射村和粮油作物主导村相对更高，空间差异与县域城镇经济辐射、农村产业水平与结构和空间连通性等因素存在一定关联。生计多样化水平在区域上的差异与非农化程度大致相反，原因是经济作物主导村内的生计方式异质性更强；生计多样化仅在低收入区间对提升收入起促进作用，而收入增加总体是一个生计专业化的过程，按照Ⅲ（低多样化低收入）→Ⅱ（高多样化低收入）→Ⅰ（高多样化高收入）→Ⅳ（低多样化高收入）的阶段推进，区域间的差异体现在贫困农户生计多样化发展受到非农化影响程度大小的差异以及高收入区间贫困农户生计方式异质性的差异。

除了受区域背景因素的影响之外，贫困农户选择生计方式主要受到生计资本的影响，而影响力大小在不同区域内有所差异。主要表现为：自然资本中，耕地越充足的从事纯农型的可能性越大，在经济作物主导村更明显；人力资本中，劳动力数量充足的非农化和兼业化的可能性越高，而高龄、疾病劳动力主要从事农业活动；金融资本中，教育负担对非农化就业起推动作用，在非农化程度较高的区域内更明显；社会资本中，加入专业合作社或参加扶贫技能培训的贫困农户从事纯农业活动的可能性更高，在经济作物主导村更明显；对外联系频度越高的非农化发展的可能性越大，在非农化程度高的区域内更明显；此外，低保型贫困农户除受到直接决定性因素劳动力数量与质量的影响外，还受医疗负担、对外联系频度等因素的间接影响。

（3）生计效率研究表明，贫困农户生计效率的空间差异与村内产业发展水平相关；开展生计活动的主观决策、自身客观条件及所处区域环境背景等因素共同作用导致"物未尽其用""人未尽其用"的局面是造成生计效率低的主要原因。

贫困农户从事农业生产因缺乏特色产业和循环产业体系支撑整体收益不高，近半数纯农型贫困农户开展农业生产经营活动表现为"自产自销"的状态，不利于积累生计资本。非农型贫困农户的规模效率较大，人力资本水平是制约非农就业收益的主要瓶颈。低保贫困户的低保救助水平平均值为25.44%，与生计资本、生计效率均呈负相关关系。生计效率村域层面空间差异与村内产业发展水平相关，空间分布存在一定自相关性，热点区域主要集聚于县域东部中山经济作物主导村。

农户个体层面，影响生计效率的主观决策因素的一般性规律为：纯农型通过延伸产业链，发展养殖业或种植特色经济作物可提升生计效率；非农型通过选择合适的务工地点可以获取更多机会与收益；兼业型收入非农化会造成土地资源浪费，低水平生计多样化一定程度内可以增加收入，但因限制专业化不利于提升效率，而通过兼职就业挖掘劳动力潜力可提升效率，且能够积极调节低水平生计多样化带来的负面影响。影响生计效率的自身客观条件因素的一般性规律为：自然资本中，贫困农户的土地资源存在浪费和低水平利用现象，但在人力资本和社会资本的保障下、特色产业的配套下可以改善其利用水平并形成规模效益；人力资本中，在劳动力数量不变的情况下，提升劳动力质量、挖掘劳动力潜力是提升生计效率的根本途径；金融资本中，小额信用贷款对农业生产的正面影响得到部分证实，获取小额信用贷款可以有效促进农业生产的规模效益；社会资本中，加入专业合作社、接受扶贫技能培训以及增加对外联系频度对不同类型生计效率起到影响作用的显著性存在差异，但不可否认的是，社会资本的可获取性是提升生计效率的保障性因素。空间层面，生计效率的空间差异主要受农作物播种强度、外出务工人口比重和耕地破碎度影响，不同空间单元受到的影响力大小存在差异。

（4）生计效率与生计资本的关系研究表明，贫困农户除生计资本总体匮乏致贫以外，生计资本结构失调导致其无法充分发挥优势资本的基本功能，也是引发贫困的重要原因；贫困农户的自主脱贫能力等级在经济作物主导村最高，村域层面能否发展特色产业并有效覆盖贫困农户是影响自主脱贫能力形成的关键因素。

通过分析贫困农户生计效率与生计资本的互动关系进一步验证了前文关于两者关系的推断，就贫困农户个体而言，除了生计资本总体匮乏致贫以外，个别生计资本的匮乏造成生计资本无法形成有效的耦合协调机制，导致生计效率较低，无法充分发挥优势资本的基本功能，也是引发贫困的重要原因。生计效率高意味着贫困农户具备较强的可行能力，生计资本在转换过程中得到提升、改善的可能性较高，具备较强的可持续性；而生计效率低则意味着贫困农户的可行能力弱，生计资本在转换过程中存在停滞不前甚至恶化的风险，可持续性水平低。从两者空间错位关系切入自主脱贫能力评价，自主脱贫能力等级为可接受型的占比由高到低依次为：中山经济作物主导村（MI2）和低丘经济作物主导村（HI2）＞近郊城镇辐射村（SI）＞低丘粮油作物主导村（HI1）＞中山粮油作物主导村（MI1），可见村域层面能否发展特色产业并有效覆盖贫困农户是影响自主脱贫能力形成的关键。

研究基于生计效率与生计资本互动机制和空间错位关系，将贫困农户自主脱贫能力为不可接受型的村域作为重点优化区，明确各类优化区的优化目标及各村的短板所，并提出优化调控方案，以期为研究区制定和实施类别差异化、程度差异化的扶贫措施提供依据。优化调控的主要措施有：一是瞄准生计资本短板，提升生计资本总量，改善结构协调性水平；二是优化安排生产结构和生产形式，提升生计方式的适宜性水平；三是保障对落后地区的持续支持，营造良好的生计外部环境。

8.2 研究的创新点

（1）在 DFID 可持续生计框架的基础上，引入"生计效率"的概念与内涵，构建了可持续生计拓展框架，丰富了农户生计与贫困问题研究视角和理论体系

本文在总结国内外贫困研究理论和可持续生计理论的基础上，基于可持续生计框架的工具属性，引入生计效率的概念与内涵，构建了可持续生计拓展框架（SL 拓展框架），并将拓展框架的组成要素作为衔接贫困内涵的视角，以生计资本考察广义物质贫困，以生计效率衡量可行能力贫困，以两者的二维关切入自主脱贫能力评价。本文构建的可持续生计拓展框架是针对国内贫困现状及反贫困需求研究的一种创新性实践，一定程度上，可以为农户生计和贫困问题提供新的研究视角与理论借鉴。

（2）以分析贫困农户生计的个体及空间差异为契机，揭示了贫困农户生计系统的内部运行规律及与外部环境的互动机制

现有可持续生计相关研究多关注农户生计的单个问题，系统性、全面性的实证研究仍然较少。另外，一些研究忽略了贫困及农户生计的地理空间属性，对生计外部环境的影响机制解析不足。本文构建的拓展框架延续了原有可持续生计框架系统性强的特点，以分析贫困农户生计的个体及空间差异为契机，在揭示贫困农户生计系统内部运行规律的同时，也完成了对生计系统与外部环境互动机制的解析，最终实现了点面结合的区域贫困特征及机理探索，可为类似研究提供一些思路参考。

（3）尝试多种学科理论交叉，结合宏观背景，丰富了农户生计与贫困问题研究的内容体系与技术手段

农户生计与贫困问题历来是具备较强学科交叉特征的领域。本文基于地理学的研究范式，综合了经济学、管理学、统计学等多学科的理论与技术手段，丰富了农户生计与贫困问题研究的内容体系与技术手段。主要表现在以下几个方面：一是针对精准扶贫贫困农户特征，考察了扶贫工作机制下的重点关注问题，如在生计资本指标体系中纳入了"两不愁、三保障"相关指标，考察贫困农户的自主脱贫能力短板和探讨反贫困优化方案等；二是针对生计方式难以量化的问题，在定量分析非农化和生计多样化的基础上，通过数据模拟图示直观展现贫困农户生计方式发展变化的规律；三是针对地理要素的空间关联性，刻画了贫困农户生计的空间关联特征，在分析空间影响因

素时也采用了考虑空间非平稳性的研究方法。

8.3　研究的不足与展望

（1）以可持续生计为视角的贫困问题还需更加深入、系统地研究

由于农户生计和贫困问题是极为复杂和系统的科学难题，可持续生计理论在国内贫困问题研究中主要偏向于实证。本文通过理论推导尝试构建了可持续生计拓展框架，初步实现了从多维视角对贫困问题的系统性解析，但在基础理论论证及其应用层面均还有待深化。在下一步的研究中，需加强对农户精神、思想和意识层面的考察，增加关注政策、制度和民俗等结构性因素。今后的研究将可持续生计理论用于贫困治理研究与实践时还需结合实情进一步系统化和本地化，并在此基础上寻求更为科学的研究技术手段。

（2）应该进一步完善和优化贫困农户生计资本的测度指标体系

本文主要针对山区县域精准扶贫建档立卡贫困农户构建生计资本指标体系，

选择指标时较多地考量了贫困农户维持生存与发展基本资源的数量与质量。结合国内外相关研究发展趋势和现实情况来看，对生计资本的考察还需具备层次性，应针对研究对象强化各类资源的功能指向性。如针对不同致贫因素的贫困农户，生计资本指标体系除包含基本生计资源以外，还应纳入表征不同生计风险以及应对生计风险的适应力等指标。因此，在下一阶段研究中，可开展针对不同区域背景、不同致贫因素、不同生计方式等条件下贫困农户生计资本指标体系的探讨，这也将是后精准扶贫时期相对贫困治理体制研究中的重要方向。

（3）在研究尺度上，需开展多尺度的贫困农户生计时空差异研究

研究仅获取了一个县域若干抽样村一年的贫困农户调查一手数据，数据时空覆盖面较小。在数据可获取性的前提下，下一步的研究可利用贫困农户的追踪调查数据开展大区域尺度、省域尺度、县域尺度、村域尺度等多种尺度相结合的时空差异研究，同时增加与非贫困群体的对比研究，强化对贫困理论研究和贫困治理实践的指导意义。

参考文献

REFERENCES

阿玛蒂亚森，2011. 贫困与饥荒［M］. 王宇，王文玉译. 北京：商务印书馆.

包婷婷，2016. 新农村建设过程中居民生活变化及生计转型研究［J］. 住宅与房地产（33）：300.

蔡进，禹洋春，朱莉芬，等，2015. 新型农村社区建设对农户生计变化影响研究——以三峡库区重庆市忠县天子村社区为例［J］. 地域研究与开发（4）：143-147.

蔡志海，2010. 汶川地震灾区贫困村农户生计资本分析［J］. 中国农村经济（12）：55-67.

常浩娟，王永静，程广斌，2013. 我国区域农业生产效率及影响因素——基于 SE-DEA 模型和动态面板的数据分析［J］. 江苏农业科学，41（2）：391-394.

陈佳，杨新军，尹莎，2016. 农户贫困恢复力测度、影响效应及对策研究［J］. 中国人口资源与环境（1）：150-157.

陈全功，程蹊，2011. 空间贫困理论视野下的民族地区扶贫问题［J］. 中南民族大学学报（人文社会科学版），31（1）：58-63.

陈帷胜，冯秀丽，马仁锋，等，2016. 耕地破碎度评价方法与实证研究——以浙江省宁波市为例［J］. 中国土地科学，30（5）：80-87.

陈伟娜，闫慧敏，黄河清，2013. 气候变化压力下锡林郭勒草原牧民生计与可持续能力［J］. 资源科学，35（5）：1075-1083.

陈相凝，武照亮，李心斐，等，2017. 退耕还林背景下生计资本对生计策略选择的影响分析——以西藏7县为例［J］. 林业经济问题，37（1）：56-62.

陈绪敖，何家理，2015. 秦巴山区、武陵山区集中连片扶贫调查及可持续发展模式比较研究［J］. 中国农学通报，31（8）：266-272.

陈昭，2015. 整合兼业与流动性的柔性城镇化模式［D］. 南京：南京大学.

成德宁，李燕，2016. 农业产业结构调整对农业劳动生产率的影响［J］. 经济问题探索（11）：148-153.

崔诗雨，徐定德，彭立，等，2016. 三峡库区就地后靠移民与原住民生计资本特征及差异分析——以重庆市万州区为例［J］. 西南师范大学学报（自然科学版），41（8）：80-86.

邓聚龙，2007. 灰色数理资源科学导论［M］. 武汉：华中科技大学出版社.

丁士军，张银银，马志雄，2016. 被征地农户生计能力变化研究——基于可持续生计框架的改进［J］. 农业经济问题（6）：25-34.

丁文强，李平，尹燕亭，等，2017. 可持续生计视角下中国北方草原区牧户脆弱性评价研究［J］. 草业学报，26（8）：1-11.

董维维，庄贵军，王鹏，2012. 调节变量在中国管理学研究中的应用［J］. 管理学报，9（12）：1735-1743.

杜挺，朱道林，张立新，等，2016. 河南省耕地流转价格空间分异及形成机制分析［J］. 农业工程学报，32（20）：250-258.

段世江，石春玲，2005. "能力贫困"与农村反贫困视角选择［J］. 中国人口科学（S1）：99-104.

段伟，任艳梅，冯冀，等，2015. 基于生计资本的农户自然资源依赖研究——以湖北省保护区为例 [J]. 农业经济问题（8）：74-82.

樊新生，李小建，高更和，等，2014. 农户活动空间选择的影响因素及其收入效应——河南省农户调查与实证 [J]. 地理科学，34（8）：907-913.

封志明，唐焰，杨艳昭，等，2007. 中国地形起伏度及其与人口分布的相关性 [J]. 地理学报，62（10）：1073-1082.

冯茹，2015. 我国农户生计可持续能力评价研究 [D]. 大连：大连理工大学.

冯艳，2015. 区域贫困测度、识别与反贫困路径选择研究 [D]. 大连：辽宁大学.

傅斌，王玉宽，徐佩，等，2017. 农户生计与生态系统服务耦合关系研究进展 [J]. 生态经济（中文版），33（1）：142-145.

高欣，张安录，2017. 农地流转、农户兼业程度与生产效率的关系 [J]. 中国人口资源与环境，27（5）：121-128.

辜胜阻，李睿，杨艺贤，等，2016. 推进"十三五"脱贫攻坚的对策思考 [J]. 财政研究（2）：7-16.

郭明伟，2010. 我国交通运输业要素投入和生产率问题研究 [D]. 大连：东北财经大学.

郭熙保，罗知，2005. 论贫困概念的演进 [J]. 江西社会科学（11）：38-43.

国家统计局农村社会经济调查司，2010. 贫困监测报告（2009）（中国贫困农村社区发展世行贷款项目）[M]. 北京：经济科学出版社.

韩雅清，林丽梅，魏远竹，等，2018. 劳动力转移、合作经营与林业生产效率研究 [J]. 资源科学，40（4）：838-850.

韩增林，夏雪，林晓，等，2014. 基于集对分析的中国海洋战略性新兴产业支撑条件评价 [J]. 地理科学进展，33（09）：1167-1176.

郝文渊，杨东升，张杰，等，2014. 农牧民可持续生计资本与生计策略关系研究——以西藏林芝地区为例 [J]. 干旱区资源与环境，28（10）：37-41.

何仁伟，李光勤，刘邵权，等，2017. 可持续生计视角下中国农村贫困治理研究综述 [J]. 中国人口·资源与环境，27（11）：69-85.

何仁伟，刘邵权，陈国阶，等，2013. 中国农户可持续生计研究进展及趋向 [J]. 地理科学进展，32（4）：657-670.

何仁伟，刘邵权，刘运伟，等，2014. 典型山区农户生计资本评价及其空间格局——以四川省凉山彝族自治州为例 [J]. 山地学报，32（6）：641-651.

贺爱琳，杨新军，陈佳，等，2014. 乡村旅游发展对农户生计的影响——以秦岭北麓乡村旅游地为例 [J]. 经济地理，34（12）：174-181.

贺静，2013. 西方经济学穷人和贫困问题研究及启示 [M]. 北京：中国社会科学出版社.

胡红斌，2012. 提高深度贫困群体素质 增强其自我发展能力——以德宏州为例 [J]. 改革与开放（22）：77-79.

黄承伟，2001. 贫困程度动态监测模型与方法 [J]. 广西社会科学（1）：62-63.

贾驰，2012. 农业国际化背景下农户生产效率研究 [D]. 杭州：浙江大学.

蒋岱位，钟方雷，郭爱君，2017. 干旱区绿洲大田玉米生产效率研究——以张掖市种植户为例 [J]. 干旱区资源与环境，31（10）：167-171.

揭子平，丁士军，2016. 农户多维贫困测度及反贫困对策研究——基于湖北省恩施市的农户调研数据 [J]. 农村经济（4）：40-44.

康晓光，1995. 中国贫困与反贫困理论 [M]. 桂林：广西人民出版社.

孔昕，2016. 基于 Tobit 模型的低碳经济农业生产率增长影响因素实证研究？[J]. 中国农业资源与区划，37（10）：140-145.

雷诺兹，1982. 微观经济学 [M]. 北京：商务印书馆.

黎洁，李亚莉，邰秀军，等，2009. 可持续生计分析框架下西部贫困退耕山区农户生计状况分析 [J]. 中国农村观察（5）：29-38.

李斌，李小云，左停，2004. 农村发展中的生计途径研究与实践 [J]. 农业技术经济（4）：10-16.

李博，张文忠，余建辉，2016. 碳排放约束下的中国农业生产效率地区差异分解与影响因素 [J]. 经济地理，36（9）：150-157.

李博伟，张士云，江激宇，2016. 种粮大户人力资本、社会资本对生产效率的影响——规模化程度差异下的视角 [J]. 农业经济问题（5）：22-31.

李灿，侯云洁，张佰林，等，2016. 贫困山区农户生计分化特征及其治理方向——基于山东沂水县农村的实证调查 [J]. 华中农业大学学报（社会科学版）（5）：20-27.

李春根，夏珺，2015. 中国农村低保标准保障力度的变化轨迹和省域聚类分析——基于31个省域的实证分析 [J]. 中国行政管理（11）：98-104.

李聪，李树苗，费尔德曼，等，2010. 劳动力迁移对西部贫困山区农户生计资本的影响 [J]. 人口与经济（6）：20-26.

李金昌，2010. 应用抽样技术 [M]. 北京：科学出版社.

李京华，2016. 内蒙古国有林区贫困问题研究 [D]. 呼和浩特：内蒙古农业大学.

李静，2013. 劳动力转移、资本深化与农业劳动生产率提高 [J]. 云南财经大学学报（3）：31-38.

李静怡，2014. 连片特困区生态环境质量与经济贫困的耦合关系研究 [D]. 北京：首都师范大学.

李名升，张建辉，罗海江，等，2013. 经济发展与污染排放的空间错位分析 [J]. 生态环境学报（9）：1620-1624.

李琴，宋月萍，2009. 劳动力流动对农村老年人农业劳动时间的影响以及地区差异 [J]. 中国农村经济（5）：52-60.

李双杰，范超，2009. 随机前沿分析与数据包络分析方法的评析与比较 [J]. 统计与决策（7）：25-28.

李小建，2009. 农户地理论 [M]. 北京：科学出版社.

李小云，董强，饶小龙，等，2007. 农户脆弱性分析方法及其本土化应用 [J]. 中国农村经济（4）：32-39.

李永红，2016. 县域空间贫困地理资本结构与特征分析——以宁夏泾源县为例 [D]. 银川：宁夏大学.

李裕瑞，刘彦随，龙花楼，2012. 黄淮海典型地区村域转型发展的特征与机理 [J]. 地理学报，67（6）：771-782.

李正彪，2003. 简论阿马蒂亚·森理论对中国反贫困的启示 [J]. 中国青年政治学院学报，21（1）：140-142.

梁进社，2009. 地理学的十四大原理 [J]. 地理科学，29（3）：307-315.

梁流涛，翟彬，樊鹏飞，2016. 基于环境因素约束的农户土地利用效率及影响因素分析——以河南省粮食生产核心区为例 [J]. 地理科学，36（10）：1522-1530.

刘恩来，徐定德，谢芳婷，等，2015. 基于农户生计策略选择影响因素的生计资本度量——以四川省402户农户为例 [J]. 西南师范大学学报（自然科学版），40（12）：59-65.

刘建平，2003. 贫困线测定方法研究 [J]. 山西财经大学学报（4）：60-62.

刘进，甘淑，吕杰，等，2012. 基于GIS和ANN的农户生计脆弱性的空间模拟分析 [J]. 山地学报（5）：622-627.

刘敏，2010. 农户兼业类型分化特征与影响因素研究 [D]. 杭州：浙江大学.

刘小鹏，李永红，王亚娟，等，2017. 县域空间贫困的地理识别研究——以宁夏泾源县为例 [J]. 地理学报，72（3）：545-557.

刘小鹏，苏胜亮，王亚娟，等，2014. 集中连片特殊困难地区村域空间贫困测度指标体系研究 [J]. 地理科学，34（4）：447-453.

刘彦随，2007. 中国东部沿海地区乡村转型发展与新农村建设 [J]. 地理学报，62（6）：563-570.

刘彦随，李进涛，2017. 中国县域农村贫困化分异机制的地理探测与优化决策［J］. 地理学报，72（1）：
  161-173.

刘艳华，徐勇，2015. 中国农村多维贫困地理识别及类型划分［J］. 地理学报，70（6）：993-1007.

刘运伟，2015. 民族地区水库移民生计资本与生计策略研究——以凉山彝族自治州为例［D］. 北京：中
  国科学院大学.

龙花楼，刘彦随，邹健，2009. 中国东部沿海地区乡村发展类型及其乡村性评价［J］. 地理学报，64
  （4）：427-434.

鲁婷，2013. 干旱扰动下的黄土高原半干旱区农户生计风险及生计脆弱性研究［D］. 西安：西北大学.

陆五一，李祎雯，倪佳伟，2011. 关于可持续生计研究的文献综述［J］. 中国集体经济（3）：83-84.

陆益龙，2016. 农村的个体贫困、连片贫困与精准扶贫［J］. 甘肃社会科学（4）：7-13.

吕杰，袁希平，甘淑，2014. 滇东南岩溶石漠化地区农户生计策略选择及其驱动力研究［J］. 江西农业
  学报（3）：128-133.

罗保华，2016. 马克思的贫困理论及其当代价值研究［D］. 南昌：南昌大学.

马俊贤，2001. 农村贫困线的划分及扶贫对策研究［J］. 统计研究，18（6）：30-32.

马永红，周荣喜，李振光，2007. 基于离差最大化的决策者权重的确定方法［J］. 北京化工大学学报
  （自然科学版），34（2）：177-180.

毛谦谦，2015. 陕南生态移民生计资本计量及政策贫困瞄准效率的实证研究［D］. 咸阳：西北农林科技
  大学.

蒙吉军，艾木入拉，刘洋，等，2013. 农牧户可持续生计资产与生计策略的关系研究——以鄂尔多斯市
  乌审旗为例［J］. 北京大学学报（自然科学版），49（2）：321-328.

牛海鹏，2010. 耕地保护的外部性及其经济补偿研究［D］. 武汉：华中农业大学.

欧美珍，齐珊娜，杜凯英，等，2017. 天津蓟县于桥水库库区生态移民生计问题研究［J］. 天津农业科
  学，23（2）：62-67.

裴星星，谢双玉，肖婉霜，2014. 山西省旅游业发展的空间错位分析［J］. 地理与地理信息科学，30
  （2）：102-106.

戚焦耳，郭贯成，陈永生，2015. 农地流转对农业生产效率的影响研究——基于 DEA-Tobit 模型的分析［J］.
  资源科学，37（9）：1816-1824.

钱龙，2017. 非农就业、农地流转与农户农业生产变化［D］. 杭州：浙江大学.

秦钟，章家恩，骆世明，等，2011. 基于 DEA 时间窗分析的广东省农业生产效率评价［J］. 中国生态农
  业学报，19（6）：1448-1454.

卿章艳，2012. 基于生计资本视角下的农村贫困代际传递［D］. 武汉：华中师范大学.

任国平，刘黎明，付永虎，等，2016. 基于 GWR 模型的都市城郊村域农户生计资本空间差异分析——
  以上海市青浦区为例［J］. 资源科学，38（8）：1594-1608.

尚卫平，姚智谋，2005. 多维贫困测度方法研究［J］. 财经研究，31（12）：88-94.

尚玥佟，2001. 发展中国家贫困化理论与反贫困战略［D］. 北京：中国社会科学院研究生院.

邵志强，2012. 抽样调查中样本容量的确定方法［J］. 统计与决策（22）：12-14.

时红艳，2011. 外出务工与非外出务工农户生计资本状况实证研究［J］. 统计与决策（4）：79-81.

世界银行，1980. 1980 年世界发展报告［M］. 北京：中国财政经济出版社.

世界银行，1990. 1990 年世界发展报告［M］. 北京：中国财政经济出版社.

世界银行《1999—2000 年世界发展报告》编写组，2001. 2000/2001 年世界发展报告：与贫苦作斗争［M］. 北
  京：中国财政经济出版社.

斯琴朝克图，房艳刚，王晗，等，2017. 内蒙古半农半牧区农户生计资产与生计方式研究——以科右中
  旗双榆树嘎查为例［J］. 地理科学，37（7）：1095-1103.

宋金平，王恩儒，张文新，等，2007. 北京住宅郊区化与就业空间错位［J］. 地理学报，62（4）：

387-396.

苏芳，蒲欣冬，徐中民，等，2009. 生计资本与生计策略关系研究——以张掖市甘州区为例 [J]. 中国
人口·资源与环境，19（6）：119-125.

苏小松，何广文，2013. 农户社会资本对农业生产效率的影响分析——基于山东省高青县的农户调查数
据 [J]. 农业技术经济（10）：64-72.

苏晓芳，2014. 黄土丘陵沟壑区空间贫困及其分异机制研究——以宁夏海原县为例 [D]. 银川：宁夏
大学.

苏昕，刘昊龙，2017. 农村劳动力转移背景下农业合作经营对农业生产效率的影响 [J]. 中国农村经济
（5）：58-72.

孙菲，2018. 中国农村致贫原因及扶贫政策效应计量分析 [D]. 北京：首都经济贸易大学.

孙贵艳，2016. 西部典型贫困地区农村生计变化及相关效应研究——以甘肃秦巴山区为例 [D]. 北京：
中国科学院大学.

孙秀玲，田国英，潘云，等，2012. 中国农村居民贫困测度研究——基于山西的调查分析 [J]. 经济问
题（4）：79-84.

覃志敏，陆汉文，2014. 后重建时期汶川地震灾区贫困村农户生计状况研究 [J]. 农村经济（3）：
65-69.

汤青，2015. 可持续生计的研究现状及未来重点趋向 [J]. 地球科学进展，30（7）：823-833.

田伟，2014. 连片特困区乡村多维贫困及综合治理研究——以湘西州永顺县高坪乡为例 [D]. 湘西州：
吉首大学.

田艳平，王佳，2014. 城市化对城乡基础教育投入均等化的影响 [J]. 中国人口·资源与环境，24（9）：
147-155.

童新华，李莹，韦燕飞，等，2018. 广西左右江革命老区耕地破碎化与贫困空间相关特征分析 [J]. 江
西农业学报，30（3）：137-144.

童星，林闽钢，1994. 我国农村贫困标准线研究 [J]. 中国社会科学（3）：86-98.

汪克亮，刘悦，史利娟，等，2017. 长江经济带工业绿色水资源效率的时空分异与影响因素——基于
EBM-Tobit 模型的两阶段分析 [J]. 资源科学，39（8）：1522-1534.

汪三贵，1994. 贫困问题与经济发展政策 [M]. 北京：中国农业出版社.

汪三贵，Park Albert，Chaudhuri Shubham，等，2007. 中国新时期农村扶贫与村级贫困瞄准 [J]. 管理
世界（1）：56-64.

王超超，2016. 西南地区县域贫困村空间分布格局及致贫机制研究 [D]. 重庆：重庆师范大学.

王朝明，2004. 中国转型期城镇反贫困理论与实践研究 [D]. 成都：西南财经大学.

王成超，杨玉盛，2011. 基于农户生计演化的山地生态恢复研究综述 [J]. 自然资源学报，26（2）：
344-352.

王成超，杨玉盛，2012. 基于农户生计策略的土地利用/覆被变化效应综述 [J]. 地理科学进展，31
（6）：792-798.

王春超，2011. 转型时期中国农户经济决策行为研究中的基本理论假设 [J]. 经济学家（1）：51-62.

王春玲，2012. 农民工生计资本与技能培训意愿研究 [D]. 临汾：山西师范大学.

王珏，宋文飞，韩先锋，2010. 中国地区农业全要素生产率及其影响因素的空间计量分析——基于
1992—2007 年省域空间面板数据 [J]. 中国农村经济（8）：24-35.

王利平，王成，李晓庆，2012. 基于生计资产量化的农户分化研究——以重庆市沙坪坝区白林村 471 户
农户为例 [J]. 地理研究，31（5）：945-954.

王美昌，高云虹，2017. 中国城乡贫困变动：2004—2012 [J]. 中国人口资源与环境，27（4）：49-57.

王琦，2012. 宏观社会经济变迁与农户生计策略——以大渡河上游典型村为例 [D]. 重庆：西南大学.

王三秀，罗丽娅，2016. 国外能力贫困理念的演进、理论逻辑及现实启示 [J]. 长白学刊（5）：

120-126.

王文刚，李汝资，宋玉祥，等，2012. 吉林省区域农地生产效率及其变动特征研究 [J]. 地理科学（2）：225-231.

王阳，漆雁斌，2014. 农户生产技术效率差异及影响因素分析—基于随机前沿生产函数与 1 906 家农户微观数据 [J]. 四川农业大学学报，32（4）：462-468.

王溁鸿，2016. 阿玛蒂亚·森的权利贫困理论研究 [D]. 昆明：云南大学.

王雨林，2008. 中国农村贫困与反贫困问题研究 [M]. 杭州：浙江大学出版社.

王增文，2010. 农村低保救助水平的评估 [J]. 中国人口. 资源与环境，20（1）：93-98.

韦燕飞，何彦谚，童新华，2017. 耕地破碎化与区域贫困空间格局及耦合协调发展研究——以百色市田阳县贫困村为例 [J]. 广西师范学院学报（自然科学版）（4）：87-97.

魏令峰，2014. K-means 聚类算法的改进与应用 [D]. 沈阳：东北大学.

魏巍，李万明，2012. 农业劳动生产率的影响因素分析与提升路径 [J]. 农业经济问题（10）：29-35.

乌云花，苏日娜，许黎莉，等，2017. 牧民生计资本与生计策略关系研究——以内蒙古锡林浩特市和西乌珠穆沁旗为例 [J]. 农业技术经济（7）：71-77.

吴传俭，2016. 经济资源错配视角下的农村贫困与中国反贫困路径研究 [J]. 宏观经济研究（6）：3-19.

吴海涛，丁士军，2013. 贫困动态性：理论与实证 [M]. 武汉：武汉大学出版社.

吴孔森，杨新军，尹莎，2016. 环境变化影响下农户生计选择与可持续性研究——以民勤绿洲社区为例 [J]. 经济地理，36（9）：141-149.

吴清，吴黎，李细归，等，2017. 广东省残疾人生计资本的空间差异及影响因素研究 [J]. 地理科学，37（9）：1345-1353.

吴申凤，张正栋，杨春红，等，2012. 基于农户调查的翁源县农户生计多样化研究 [C] /中国自然资源学会 2012 年学术年会论文集：772-780.

吴胜泽，2012. 能力贫困理论与广西国定贫困县多维贫困估计 [J]. 经济研究参考（65）：80-83.

吴石英，2017. 人口变动对居民消费的作用机理和影响效应研究 [D]. 合肥：安徽大学.

吴天龙，2015. 收入非农化对农户农业生产的影响 [D]. 北京：中国农业大学.

伍艳，2015. 贫困地区农户生计脆弱性的测度——基于秦巴山片区的实证分析 [J]. 西南民族大学学报（人文社科版）（5）：128-133.

武艳娟，2008. 气候变化对宁夏农户生计的影响 [D]. 北京：中国农业科学院.

夏庆杰，Colin Simmons，2007. 农村劳动力从业多元化及收入非农化 [J]. 中国劳动经济学，4（2）：57-87.

向楠，叶慧，罗琦珊，2015. 武陵山区贫困农户生计资本评估及政府对策探究——以湖南省桑植县沙塔坪乡为例 [J]. 安徽农业科学（8）：303-305.

肖佑恩，魏中海，王齐庄，等，1990. 衡量我国农村贫困程度的指标体系 [J]. 中国科技论坛（3）：53-56.

谢东梅，2009. 农户贫困的影响因素分析——基于福建省 20 个县（市、区）的农户微观层面数据 [J]. 农业技术经济（5）：39-45.

谢芳婷，徐定德，张继飞，等，2015. 基于退耕还林政策的农户生计变化及其影响因素 [J]. 贵州农业科学（4）：220-226.

熊传麟，叶长盛，2016. 赣南等原中央苏区县域多维贫困测度及空间格局 [J]. 水土保持研究，23（3）：225-232.

徐定德，张继飞，刘邵权，等，2015. 西南典型山区农户生计资本与生计策略关系研究 [J]. 西南大学学报（自然科学版），37（9）：118-126.

徐汉龙，2016. 浙西南农村相对贫困家庭可持续生计研究 [D]. 杭州：浙江农林大学.

闫书华，范伟，2016. 坚决打赢脱贫攻坚战 [J]. 理论导报（3）：22-26.

阎建忠，吴莹莹，张镱锂，等，2009. 青藏高原东部样带农牧民生计的多样化 [J]. 地理学报，64（2）：221-233.

杨帆，陈凌珠，庄天慧，等，2017. 可持续生计视阈下县域多维贫困测度与时空演化研究——以四川藏区行政区划县为例 [J]. 软科学，31（10）：38-42.

杨国安，2003. 可持续研究方法国际进展——脆弱性分析与可持续生计方法比较 [J]. 地理科学进展，22（1）：6-12.

杨国安，Martha G. Roberts，2003. 可持续发展研究方法国际进展——脆弱性分析方法与可持续生计方法比较 [J]. 地理科学进展，22（1）：11-21.

杨皓天，刘秀梅，句芳，2016. 粮食生产效率的随机前沿函数分析——基于内蒙古微观农户层面 1 312 户调研数据 [J]. 干旱区资源与环境，30（12）：82-88.

杨晶晶，2009. 山地限制开发区资源开发与经济协调发展研究 [D]. 昆明：云南师范大学.

杨立雄，2010. 贫困线计算方法及调整机制比较研究 [J]. 经济社会体制比较（5）：52-62.

杨朔，2011. 陕西省耕地生产效率研究 [D]. 咸阳：西北农林科技大学.

杨婷婷，2016. 祁连山区家庭牧场的生产效率与多维贫困研究 [D]. 兰州：兰州大学.

杨万江，李琪，2016. 我国农户水稻生产技术效率分析——基于 11 省 761 户调查数据 [J]. 农业技术经济（1）：71-81.

杨文举，2015. 中国省份工业的环境绩效影响因素——基于跨期 DEA-Tobit 模型的经验分析 [J]. 北京理工大学学报（社会科学版），17（2）：40-48.

杨宇，刘毅，金凤君，等，2012. 天山北坡城镇化进程中的水土资源效益及其时空分异 [J]. 地理研究，31（7）：1185-1198.

姚小丹，2013. 农民工生计资本与返乡创业 [D]. 临汾：山西师范大学.

虞崇胜，唐斌，余扬，2016. 能力、权利、制度：精准脱贫战略的三维实现机制 [J]. 理论探讨（2）：5-9.

喻鸥，2010. 青藏高原东部样带农牧民生计脆弱性定量评估 [D]. 重庆：西南大学.

袁媛，许学强，2008. 国外综合贫困研究及对我国贫困地理研究的启示 [J]. 世界地理研究，17（2）：121-128.

原野，师学义，牛姝烨，等，2015. 基于 GWR 模型的晋城市村庄空心化驱动力研究 [J]. 经济地理，35（7）：148-155.

扎卡芮，2014. 影响尼日尔粮食安全的因素：在国家和农户层次分析 [D]. 武汉：华中农业大学.

张佰林，张凤荣，曲宝德，等，2015. 山东省沂水县农村非农化程度差异及驱动力 [J]. 地理学报，70（6）：1008-1021.

张大维，2011. 生计资本视角下连片特困区的现状与治理——以集中连片特困地区武陵山区为对象 [J]. 华中师范大学学报（人文社会科学版），50（4）：16-23.

张海盈，姚娟，马娟，2013. 生计资本与参与旅游业牧民生计策略关系研究——以新疆喀纳斯生态旅游景区为例 [J]. 旅游论坛，6（4）：40-44.

张磊磊，支玲，2014. 生态补偿对农户生计资本影响的定量分析——以云南省丽江市玉龙县为例 [J]. 森林工程，30（5）：175-180.

张丽，赵雪雁，侯成成，等，2012. 生态补偿对农户生计资本的影响——以甘南黄河水源补给区为例 [J]. 冰川冻土，34（1）：186-195.

张丽萍，2007. 农户生计多样化与土地利用变化——以大渡河上游典型村为例 [D]. 北京：中国科学院地理科学与资源研究所.

张庆红，2017. 基于能力贫困理论的新疆连片特困地区主要民族多维贫困分析 [J]. 中国农业资源与区划，38（12）：74-80.

张小林，1998. 乡村概念辨析 [J]. 地理学报，53（4）：365-371.

张晓红，2012. 河北省农业综合开发资金支出对农业生产效率的绩效分析 [D]. 咸阳：西北农林科技大学.

赵锋，邓阳，2015. 甘肃省独生子女户与多子女户生计能力的比较分析 [J]. 人口与经济 (1)：64-71.

赵建梅，孔祥智，孙东升，等，2013. 中国农户兼业经营条件下的生产效率分析 [J]. 中国农村经济 (3)：16-26.

赵靖伟，2014. 贫困地区农户生计安全研究 [J]. 西北农林科技大学学报 (社会科学版) (5)：109-114.

赵文娟，杨世龙，王潇，2016. 基于 Logistic 回归模型的生计资本与生计策略研究——以云南新平县干热河谷傣族地区为例 [J]. 资源科学，38 (1)：136-143.

赵雪雁，2011. 生计资本对农牧民生活满意度的影响——以甘南高原为例 [J]. 地理研究，30 (4)：687-698.

赵雪雁，2017. 地理学视角的可持续生计研究：现状、问题与领域 [J]. 地理研究，(10)：1859-1872.

郑长德，单德朋，2016. 集中连片特困地区多维贫困测度与时空演进 [J]. 南开学报 (哲学社会科学版) (3)：135-146.

郑循刚，鲍学东，2009. 四川农户农业生产技术效率及影响因素分析 [J]. 统计与决策 (14)：83-85.

重庆市石柱县人民政府. 石柱县 2016 年统计公报 [EB/OL]. (2017-04-14) [2018-03-20]. http://www.cqszx.gov.cn/html/content/17/04/48149.shtml.

重庆市统计局，2017. 重庆统计年鉴 (2017) [M]. 北京：中国统计出版社.

周常春，翟羽佳，车震宇，2017. 连片特困区农户多维贫困测度及能力建设研究 [J]. 中国人口·资源与环境 (11)：95-103.

周侃，王传胜，2016. 中国贫困地区时空格局与差别化脱贫政策研究 [J]. 中国科学院院刊 (1)：101-111.

周其仁，1995. 中国农村改革：国家和所有权关系的变化 (上)：一个经济制度变迁史的回顾 [J]. 管理世界 (3)：178-220.

朱彬，尹旭，张小林，2015. 县域农村居民点空间格局与可达性：以江苏省射阳县为例 [J]. 地理科学，35 (12)：1560-1567.

朱磊，胡静，许贤棠，等，2016. 中国旅游扶贫地空间分布格局及成因 [J]. 中国人口·资源与环境，26 (11)：130-138.

祝梅娟，2003. 贫困线测算方法的最优选择 [J]. 经济问题探索 (6)：39-44.

邹薇，方迎风，2012. 怎样测度贫困：从单维到多维 [J]. 国外社会科学 (2)：63-69.

Abraham E，Martin A，2016. Understanding households' livelihood choices，wealth，and poverty in Accra, Ghana [J]. Development in Practice，26 (3)：387-402.

Alkie S，2005. Valuing Freedoms：Sen's capability approach and poverty reduction [M]. New York：Oxford University Press.

Alkire S，2007. Choosing dimensions：The capability approach and multidimensional poverty [J]. Mpra Paper，76 (5)：89-119.

Alkire S，Foster J，2011. Counting and multidimensional poverty measurement [J]. Journal of public economics，95 (7)：476-487.

Anievas A，Nisancioglu K，2014. The poverty of political marxism [J]. International Socialist Review，94：1-25.

Anselin L，2005. Exploring spatial data with Geoda：a workbook [M]. Center for Spatially Integrated Social Science.

Atkinson T，Sutherland H，1990. Scaling the 'Poverty Mountain'：methods to extend incentives to all workers [M] //Improving Incentives for the Low-Paid. Palgrave Macmillan UK.

Baumgartner R，Hogger R，2004. In search of sustainable livelihood systems [M]. London：Sage

Publications Ltd.

Beveridge M C M, Phillips M, Dugan P, et al, 2010. Barriers to aquaculture development as a pathway to poverty alleviation and food security [C] //Advancing the Aquaculture Agenda: workshop proceedings, organization for economic cooperation and development, Paris: 345-359.

Birch-Thomsen T, Frederiksen P, Sano H O, 2001. A livelihood perspective on natural resource management and environmental change in Semiarid Tanzania [J]. Economic Geography, 77 (1): 41-66.

Bird K, Mckay A, Shinyekwa I, 2010. Isolation and poverty: the relationship between spatially differentiated access to goods and services and poverty [R]. Overseas Development Institute.

Blaikie P, Cameron J, Seddon D, 2002. Understanding 20 years of change in West-Central Nepal: continuity and change in lives and ideas [J]. World Development, 30 (7): 1255-1270.

Bradshaw J, Gordon D, Levitas R, et al, 1998. Perceptions of poverty and social exclusion [R]. Perceptions of Poverty & Social Exclusion.

Chamber R, Pacey A, Thrupp L, 1989. Farmer first: farmer innovation and agricultural research [M]. London: Intermediate Technology Publications.

Charnes A, Cooper W W, Rhodes E, 1978. Measuring the efficiency of decision making units [J]. European Journal of Operational Research, 2 (6): 429-444.

Chatterjee A, Mukherjee S, Kar S, 2014. Poverty level of households: a multidimensional approach based on fuzzy mathematics [J]. Fuzzy Information and Engineering, 6 (4): 463-487.

Development W S F S, 1995. Rehabilitation engineering: review publication prepared for the World Summit for Social Development, Copenhagen (Denmark) [M]. United Nations.

DFID, 2000. Sustainable livelihoods guidance sheets [M]. London: Department for International Development.

Drinkwater M, Rusinow T, 1999. Application of CARE's livelihoods approach [M]. Care International.

Dzanku F M, 2015. Transient rural livelihoods and poverty in Ghana [J]. Journal of Rural Studies, 40: 102-110.

Ellis F, 1998. Household strategies and rural livelihood diversification [J]. Journal of Development Studies, 35 (1): 1-38.

Ellis F, 2000. Rural livelihoods and diversity in developing countries [M]. Oxford university press.

Fang S U, Saikia U, Hay I, 2018. Relationships between livelihood risks and livelihood capitals: a case study in Shiyang River Basin, China [J]. Sustainability, 10 (2): 1-21.

Foster J, Greer J, Thorbecke E, 2010. The Foster-Greer-Thorbecke (FGT) poverty measures: 25 years later [J]. Journal of Economic Inequality, 8 (4): 491-524.

Fotheringham A S, Brunsdon C, Charlton M, 2002. Geographically weighted regression: the analysis of spatially varying relationships [M]. International Union of Crystallography.

Frankenberger T R, Drinkwater M, Maxwell D, 2000. Operationalizing household livelihood security: a holistic approach for addressing poverty and vulnerability [C] //Proceeding from the Forum on Operationalising Livelihood Security Approaches.

Gautam Y, Andersen P, 2016. Rural livelihood diversification and household well-being: insights from Humla, Nepal [J]. Journal of Rural Studies, 44: 239-249.

General Assembly. United Nations Millennium Declaration [EB/OL]. (2000-09-08) [2017-09-12]. https://www.ohchr.org/EN/ProfessionalInterest/Pages/Millennium.aspx

Getis A, Ord J K, 1992. The analysis of spatial association by use of distance statistics [J]. Geographical Analysis, 24 (3): 189-206.

Hulchanski J D, 1995. The concept of housing affordability: six contemporary uses of the housing expenditure - to - income ratio [J]. Housing Studies, 10 (4): 471-491.

Hussein K, 2002. Livelihoods approaches compared [R]. London, Department for International Development.

Jalan J, Ravallion M, 2002. Geographic poverty traps: a micro model of consumption growth in rural China [J]. Journal of Applied Econometrics, 17 (4): 329-346.

Krantz L, 2001. The sustainable livelihood approach to poverty reduction [M]. Swedish International DevelopmentCoorperation Agency.

Krishnaji N, 1997. Human Poverty Index-A critique [J]. Economic & Political Weekly, 32 (35): 2202-2205.

Lemba J, D' Haese M, D' Haese L, et al, 2012. Comparing the technical efficiency of farms benefiting from different agricultural interventions in Kenya´s drylands [J]. Development Southern Africa, 29 (2): 287-301.

Liu W, Xu J, Li J, 2018. The Influence of poverty alleviation resettlement on rural household livelihood vulnerability in the western mountainous areas, China [J]. Sustainability, 10 (8): 2793.

London Roundtable on Women´s Health, 1995. Statement of the London Roundtable on women´s health for the fourth world conference on women [J]. Planned parenthood in Europe Planning familial en Europe, 24 (1): 24.

Mcdowell C, De H A, 1997. Migration and sustainable livelihoods: a critical review of the literature (IDS Working Paper 65) [M]. Brighton, UK: Institute of Development Studies.

Moser, 1998. The asset vulnerability framework: reassessing urban poverty reduction strategies [J]. World development, 26 (1): 1-19.

Muro P D, Mazziotta M, Pareto A, 2011. Composite indices of development and poverty: an application to MDGs [J]. Social Indicators Research, 104 (1): 1-18.

Nguyen H, Pham T, Bruyn L, 2017. Impact of hydroelectric dam development and resettlement on the natural and social capital of rural livelihoods in Bo Hon Village in Central Vietnam [J]. Sustainability, 9 (8): 1422.

Oppenheim C, 1993. Poverty: the facts [M]. Child Poverty Action Group.

Oyinbo O, Olaleye K T, 2016. Farm households livelihood diversification and poverty alleviation in Giwa LocalGovernment Area of Kaduna State, Nigeria [J]. Consilience (15): 219-232.

Permanyer I, 2016. Book review of multidimensional poverty measurement and analysis [J]. Journal of Economic Inequality, 14 (3): 353-356.

Pour M D, Barati A A, Azadi H, et al, 2018. Revealing the role of livelihood assets in livelihood strategies: towards enhancing conservation and livelihood development in the Hara Biosphere Reserve, Iran [J]. Ecological Indicators, 94: 336-347.

Pradhan M, Ravallion M, 2002. Measuring poverty using qualitative perceptions of consumption adequacy [J]. Review of Economics and Statistics, 82 (3): 462-471.

Ravallion M, 1998. Poverty lines in theory and practice [M]. Washington: World Bank Publications.

Rowntree B S, 1902. Poverty: a study of town life [M]. London: Macmillan.

Świąder M, Szewrański S, Kazak J, 2016. Spatial-temporal diversification of poverty in Wroclaw [J]. Procedia engineering, 161: 1596-1600.

Sarkar S, Padaria R N, 2016. Farmers' awareness and risk perception about climate change in coastal ecosystem of West Bengal [J]. Indian Research Journal of Extension Education, 10 (2): 32-38.

Scoones I, 1998. Sustainable rural livelihoods: a framework for analysis (IDS Working Paper 72) [M].

Brighton，UK：Institute of Development Studies.

Sen A，2001. Development as freedom [M]. Oxford：Oxford Paperbacks.

Siegel P B，Alwang J，1999. An asset-based approach to social risk management：a conceptual framework [R]. Washington D C：Social Protection Discussion Papers and Notes.

Silver H，Wilkinson F，1995. Policies to combat social exclusion：a French-British comparison [M]. International Institute for Labour Studies.

Singh N，Gilman J，1999. Making livelihoods more sustainable [J]. International Social Science Journal，51 (162)：539-545.

Sinha S，Lipton M，1999. Damaging fluctuations，risk and poverty：a review [R] //Background Paper for the World Development Report 2000/2001. Brighton：Poverty Research Unit，University of Sussex.

Smith S G，1911. Social pathology [M]. London：Macmillan.

Soini E，2005. Land use change patterns and livelihood dynamics on the slopes of Mt. Kilimanjaro，Tanzania [J]. Agricultural Systems，85 (3)：306-323.

Theriault V，Serra R，2014. Institutional environment and technical efficiency：a stochastic frontier analysis of cotton producers in West Africa [J]. Journal of agricultural economics，65 (2)：383-405.

Tittonell P，2014. Livelihood strategies，resilience and transformability in African agroecosystems [J]. Agricultural Systems，126：3-14.

Tobler W R，1970. A computer movie simulating urban growth in the Detroit region [J]. Economic Geography，46 (supl)：234-240.

Tone K，2001. A slacks-based measure of efficiency in data envelopment analysis [J]. European Journal of Operational Research，130 (3)：498-509.

Tone K，Tsutsui M，2010. An epsilon-based measure of efficiency in DEA：a third pole of technical efficiency [J]. European Journal of Operational Research，207 (3)：1554-1563.

Townsend P，1979. Poverty in the United Kingdom：a survey of household resources and standards of living [M]. Auckland：Univ of California Press.

Townsend P，1993. International analysis poverty [M]. New York：Routledge.

UNDP，2003. Human development report 2003 [M]. New York：Oxford University Press.

United Nations Department of Economic，Affairs S，2011. Human development report 2011 [J]. Macmillan，45 (100)：155-191.

United Nations，2013. A new global partnership：eradicate poverty and transform economies through sustainable development：the report of the high-level panel of eminent persons on the post-2015 development agenda [R]. New York：United Nations.

United Nations，2015. The millennium development goals report 2015 [R]. New York：United Nations.

VanPraag B M S，Spit J S，Van de Stadt H，1982. A comparison between the food ratio poverty line and the Leyden poverty line [J]. Review of Economics and Statistics：691-694.

Walelign S Z，Charlery L，Smith-Hall C，et al，2016. Environmental income improves household-level poverty assessments and dynamics [J]. Forest Policy and Economics，71：23-35.

Watts M J，Bohle H G，1993. The space of vulnerability：the causal structure of hunger [J]. Progress in Human Geography，17 (1)：43-67.